資訊科技犯罪

資安戰爭開打！

從心理測驗、交友軟體、廣告信 & 假新聞到選舉操控，
駭客如何入侵你的真實生活

Crime Dot Com: From Viruses to Vote Rigging,
How Hacking Went Global

傑夫・懷特 Geoff White 著　　詹喬語 譯

作者的話

本書所有引言皆取自與受訪者面對面或線上訪談的內容。
誠摯感謝幫助過我的每一個人。

***

致我的妻子、母親,以及我的父親
—— 願他安息。

目 錄

自　序

　　網路犯罪之所以成為新聞議題的當紅炸子雞是有原因的，不只是因為社會越來越倚重脆弱的科技；也不只是因為記者、政治家、重要機構成為駭客的攻擊目標。網路犯罪之所以興盛，是由於不為人知的頂級駭客集團彼此連結。千禧年之際以來，駭客所使用的工具及策略激盪出今日的科技威脅，網路犯罪變得無所不在。社會變得越來越數位化，於是駭客開始攻擊我們所賴以維生的服務，如醫院、發電廠、新聞媒體、政治。

　　新一波的攻擊主要來自三方：組織化的網路犯罪集團、「激進駭客」行動、民族國家的駭客。

　　組織化的犯罪在早期電腦駭客出現時就存在，犯罪成員認為線上搶劫比現實生活中的搶劫安全多了，因而積重難返。他們的詐騙策略為低利、大量的模式——如果能從 100 萬個人身上每人竊取 5 英鎊，受害者可能不會發現，但是駭客卻能賺進 500 萬英鎊。如此一來，一個分工精細且有利可圖的產業便應運而生，就像矽谷的新創公司一樣。然而，犯罪集團的無差別攻擊工具外流，損失越滾越大，影響範圍已不僅限於金融層面。

　　激進駭客集團發跡於抗議行動的數位版，但是他們的策略快速遭到罪犯吸收，現今，甚至遭到更惡劣的罪犯濫用。他們

製造話題、利用新聞輿論對受害者造成毀滅性的傷害，常導致受害者的公司名譽受損，有些公司甚至徹底摧毀。

或許最值得擔心的是民族國家也加入行動，把駭客納入軍火庫的麾下，作為軍情發展的一部分。這些不是非法行動或黑箱操作，而是兼具技術、專業並獲得金援的組織。過去，駭客的工作不入流，而且他們把主力放在選定的目標上。透過本書，你會發現情況已經不同。

數十年來，隨著大家越來越依賴網路與科技，這三股力量開始嶄露頭角，影響力也越發明顯。現在，他們身處的世界逐漸浮出水面。組織化的犯罪吸收了民族政府的強大駭客技術；激進駭客的無差別攻擊和組織化犯罪的攻擊幾乎無異；民族國家掌握了激進駭客的當眾羞辱技巧，也恣意使用網路詐騙分子的毀滅性工具。

「網路犯罪」這個詞彙大多讓人聯想到信用卡詐騙或是網路銀行遭竊，但是這三股力量的交融讓彼此之間的界線變得越來越模糊。如同本書提到的，網路犯罪已不再侷限於金錢層面，而是擴展到整個社會根基。

本書探討的是不同類型的駭客行動，揭開犯罪如何進行、這三股力量如何彼此碰撞的複雜內幕。從 1970 年代的嬉皮駭客開始，一路談到現在的駭客，並探究未來可能的情況。

我必須說明：這是一個男性主導的世界。現在，犯罪駭客的社群中只有極少數女性，合法的網路安全產業情況亦相同。

性別平等正在發生沒錯,但極為緩慢。

撰寫一本兼顧各個層面、既吸引人又簡潔有力的網路犯罪書籍不是一件容易的事。一般人認為重要的駭客攻擊本書完全沒有收錄;敘事也不按時間進程,這是為了讓讀者更容易理解;最令人無法接受的大概是,為了讀起來更為平易近人,本書刻意刪去了技術層面的細節。

如果你是專業技術人員,請記得本書是為普羅大眾所寫。希望讀者能海涵上述的不足之處,畢竟本書旨在讓沒有專業背景的讀者能一窺您所熟知的世界。

沒有專業技術背景的讀者:如果您像我所期盼的因為本書燃起濃烈的興趣,想更加了解網路安全這個無窮無盡又極為重要的世界,那麼請參考本書附上的延伸閱讀書單。

顯而易見的是,網路犯罪的威脅之大、影響之廣,政府、公司負責人、科技公司幾乎無法讓我們倖免於難。科技不知不覺、一步步佔據我們的生活後,我們的未來就會被熟諳、掌控、操縱科技的犯罪駭客把持。我們可以決定要不要捍衛自己,而知識是捍衛自己的第一步。

第一章

認識駭客

頂著三十度的高溫，儘管站在陰影下，我仍舊滿身大汗。這裡是菲律賓首都馬尼拉的奎阿坡市場，我就站在市場的入口。

我在紙上寫著一個名字——歐奈・德・古茲曼，這是我正在尋找的一名菲律賓籍男子。我聽說他可能在這裡某個攤販工作……也許是好幾年前的事了。我逢人就遞出紙片詢問，但這簡直就是不可能的任務，根本是大海撈針。

我不知道德・古茲曼如今的長相，我手上唯一一張照片是二十年前拍的。更糟的是，照片的解析度很差，是在一場混亂的記者會上拍的，他當時戴著太陽眼鏡，還用一條手帕遮住自己的臉。

當年還是學生的他確實得遮遮掩掩，他因為釋放「愛蟲」（Love Bug）遭到起訴。這個高調且極為成功的病毒，據估感染了全球 4500 萬台電腦，造成數十億美元的經濟損失。[1]

這個病毒很創新，不是因為技術有多高竿，或是其造成

的毀滅性破壞，而是因為這個病毒顯現出如何利用比編碼更屬害的東西。這個病毒利用的不是電腦的漏洞，而是使用者的漏洞，而此伎倆在之後的網路犯罪被廣泛使用。然而德・古茲曼對所有說法一概否認，整場記者會他都語焉不詳，接受採訪也說得模稜兩可，最後獲得不起訴的處分。之後他就消失在茫茫人海中，近二十年來完全銷聲匿跡。不使用社交媒體，也找不到他的個人線上檔案。但，正是這位在數位時代隱身的人被指控讓世界陷入混亂。

　　我花了一年尋找他的蹤跡。謠傳他人在德國；在奧地利的聯合國工作；也有謠傳他跑到美國；甚至謠傳他受雇於微軟。現在我在馬尼拉的市場裡尋尋覓覓，期望找到他的下落。

　　如果能找到他，我就能詢問病毒相關的細節，以及他是否清楚這個病毒的影響。或許過了二十年，我還能問出他是否真的是始作俑者。

　　我不斷遞出紙片詢問，得到的不是一臉茫然的反應，就是受到他人的懷疑。終於，有一位小販對我露齒一笑，說：「放病毒那個人嗎？喔，我認識他。」

在繼續歐奈・德・古茲曼的故事前，我們先來了解一下技術層面，以及愛蟲於 2000 年席捲各大報頭條前社交板塊的改變。

　　這樣的病毒雖然是最近才出現的，但其實由來已久。現代駭客在過去數十年來不斷製造病毒，而且受到不同團體的激

盪。要真正了解網路犯罪，就要先知道這些不同的駭客團體是如何出現的，為了充分了解，一定要先檢視駭客的發端時期。

1969 年末，人類登陸月球後幾個月，美國科學家的一項創舉堪稱比登陸月球將更深切影響人類文明。

美國國防部一直努力找出能夠在不同電腦網絡中安全寄送訊息的方法。專家靈機一動，想到可以把訊息切成大小相同的片段，利用電話的系統，靠一台一台電腦把訊息片段傳遞下去。用電話線連結電腦的想法以前就有，問題在於要怎麼擴大規模，而系統要如何讓新的使用者加入，使規模容易擴展。利用這種新的模式，註冊過的電腦就能加入，藉此收發數據的片段。這樣的模式也為軍事用途的系統打下順暢且能快速擴張的基礎。如此一來，電腦間互相連結的網路，或稱「網際網路」，以及讓訊息可以在網絡間傳遞的系統，也就是大家所熟知的「網路通訊協定」（Internet Protocol，簡稱 IP）應運而生。每一台註冊的機器都會有特殊的位址，要將訊息片段在電腦間彼此傳遞就要靠正確的位址，這樣一來連結的每一台電腦就能清楚知道要將訊息片段傳到哪裡。[2]

網際網路和全球資訊網常混為一談，其實後者直到 1989 年才出現。在全球資訊網出現之前，檔案可以藉由網際網路分享，但是同一份檔案在不同台電腦上看起來完全不同。全球資訊網本質上是用網際網路輸出，但有一致的規格，所以在不同

的機器間分享時看起來完全相同。[3]

全球資訊網和網際網路結合後，這兩項科技從 1990 年代開始主宰全球。但是在結合前，約有二十年的時間網際網路在沒有全球資訊網的協助下不斷發展。在還沒有全球資訊網時，第一批電腦駭客出現了，而駭客的發展主要是拜臉書的原始版所賜。

一般認為駭客是不與人來往的孤狼，這種想法在閱讀完本書後會發現是完全錯誤的。雖然駭客看起來是一種反社會行為，其實他們只是急切想要找到志同道合的夥伴。對早期的電腦使用者來說，通往夥伴的道路即為電子布告欄（Bulletin Board Systems，簡稱 BBS）。雖然 BBS 和網際網路並行約二十年之久，現在已經不太流行了。BBS 的設置非常簡單，使用者可以使用布告欄上的公共訊息服務，掛在版上聊天。使用者可以看其他人的貼文並且回應，這樣一來一往可以持續好幾天。一位 BBS 的使用者曾表示：「就像是在聊天，但是，聊得很慢很慢……」[4]

非電腦專業人士觀看這樣的過程會覺得這不過是浪費時間，而不是一場科技革命。但是和 BBS 的早期使用者談過後，就會知道 BBS 為什麼這麼有吸引力：當時懂電腦的人很少，對科技狂熱的他們顯得格格不入。突然之間，這個冷門的系統讓這些專業人士串聯起來，彼此分享喜好。

從文化的觀點來看，BBS 對科技的發展來說至關重要。早

期的網際網路大多握在研究經費充足的實驗室手中。然而這個
互相連接的新世界孕育出的文化逐漸在 BBS 上成形,駭客也
是。在逐漸成形的網路空間裡,BBS 提供的聊天功能讓不同股
勢力匯聚一堂,駭客文化就此誕生。首批駭客的出現要歸功於
嬉皮運動失敗後湧入 BBS 的這群人。

「權力歸花兒 *」(flower power)時代的尾聲,胡士托音樂
節揭開了阿爾塔蒙特自由音樂節 * 暴動的序曲,《全球目錄》
雜誌也在這個時期的美國出現,推崇自給自足以及非主流的生
活方式。

　　因此電子版的雜誌是再自然不過的發展,由於需要不斷更
新,用電子版更新會容易得多。此外,監督電子版的成員成為
美國 1970 年代公社生活實驗 * 的一部分,他們的目標在於靠
電子論壇創造出同樣的氛圍。電子版雜誌命名為《全球電子連
結》(Whole Earth 'Lectronic Link,簡稱 WELL),於 1985
年推出,當時迅速成為西岸反主流社群的 BBS 新寵。[5]

　　這個 BBS 的嬉皮地位在 1986 年一名男子的推波助瀾下大

＊權力歸花兒:1960 年代末至 1970 年代初美國反文化活動的口號,對社會現
　況不滿的年輕人主張以和平方式來反對戰爭。他們身穿繡花和色彩鮮明的衣
　服,把鮮花別在頭上,並且向市民伸出一朵朵的鮮花,作為反抗的手段。
＊阿爾塔蒙特自由音樂節:1969 年的阿爾塔蒙特自由音樂節是反文化的搖滾音
　樂盛會,卻以四人意外身亡告終,結束了代表愛與和平的六〇年代。
＊公社生活實驗:公社指志同道合的人聚在一起生活,追求相同的生活目標,不
　受外界的影響。

大提升，這名男子的嬉皮精神亦滲透了駭客文化。他就是約翰·佩里·巴洛，傳奇搖滾樂團「死之華」的作詞人。

巴洛對網際網路和 BBS 的迷戀並非來自對科技知識的追尋，而是出自於對人類學的好奇。他以作詞者的視角觀察這個新興社群中成員的來來去去。這是一個有馬克·吐溫風的高科技空間──「在這個寂靜的世界，所有的對話都以文字呈現。為了進入這個世界，必須放棄外在的形體和空間，用文字取代一切。」[6] 很快地 WELL 吸引了熱愛科技的搖滾樂死忠歌迷。

「基本上早年有兩個社群構成了 WELL 的基礎，」一位使用者回憶道。「一群是搖滾樂死忠粉絲用 BBS 和同伴保持游移不定的聯絡方式，另一群則是……科技實驗參與者。所以這個電子論壇可以說是科技和非主流文化的有趣混合。」

雖然無法得知巴洛是追尋搖滾樂死忠粉絲而使用 WELL，還是粉絲追隨他來到 WELL，但他的確讓這個 BBS 後嬉皮聚集地的聲名大噪。WELL 也把巴洛置身公開衝突的最前線，這場衝突爾後演變成執法機關與電腦文化先鋒之間的戰爭。

就如同警方可能是認為犯罪即將發生，而包圍死之華演唱會；執法機關也開始突圍這些早期線上空間。傳言 Apple 剛成立時有一份機密檔案遭洩，警方隨即展開突襲檢查，他們突襲的目標之一即為約翰·佩里·巴洛。

身為作詞人的巴洛把 1990 年夏天 FBI 的盤查描述為一場奇遇。奇特的是，當時只有舊世界的法律能夠援引，可是要盤

查的卻是科技的新興世界。巴洛寫道，有時候他還要對 FBI 幹員解釋電子郵件的運作，還有軟體代碼看起來的樣子：

> 他用雙手摩擦臉，從指尖望著說「太厲害了吧？」或發出「哇！」的驚呼。
>
> 嫌疑人甚至要針對遭執法人員指控的罪行進行說明，整個情況變得荒腔走板。[7]

巴洛的描述引起了米奇・卡普爾的注意，他是一位早期的科技業企業家，因創立蓮花公司而致富；蓮花公司在微軟的 Excel 出現之前曾開發出廣受歡迎的試算表軟體。卡普爾也一樣因為 Apple 的案子遭到 FBI 調查。

「最讓我訝異的是，他們有多無知，」卡普爾說。「他們不懂編碼、磁碟片、智慧財產權，他們什麼都不懂，這讓我很困擾，而這樣的人竟然有權調查。」

卡普爾想要與會巴洛，恰巧得知自己的私人噴射機會經過巴洛家，他決定順道拜訪這位音樂人。

結果他們兩人都因為圍捕駭客的行動而受到執法不周的禍害，但是 FBI 顯然不太清楚那是怎樣的犯罪，更不用說要起訴了。他們不是唯一的受害者，全美各地的電腦使用者都遭到突襲檢查，有些盤查不僅粗暴，在法律方面也站不住腳。

除了暈頭轉向的 FBI 探員和破綻百出的起訴之外，巴洛發

現了其中蘊藏的重點——陳腐的機構強行闖入像 WELL 這種後嬉皮的社群。

約翰・吉爾摩是一位早期的網路企業家,曾經在昇陽電腦服務,巴洛、卡普爾和他一起創立了電子前哨基金會(Electronic Frontier Foundation,簡稱 EFF),旨在保護人民的線上自由。[8] EFF 自此成為政府的眼中釘,也是「暗網*」創立的重要因素,之後會再詳述。當社會嘗試理解「駭客」一詞在法律和文化層面的涵義時,EFF 在描繪出輪廓方面扮演了領導的角色。巴洛在此發揮重要作用,因為他,早期電腦社群非主流及反權威的特質得以體現與發聲。

1996 年,巴洛起草《網路空間獨立宣言》, 開門見山就宣示:

> 工業世界的政府,你是肉體和鋼鐵組成的巨人,雖然巨大但是太過疲憊;我來自網路空間,一個自由意志的新世界。代表未來的我在此呼籲陳舊的你,不要干預我們,你不受歡迎。在我們聚集的空間,你沒有所謂的主權。[9]

用現代的視角回顧,再看看現今全球最有價值的四間公

＊暗網(dark web):泛指要透過專屬的瀏覽器、一般瀏覽器無法進入的網站。

司：Apple、Alphabet（Google 的母公司）、亞馬遜和微軟，巴洛可能需要對自己的話做一番修正。不過他的這番反權威宣言，表現出他對於那些誤解並想要封鎖線上空間的組織所抱持的鄙視，這樣的態度也深植在駭客的心中。

　　線上空間不在傳統權威的管轄內；這個空間是使用者的夢想與夢魘形塑而成；是一個使用者不受干預、不受束縛、自由想像的玩樂空間──這些觀點深植在早期數位社會的先驅者心中。駭客文化不僅是反常規，餵養駭客文化的其實是美國科技泡沫化時浮現的另兩股力量。

麻薩諸塞州的波士頓或許不像加州矽谷那樣知名，但是在 1990 年代，波士頓可是因為「垃圾堆*」聞名。

　　約翰‧佩里‧巴洛努力捍衛網路空間、設置阻礙時，一些波士頓的電腦通由於該市逐漸茁壯的高科技產業而受益。未來的駭客正在電腦公司的工業廢料中「游泳」──尋找廢棄的元件，整理一番後送進自己的臨時實驗室。

　　「想像一下你可以拿到所需的一切：舊電腦、硬碟、磁碟片……什麼都可以。」克里斯汀‧里奧克斯回憶道。

　　里奧克斯於 1994 年來到波士頓這個熱愛科技的城市。他來自緬因州，對一個五歲就開始寫 Apple II 程式的孩子來說，

＊垃圾堆：1990 年代時，波士頓有高端的硬體，所以公司、大學丟出來的垃圾，成為一些學生、創業者、駭客眼中的珍寶，大家競相來這裡拾荒。

這裡簡直是電腦運算的死城,所以他靠 BBS 尋找志同道合的夥伴;現在他在麻省理工學院(Massachusetts Institute of Technology,簡稱 MIT)就讀資訊科學,身處新興科技的中心。他說當時大學的電腦系統有幾百萬個位址,大部分都連至網絡,因此大學成為線上空間的發展中心。

一到 MIT 後,他就發現 MIT 在早期駭客文化中佔有一席之地的另一個原因——MIT 的學生熱衷於一種侵入建築物的行為,稱之為「建築駭客」(building hacking)。

里奧克斯說:

> 概念是爬上屋頂、在房子裡的蒸氣管線探索。
>
> 這樣的行為充滿探索性,讓人眼界大開,因為可以發現很多不為人知的事物,如果你發現了就會很有成就感。
>
> 這是關於在禁區找尋自我。黎明破曉時在屋頂上的體驗很棒,你想到辦法爬出這扇窗,還撬開了只有維修人員會用的那把鎖,所以你是這一年來唯一一個成功爬上屋頂的人。
>
> 學習這些技巧讓人們在電腦駭客成形之前就先瞭解了「駭入」的概念。這就是駭客文化的起點。[10]

這股建築駭客的風潮由於 MIT 的學生把開鎖當成熱門課

外消遣活動更為興盛。里奧克斯說：「來 MIT 的每個人，第一年都要學開鎖，這是再平凡不過的事了。」

　　隨著電腦普及，帶來了一種新的入侵挑戰——不是實體的鎖，而是電子鎖。里奧克斯很快就為當時尚非主流的電腦安全深深著迷，他幫自己取了一個「DilDog」的用戶名，取自呆伯特（Dilbet）卡通中的狗名（Dogbert）。（用戶名就像青少年身上的刺青一樣，隨著年齡增長，再回頭看就會發現年輕時做的決定看起來沒那麼明智。）微軟的 Windows 作業系統有一個漏洞，他把這個漏洞當作磨練的機會，「就像脫掉他們的褲子，」他這麼形容說。他說有次他發現老師在課堂中提到他的駭客行徑，卻絲毫不察新聞頭條中的駭客就坐在教室裡。

　　雖未獲得官方的大大支持，里奧克斯認為自己的行動是被默許的。「行政部門的寬容，某種程度來說是種變相的鼓勵，對駭客文化的確有鼓舞的作用。這完全不是禁忌。有很多 MIT 駭客的故事，他們總是受到讚揚。」

　　里奧克斯加入了一個名為 L0pht 重工（L0pht Heavy Industries）的駭客團體，由於基地位於曾經用來生產帽子的工廠，因此得名。[11] 這個駭客團體於 1998 年 5 月出席一場關於電腦安全的議會聽證會而變得廣為人知。這個反文化和主流文化交會的時刻讓人感到太不真實。從一張聽證會的照片中可以看到議會熟悉的木造裝潢，還有 L0pht 的成員坐在長桌前作證。乍看之下一切正常，可是名牌吸引了我的注意力。這個駭

客團體的成員不想使用真名，於是委員會召集人用的是他們的用戶名。仔細一看就會發現取證的對象為「太空遊俠」（Space Rogue）、「布萊恩‧歐布里翁」（BrianOblivion）、「金霸王」（Kingpin）等。

他們的名字或許很奇特、頭髮或許很長，但是他們要傳遞的訊息十分嚴肅——網際網路不堪一擊。L0pht 警告議員，網際網路的系統已經遠遠超出可承受的範圍，擔負越來越重的責任，卻沒有受到相應的保護，這樣的討論直至近日還在持續。他們聲稱只要派他們七個人，就能讓全美的網路在三十分鐘之內癱瘓。[12]

這就是 L0pht 的策略——他們會入侵組織系統、找尋弱點，然後公開弱點讓受害者覺得遭到羞辱，而不得不修正問題。里奧克斯採取一樣的策略，他告訴微軟自己發現的漏洞，若微軟不盡快修正他就會公開。

里奧克斯沒有藉此獲利，而且這個階段對 L0pht 來說也沒有什麼金錢上的誘因。他們早期的動機並非出自於對金錢的追尋，而是為了好玩、一種學術上的演練，看看自己能入侵數位財產多深。對於像里奧克斯和 L0pht 成員這類人來說，成功入侵禁止進入的場域就是一種獎勵。這些目標本身就是無法抵抗的誘惑，找出安全漏洞的樂趣無窮無盡。一位和年輕駭客共事的科技專家說：「給這些人一道上鎖的門，就算只給他們一支湯匙，他們也會不停努力直到成功開鎖。」

　　隨著駭客越來越廣為人知，他們撬門的專心致志演變成內建的一種精神。這樣的精神緊緊跟隨如約翰・佩里・巴洛這種嬉皮駭客的反威權訴求，畢竟，如果當權者說某一道上鎖的門堅不可摧，吸引力就會更強烈。

　　為了將駭客推向全球知名的地位，那就需要第三個要素──惡意、嘲弄的特質，這樣才能吸引頭條新聞的報導。每一副牌都有鬼牌，在駭客的歷史中，「死牛崇拜」（Cult of the Dead Cow）最符合這種特質。

　　與 L0pht 的議會聽證會同年，也就是 1998 年，死牛崇拜發動了最新一次軟體攻擊行動。光從名字也能一窺這個團體的信念。死牛崇拜把它們的駭客軟體取名為 Back Orifice（後門），命名自微軟產品 BackOffice Server。

　　死牛崇拜的源起成為駭客傳說的一部分，聽起來簡直就像史迪格・拉森寫的犯罪小說情節。這個組織創立後就出現各種傳說。1984 年席德・維瑟斯（Sid Vicious）、史瓦普・瑞特（Swamp Ratte）、法蘭肯・吉布（Franken Gibe）三個駭客齊聚一堂，把總部設在德州拉巴克一個廢棄的屠宰場。傳說越演越烈，有一說他們攻擊山達基教會，聲稱創辦人為海因里希・希姆萊＊；亦謠傳他們自稱讓美國前總統雷根罹患阿茲海

＊海因里希・希姆萊：為二次世界大戰期間德國一個重要的政治人物，甚至有「有史以來最大的劊子手」這樣的封號。之所以會說他可能是山達基的創辦者是想突顯出即使對死牛崇拜很關注的人也分不清真偽。

默症；也有謠傳他們是國際戰爭罪法庭的成員。

太多傳說了，真實的又有幾分？

雖然這個駭客組織仍存在，可是離全盛時期已過了二十個年頭，組織的中心成員也幾乎聯絡不上。我終於獲得一位自稱宣傳部長的回應，他的用戶名為 Deth Veggie（另一個年輕的駭客用戶名，注定無法長存的名字）。他在英國工作，我們約好在北倫敦一間酒吧碰面。「我就長得跟漫畫裡蓄鬍的邪惡角色一樣，」他寫道。這個形容真貼切。

Deth Veggie 的故事跟里奧克斯的極為相似──在乏味的環境中成長、對科技很有興趣的爸爸、很早就開始玩電腦（雖然用的是 Sinclair zx80 而不是 Apple II），然後突然發現數據機和 BBS 的聊天室。由於積欠 600 美元的長途電話費被爸媽斥責，Deth Veggie 找出方法駭進和國際有聯繫的當地公司電話，這讓他能用地方費率撥話連接世界各地的 BBS。

沒多久他就發現死牛崇拜，或稱 CDC，死牛崇拜的簡稱。

我小時候覺得他們就像是地下電腦界的搖滾新星。不論當時，還是現在，死牛崇拜吸引我的地方在於，太多駭客過於嚴肅看待自己了。我不太喜歡過於嚴肅看待自己的人，但死牛崇拜完全不是如此。

終於，他受邀加入這個團體。

「你不能自己要求加入，必須被邀請。」

有所謂的入會儀式嗎？

「我不方便說。」

那裡真的是屠宰場？

「是的」。

　　他們總是在廢棄的屠宰場聚會，聽著重金屬樂，想像著自己掌控整個世界。我在 1997 年到德州的拉巴克朝聖，廢棄的屠宰場尚未拆除。看起來很龐大、構造複雜，黑黑暗暗又發出陣陣惡臭。

　　國際戰爭罪特別法庭？結果證明那也是真的。在聯合國刑事法庭的初步調查中，塞爾維亞前總統斯洛波丹·米洛塞維奇交叉詰問一位美籍統計員，因為他的專家證詞並未在米洛塞維奇心中留下好印象。「你是否在死牛崇拜擔任管理職？」米洛塞維奇的問題似乎有點不著邊際，但是這位統計員的確為死牛崇拜提供協助，只是這個議題最後沒有發揮效用。[13]

　　巴洛和 EFF 追求的是駭客的意識形態；MIT 要的是鍛鍊技術；死牛崇拜顯示出的是駭客做的事有多好玩、像嘲弄目標一樣嘲弄自己和其他駭客。

　　「早期死牛崇拜的標語為『我們為了艷照和金錢而駭，』」Deth Veggie 說。「但可笑的是，這是駭客絕對不會

獲得的兩樣東西。」

死牛崇拜不只在線上注入了無政府的意識，其成員還創立了第一場駭客大會——HoHoCon，因為會議日期接近聖誕節，成員有藉口可以不參加家族聚會，因而命名。HoHoCon 讓當時為數不多的駭客有機會齊聚一堂，進一步打破大家認為電腦怪客不擅交際的刻板印象。

有關這場會議荒誕行徑的傳言不計其數。會議於旅館舉辦，其中一位與會者聲稱看到駭客移除牆板，「借用」隔壁的電話線，把駭客行為（以及電話費）嫁禍他人。Deth Veggie 說拉斯維加斯的業主很快就學聰明了。「HoHoCon 得改名換姓進行掩飾，有時稱為『電腦愛好者』大會。這就是為什麼這種會議只能在同個地點舉辦一次，因為一旦被發現，他們就會遭到驅趕。」

隨著時間過去，死牛崇拜的抱負變得嚴肅，開始關注人權和反審查工具，聲稱要協助中國異議分子對抗國家打壓網路的政策。但是在早期階段，他們的目標十分明確——「某種程度來說，我們扮演的是地下電腦界插科打諢的角色，」Deth Veggie 說。因此，他們與巴洛及 EFF 的自由主義、MIT 技術官僚侵入的行徑不同。

結合這三股不同的動力——自由主義、技術官僚、無政府，得到的就是電腦駭客的 DNA。有些人會偏向三股力量的其中一股，但是進一步檢視就會發現他們其實是結合三股力量

的存在。

　　這三股動力的共通點在於極力想打破社會的傳統框架。正如巴洛、卡普爾所發現，用力對抗的話，這些框架會變成犯罪的絆網。FBI 的幹員在訊問偷竊 Apple 檔案的嫌犯時，或許還不知道這項行為觸犯了什麼法律，但是他們深知某人在某處觸碰到了道德的底線。巴洛在這起案件中雖然沒有遭到起訴，但他不完全是清白的。他發現萌芽中的電腦版圖出現越來越多失控的因素，電腦、網路不再乾乾淨淨，於是他用一貫的敘事方式形容自己在 BBS 發現的一些特徵：「這些孩子很脆弱、粗俗、不成熟、不道德、無禮，可是確實幹得好。」[14]

　　其中一位名為光仙（Phiber Optik）的駭客駭進了巴洛的信用紀錄，使這位有點年紀的搖滾音樂人大驚失色。「我曾頂著及肩捲髮在鄉巴佬酒吧裡；曾因為吸食 LSD 遭到拘留；也曾在午夜過後在哈林區遊蕩，可是從沒有人像光仙一樣讓我如此吃驚。」[15]

　　最後巴洛和光仙見面還變成朋友。但巴洛不是唯一一個發現罪犯開始對這個新興數位空間感興趣的人。Deth Veggie 雖然擁抱死牛崇拜的無政府狀態，卻也注意到犯罪早在 1990 年代中期就悄悄將黑手伸向電腦駭客這個新興領域。他的團隊可以重新編碼手機，也就是說他們可以任意奪走他人的號碼，用他人的帳號撥話。

　　　有個波士頓的傢伙不是駭客的中心人物，算是遊走於邊緣。他問：「可以用大規模的方式施行嗎？如果我負責搞定手機，你有辦法編碼嗎？」

駭客團體拒絕了，還好他們拒絕了。「結果這個人和波士頓愛爾蘭幫（Irish mob）有關係。」

截至目前為止，我還沒好好說明「駭客」（hacker）的定義，卻已經使用好幾次了。實際上，這個詞的定義隨著時間推移發生變化。在 Deth Veggie、巴洛、里奧克斯的時代，「駭客」指的是改造科技的人。當時，大家對這類用技巧進行犯罪的人有一個不同的稱呼——「怪客」（cracker）。「怪客」和「駭客」之間的差異隨著時間漸漸消弭，但我必須強調兩類人之間細微的差異，因為本書的重點為「怪客」。

　　很多駭客靠所學做好事。有一支隊伍，由一群光明正大的科技安全研究人員組成，他們找出漏洞是為了讓大家更安全。隨著社會上科技的重要性日益增加，他們和政府、軍方、情報機構、執法機關、私人企業合作，發揮積極的作用。不過，本書寫的不是這種類型的駭客。這本書寫的是運用自身的技能犯罪，以及這些人的行為對社會造成了怎樣的影響。

　　在巴洛、L0pht、死牛崇拜這些人的時代早期，犯罪的要素屈指可數，主要是因為靠「入侵」賺大錢的方法不多。沒

錯，你可以用電腦化的方式協助犯罪（像是幫犯罪集團重新編碼手機）；你可以獲得免費的遊戲和軟體；甚至可以竊取信用卡資訊。但是單靠一台電腦進行大規模的犯罪藉以獲利是不可行的。

數十年內，情況將有翻天覆地的改變，引發新一波的犯罪浪潮，讓惡棍賺進數十億，入侵的手法則影響遍及整個社會。網路犯罪即將成為全球性的行動，千禧年之際，有一個人會讓大家知道電腦以及使用電腦的人在遭受攻擊時有多脆弱。

愛蟲於 2000 年 5 月 4 日出現。這個病毒很簡單，但是感染的效率和機率極高。一旦感染，使用者的檔案大多會被病毒覆寫，所以當受害者嘗試開啟檔案，這些感染的檔案就會再次感染系統。除此之外，病毒也會嘗試竊取受害者的密碼。但愛蟲真正厲害之處在於它的散布方式。一旦遭到感染，受害者的電腦會寄送電子郵件給微軟 Outlook 通訊錄上的每一個人。郵件寫道：「請閱讀附件裡的情書」，然而附件卻是偽裝成文字檔的病毒副本，檔案名為「獻給你的情書」（LOVE-LETTER-FOR-YOU）。[16]

如此誘人的一封信果然讓許多人上鉤，打開附件，而遭到感染。在極短的時間內，病毒旋即遍布全球。用數學來思考，愛蟲的成功就變得容易理解，還讓人覺得毛骨悚然。假設每一個受害者寄給五十個人，而收到信的每一個人再導致另外五十

個人感染，照這樣的傳播速度，第六波感染就會造成全球淪陷（這是假設每個人都有電腦的情況）。恐懼的雪球越滾越大——各地的銀行和工廠的系統也都受到波及；英國議會關閉電子郵件網絡六小時以避免感染。據報導，甚至連五角大廈都沒躲過這波疫情。[17]

愛蟲出現前幾個月，全世界還在擔心千禧蟲（Y2K bug）危機，害怕電腦無法應付從 1900 年代跨越到 2000 年代會出現的錯誤。預估將帶來的損害太過誇大，最後大部分的系統完全不受影響。正當科技產業稍稍鬆了一口氣之際，愛蟲顯現出在日漸依靠網路的世界，病毒造成的毀滅規模有多驚人。這隻病毒所帶來的經濟損害估計高達上百億美元——這筆錢大多用於修復遭到感染的電腦並預防再度感染。這隻病毒一釋放，任何人都能下載病毒碼並稍作修改，不到幾天，研究人員就發現數十隻類似的病毒。

隨著新聞報導越來越尖銳，調查人員勢必得介入，找出病毒的源頭。他們發現，遭到病毒入侵而竊取的密碼全都傳送至一個於菲律賓註冊的電子郵件。當地警方追蹤這個電子郵件帳號至馬尼拉的一間公寓。到這個階段，調查即將收網。

經過初步盤查，確認嫌犯為就讀 AMA 電腦大學的二十三歲資訊科學學生歐奈・德・古茲曼，他在馬卡蒂校區就讀，就位於市中心的一棟灰色水泥建築。由於這隻病毒曾提到「GRAMMERSOFT」這個字眼，調查人員證實這是一個由

AMA 學生組成的地下駭客組織，其中一些成員已經開始用電腦病毒做試驗。德‧古茲曼即為這個組織的主要成員。

由於記者大量湧入馬尼拉，德‧古茲曼的律師不得不草草安排一場記者會，讓全球媒體可以詢問這位疑似導致全球病毒災難的始作俑者。出席記者會時，德‧古茲曼似乎嚇壞了，他戴著一副黑色墨鏡，用手帕遮住搶戲的痘疤。他緊抓著姊姊艾琳，她就住在警方搜捕的那間公寓裡。閃光燈閃個不停，德‧古茲曼坐下時攝影機紛紛對準他，把距離拉到最近。然而期待聽到說明的人大失所望，德‧古茲曼的律師只是不斷用模稜兩可的答案搪塞記者的提問。

德‧古茲曼本人似乎不太會說英語。最後，一位記者嘗試詢問最關鍵的一個問題——德‧古茲曼是不是不小心放出了這隻病毒？

「有可能。」德‧古茲曼喃喃自語。[18]

大家等的就是這個，沒有其他問題了。記者會結束，德‧古茲曼的含糊回應是感染全球 4500 萬台電腦的唯一解釋。

德‧古茲曼最終沒有遭到起訴，因為當時菲律賓沒有法律能懲治入侵電腦的行為。記者媒體隨後迅速撤離，這個新聞也不再是關注的焦點。

真正的始作俑者身分仍不明，眾人紛紛對德‧古茲曼的同學麥可‧布恩起了疑心，他的名字曾出現在前一隻病毒 Mykl-B 上。布恩否認自己和愛蟲有任何關係，可是他的懇求

完全被忽略。網上資訊大多仍把德‧古茲曼和麥可‧布恩列為這隻病毒的單獨或共同創始者，過去二十年來皆是如此，直至今日亦然。

拿撒勒黑耶穌聖殿是馬尼拉最受人敬仰的天主教聖殿，奎阿坡市場就在一旁。這個市場如同一個錯綜複雜的迷宮，在這裡從凱蒂貓的後背包到 LED 燈的聖母瑪麗亞像都買得到。根據線報，我來到這裡找尋德‧古茲曼的蹤跡。

終於，一位和善的攤販告訴我德‧古茲曼在城鎮另一端的街區。我順著另一個滿是攤販的市集走，遞出寫著德‧古茲曼名字的紙片詢問路人，就像一個在尋找走失兒童的爸爸。在幾個一臉茫然的路人和懷疑的問題後，一位看起來有點厭世的小販指著一旁的小商店。店內空無一人。等了十個小時後，我終於見到前來上班的歐奈‧德‧古茲曼本人。

現年四十三歲的德‧古茲曼臉上一點痘疤也沒有，菱形臉不再，取而代之的是中年男子圓潤的雙頰。他仍舊像當年記者會時一樣靦腆害羞，用長長的瀏海擋住雙眸，不時露出微笑，讓他特別整齊的牙齒展露無遺。

他改變得太多，我開始懷疑眼前這名男子是否真的是德‧古茲曼本尊，我偷偷在記事本上標記他臉上痣的位置，方便之後和二十年前的照片比對。當時，記者會一團混亂，在他是否寫出這個病毒的問題上突然轉向，給了一個不置可否的答案。

根據德‧古茲曼的說法，當時迴避問題並非他本人的想法。

「那是律師要我做的。」他結結巴巴地用英文說。

我本來預想我須要從訪談中抽絲剝繭，像個業餘律師一樣一一梳理證據。出乎意料的是，他大方承認千禧年之際所犯下的錯誤。

「那不是病毒，是木馬，」他糾正我的用詞，指出他的惡意軟體偽裝成正常的東西偷偷侵入受害者的電腦。「我沒想到會散布到美國和歐洲。我也很驚訝。」

接下來他說的內容非常直截了當。德‧古茲曼當時經濟拮据，可是連接網路的費用很昂貴。他認為上網不過就是一種基本人權（這種想法在當時很前衛）。要連上網需要密碼，所以他就想出竊取他人密碼的方法。德‧古茲曼並不認為這是一種偷竊的行為，他認為就算密碼遭到「分享」，原本的用戶還是可以上網（他的邏輯完全忽略提供網路服務的公司只收了一人費用，卻有兩人使用的事實）。

德‧古茲曼想出的方法就是竊取密碼。事後看來，也許他的罪行應該顯而易見，因為他在前一年的大學論文計畫書中提出過同樣的想法但被駁回。

他說當年設計出這樣的軟體一點也不難。「Windows 95有一個漏洞，」他說。「如果點開附件，程式就會迅速入侵使用者的電腦。」

但是，還有一個問題需要解決——怎麼讓大家點開附件？

德・古茲曼說他在馬尼拉網路使用者聚集的聊天室隨意跟人搭話，然後把感染檔案偽裝成自己的照片，寄給受害者。這個策略成功了。「我只和那些對電腦很外行的人聊天，用他們來做實驗。」他說。

德・古茲曼把對象限縮在馬尼拉居民是有原因的。當時，連上網路得靠「撥接」。很多年輕讀者應該會覺得很驚奇，在寬頻網路出現前，要連上網路得先把電話線插進一個名為「數據機」的盒子，數據機會撥話至一個網路連接號碼（撥接上網很惱人，你的室友、爸媽、任何人想用電話的話就得先關掉數據機）。馬尼拉的網路撥接密碼只能用在菲律賓的電話，既然德・古茲曼將竊取來的密碼用在他家的電話線上，就沒有必要鎖定馬尼拉以外的受害者。如果維持這樣，他的生活會大大不同。可是和許多駭客一樣，德・古茲曼充滿好奇心，想要進一步使用他的病毒。

2000 年 5 月，他修正了自己的原始碼，讓這個病毒的範圍不再侷限於馬尼拉。他還做出了兩項改變，確保自己在駭客歷史的地位。第一、他把病毒設計為一感染電腦，就會發送信件給受害者電子通訊錄上的聯絡人。如此一來，他創造出所謂的「蠕蟲」（worm）病毒，一個會自行散播且無法關閉的怪物。一旦散播，就失去控制。

第二、利用真摯，如果不是故意為之，那真的是神來一筆。一旦病毒散布出去，他得誘使收件人打開有病毒碼的附

件。以前他利用照片夾帶的方式已經行不通，所以他想到一個新方法——他幫這個病毒取了一個跨越國界又令人無法抗拒的名字。

「我知道很多人想要交男友，他們找尋彼此、渴望愛情，所以我就利用這個特點。」他說。

愛蟲就此誕生。

和其他駭客一樣，德・古茲曼也是夜貓子。他覺得深夜悄無人聲，比較容易集中精神。凌晨一點，德・古茲曼找到了他的「零號病人」（patient zero），這位最初受害者即將開始散布病毒。他和一位住在新加坡的菲律賓人在線上聊天。德・古茲曼已經忘記那個人是誰，但是記得自己寄給他一份自己修正過的病毒新副本。

德・古茲曼絲毫不察散布出的病毒即將導致全球混亂，他說他後來還出門和朋友喝得爛醉。結果，一天之內，病毒如同野火般一發不可收拾，調查人員也一步步逼近這位始作俑者。

他的母親聽說警方正在追捕馬尼拉一位駭客的下落，而她深知兒子的惡趣味。她把兒子的電腦藏起來，卻漏掉了關鍵的磁片，其中一個磁片上有 Mykl-B 病毒，導致麥可・布恩和十幾名 AMA 學生受到警方的盤查。

二十年來，德・古茲曼的沉默讓他的同學布恩籠罩在疑雲中，列為愛蟲的共同創作者。不過根據德・古茲曼的說法，布恩跟這一切無關。他們以前一起合作過，但是愛蟲是德・古茲

曼一人所為。

　德‧古茲曼說愛蟲事件後他不得不休學一年，等待熱度逐漸消退，在這一年內他完全沒碰電腦。他沒有再回到 AMA，也沒有畢業，最後成為手機維修技師。他表示自己很後悔寫出愛蟲，但是他還是得面對網際網路時代違法者的後果——萬古流臭。

　「有時我會在網路上看到自己的照片，」他說。「我朋友說，『是你，是你！』他們找到我的名字。我很害羞，這根本不是我想要的。」

　他的孩子一個七歲、一個十四歲。他知道總有一天孩子會發現爸爸就是散布全世界最惹人厭病毒之一的始作俑者，不知道到時該怎麼辦才好。

　訪談最後，德‧古茲曼轉身埋頭工作，隱沒在購物中心不計其數的維修攤中，身邊盡是電焊棒、萬用電表、拆開的手機。他說自己喜歡現在的工作，感到知足，但是當我走出這個點滿螢光燈、宛如《銀翼殺手》世界的電腦商城迷宮，我很確定這一定不是他所想像的人生。

愛蟲不是最聰明的病毒，也不是最具毀滅性的病毒，當然也不是最有獲利價值的病毒。我選愛蟲作序曲有兩個因素：第一、愛蟲是我在科技安全新聞職涯中的第一場敗仗。在這個病毒感染鬧得沸沸揚揚之際，我寄了一篇中立的報導給《衛報》，期

待刊登的那天。結果，得到的回覆卻是：在愛蟲大爆發的期間寄一封主旨為「我愛你」的信並非明智之舉。我慘遭滑鐵盧。

第二、選擇愛蟲當開頭有一個更具說服力的因素。這是目前危害社會的電腦犯罪中最佳的演示——與科技無關，但是與人密切相關。本書提到的案例幾乎都和編碼、軟體、硬體本身無關。而是，隨著時間推移，駭客利用的仍是人類的弱點。第一步是先哄騙人做不該做的事。策略在於如何說服受害者執行，這靠的是對心理的敏銳察知，重要性不亞於技術。厲害的駭客要能馬上抓住人的行為模式，除此之外，還要對渴望和恐懼有深切的認知。

德·古茲曼絕對不是第一個意識到這一點的人，然而在為自己的病毒取名時，他不經意想出了有史以來最有誘惑力的名字。他的攻擊成功了，而且還成為全球威脅，因為他用的是世界上每個人都在追尋的「愛」。

「駭」人的伎倆在未來二十年一定會在網路犯罪中不斷上演。但是跟德·古茲曼不同，這樣的伎倆會幫駭客賺進數十億。現在萬事具備了，至少據警方和安全研究人員的說法，一位從解體的蘇維埃政權中誕生的天才駭客會打造出一台網路犯罪機器，犯罪規模之大令人咋舌。

第二章

柏林防火牆的倒塌

位於南俄羅斯黑海沿岸的阿納帕是一個環境優美的度假勝地。在小鎮南端櫛次鱗比的高樓大廈中,有處位於萊蒙托夫街的米色系熱門避暑度假公寓,從莫斯科和西伯利亞來的遊客為了感受海邊氣息必定會造訪此處。

這裡的居民大概沒注意到住在十四樓的男人在 2014 年 5 月的某個星期五慌忙打包,匆匆逃離此處。就算他們知道葉夫根尼‧博加喬夫用電腦做了什麼,也只是一知半解。這位三十一歲的男人和妻子把女兒抱上車、快速駛離,也不會有人質疑他們的突然離去——畢竟沒有警笛聲、刺耳的輪胎摩擦聲、也沒有招來成群的記者。這位鄰居的祕密生活在幾天後透過新聞報導才公諸於世,博加喬夫疑似為造成數百萬美元損失的網路犯罪行動首腦。

FBI 聲稱,博加喬夫在阿納帕的公寓中努力讓一堆電腦感染他的病毒,藉以竊取全球大型銀行的資產,而這場數位詐騙行動已經持續七年多。然而,這不僅是代表另一個野心勃勃的

駭客誕生。根據那些透過暗網追蹤博加喬夫職業生涯的人說，他對萌芽的網路犯罪社群影響極大。他們看著他利用剛誕生的病毒產業進行革新——複製矽谷的策略，應用在網路犯罪上，獲取了和 Apple、微軟這類合法公司一樣的成功與獲利。他為駭客行動演變成具有影響全球的力量奠下基礎。

他拋下阿納帕的一切，棄置的公寓只有司機偶爾會回去處理一些瑣事。

這次的快速撤離是他最後一次的驚險逃脫。調查人員表示，博加喬夫集偏執、狡詐、善於操弄於一身，他打造出全球最大的網路犯罪網絡後，交給一名男人，這名男人後來因此遭到逮捕。博加喬夫再創立另一個犯罪網絡，躲過了警方的追捕，爾後又創立了第三帝國，再次僥倖逃過追捕。博加喬夫幾乎等同線上世界的凱薩‧索澤——布恩‧辛格於 1995 年執導的電影《刺激驚爆點》中，一位難以捉摸的幕後黑手。

博加喬夫最近在 FBI 網路犯罪的頭號通緝犯照片中模樣：光頭、稍有些胖，臉上露出和煦的笑容。他看起來神似詹姆士‧龐德電影的壞人典型，這個特點可逃不過報導這則新聞的媒體關注。除了突出的臉部特質，某張照片中的博加喬夫穿著豹紋連身衣，手裡抱著一隻有類似花紋的貓咪更讓他的特質異常突出。如果只是把博加喬夫當成一個特殊且來自奇特世界的駭客嫌疑犯那就大錯特錯了。根據針對他的刑事指控，他的所作所為以及他設計的一連串行動所帶來的影響將持續數年。

　　愛蟲在在顯示出全球人口逐漸依賴網路科技會讓自己有多容易受到影響，又會帶來怎樣的後果。跟進調查的檢察官表示，博加喬夫不僅接手，還把駭客行動當成像是參加奧運比賽一樣，不斷地訓練與精進。

　　博加喬夫嶄露頭角的方法深植在蘇聯解體後的經濟殘垣中。1991 年 12 月 26 日，蘇聯加盟共和國獨立，結束長達七十年的中央集權統治。

　　隨之而來的經濟和社會慘況全都記錄在案。俄羅斯的國內生產毛額（GDP）停滯不前。空蕩蕩的貨架、貧困又疑惑的人民取代了坦克車在莫斯科行進的新聞畫面。電視的畫面讓人覺得俄羅斯永遠都是寒冬。失業率從 1993 年的 5% 飆升至 1999 年的 13%。在計劃經濟的國家中，政府允諾提供人民工作，儘管這常常隨政府的喜好決定，但相較之下，這樣的經濟寒冬讓人民更加無所適從。[1]

　　這個時代的另一個數據雖然不好找，但是對於瞭解網路犯罪的崛起是非常關鍵的。國家教育研究所後來才公開的數據顯示，自 1980 年代至 1990 年代早期，每年約有 60 萬名學生進入俄羅斯的頂尖大學就讀，這些學生中約一半的人選擇科學與技術科系。相較之下，選讀醫學的比例維持在 5% 左右。即使人文學科和經濟學類科系直到 1990 年代後期才追上，選讀科學與技術科系的人數仍舊遠遠超過其他學科，佔了畢業生總數的 30%。[2] 簡言之，在經濟發展停滯的俄羅斯每年卻有數十

萬的科學與技術科系畢業生進入就業市場，但這個領域的職缺
卻少之又少。

1990 年代末期，俄國有許多學生選讀科技領域的科系，
這類技能在世界各國變得越來越重要，而科技公司的股價也在
此時一路飆升。俄羅斯儘管經濟孱弱，仍奮力想讓國內人才和
國際經貿接軌。對某些人來說，移民是解套的方式，這也導致
所謂的「人才流失」。根據俄羅斯政府的數據，1990 年代的
前幾年，約有 200 萬人離開俄羅斯。[3] 留下來的人當中，有一
小部分人為自己的技能找到了出路——犯罪。

伊戈爾‧克洛波夫即為其中之一。

網路世界中的克洛波夫說話支支吾吾的、話不多且簡短。
他在 1990 年代的俄羅斯進入網路犯罪產業。後來在美國官方
的設計下前往美國遭到逮捕，坐了好幾年的牢。[4] 我很想知道
他的生平，可是他的回應冷淡，讓我束手無策。有一天，他寄
了自己的故事給我，洋洋灑灑超過 54 頁。詳細說明一位有天
賦的學生選錯了路，最後被關進紐約的里克斯島監獄。鑒於他
曾經是專業的騙子，我很懷疑故事的真實性，也對克洛波夫的
動機感到疑惑。然而他的故事讀起來不像是要為自己脫罪，反
而鉅細靡遺地說明一個人怎麼會墮入駭客的深淵，也解釋了信
用卡詐騙如何成為 1990 年代俄羅斯網路犯罪的動力。

克洛波夫寫道，1997 年還是學生的他踏入了這個領域，
經營「warez」，這個字指的是遭到入侵而被竄改的軟體。這

種軟體被移除反盜版的保護，免費供人使用。他主要以架設網站用的軟體為下手對象。

克洛波夫很快就遇到了問題，就是這些最受歡迎的軟體如果不靠信用卡付款就無法取得。一旦取得軟體，克波洛夫就能移除反盜版的鎖定，讓原本只能由購買者電腦使用的軟體為他人使用。但是要取得軟體就必須先付費，在那時他也發現了一個重大瑕疵。在這個時代，軟體賣家接受任何一張有效的信用卡，發貨前也不會確認信用卡的卡號是否真的可以付款。

克波洛夫創造了一個可以製造有效信用卡卡號的程式，並且用這些信用卡號碼購買昂貴的軟體，之後再盜用取得的軟體。這是他踏進信用卡詐騙的第一步。

等軟體公司修補克洛波夫利用的漏洞後，就轉為由他的同學負責竊取線上經銷商的顧客信用卡資訊，一起合作犯罪。克洛波夫用偷來的信用卡資訊在線上購買軟體，再破解軟體的防盜保護。

克洛波夫的野心越來越大，他在美國雇了一群中間人執行貨運詐騙。這群中間人收到詐騙取得的商品後再寄往位於前東方集團＊的地址，但他們完全沒想到要是詐騙被揭發，自己就得為這些騙來的商品負責。克洛波夫用竊取來的個人訊息建立仿冒的美國身分文件，並用這些文件製作假支票，然後他再

＊東方集團：二次世界大戰後，以蘇聯為首組成的陣營，和西方資本主義抗衡。因為組成國主要位於歐洲東方，才以「東方集團」（Eastern Bloc）稱之。

利用中間人兌現這些支票。這個作法最終導致了他的失敗。2007 年他在美國用 700 萬美元的假支票購入金條（這是他最後一次犯罪，因為他答應女友這是最後一票）。[5] 不幸的是，他仿造的支票簿為小查爾斯・威利所有，他的身家價值 10 億美元，而且是共和黨的主要捐款人。因此這筆交易在銀行紀錄中被標示為可疑，在克洛波夫不知情的情況下就遭到揭發了。

美國特勤局開始進行臥底行動。為了完成金條的交易，克洛波夫應要求親自到美國。飛抵美國後搭上在機場等候他的豪華轎車前往加州，準備收取他的不法所得。但是，當他在布魯克林大橋佇足拍紀念照時卻遭到逮捕上銬。他被拘留了兩年半，於 2009 年 2 月因竊取他人身分以及詐騙被判有罪。現在，他年約三十五歲，住在紐約，和其他前駭客一樣於資訊安全產業服務。

儘管克洛波夫在遭到逮捕之前很成功，但他並非網路犯罪的先驅，也沒有高超的電腦編碼技術。他只是嗅到機會，價值觀夠偏頗以致忽略合法性，加上敏銳的資訊處理技術讓計畫得以實行。而這一切的開端即為信用卡。

他不是唯一一個犯罪者。信用卡詐騙帶動 1990 年代新一波犯罪產業，讓熟知這一切的人賺進好幾百萬美元。但是這個群體並沒有一直維持克洛波夫計畫的規模，很快地這個群體開始整合，為真正的全球犯罪奠下基礎。

這個時代的信用卡詐騙歷史由一位有第一手經驗的人整

理得一清二楚，這個人也成為了信用卡詐騙犯中的傳奇人物。
2003 年 7 月，一位名為 Script 的俄羅斯騙子寫了一部這類犯
罪的時間簡史。雖然是用不甚流利的英文書寫，還張貼在一個
信用卡詐騙犯的線上論壇，實際上看起來更像是教育現場新手
的概要。

　　「自 1990 年，第一次信用卡詐騙犯活動出現在前蘇聯國
家中，當時就連購買 CD 都是用生成的信用卡卡號。」這就是
克洛波夫發現的漏洞──只要鍵入任何一組有效的信用卡號即
可進行購買。

　　他繼續說道：「賣家將商品寄至前蘇聯共和國的任一處，
這時就是信用卡盜用大規模飆升的開始。」再次重申，這就是
克洛波夫使用的伎倆──讓商品從美國寄出。下一個步驟就是
獲取遭竊的信用卡資訊。「1994 年到 1995 年，駭客彼此分
享入侵伺服器取得的信用卡卡號。」

　　Script 說後來美國政府正式展開取締。「那幾年美國意識
到金錢外流後，就禁止與前蘇聯國家的往來。」[6]

　　不久後就看到俄羅斯的犯罪集團想方設法應對這項禁令。
之後本書會有更多關於 Script 的敘述，也就是上述引言的與談
者。首先，重要的是先了解線上貿易的要素，由於這些要素導
致信用卡大規模使用，最終讓上百萬張的信用卡落入 Script 和
克洛波夫這類人的手中。

1989 年，提姆・伯納斯─李發明了全球資訊網，激發了網頁互連的創意。利用數十年來網路科技累積的技術，讓我們可在全球資訊網上儲存資料、進行搜尋。

電子商務產業正如其名，相對較快嗅到商機。亞馬遜於 1994 年、eBay 於 1995 年創立，兩家網路零售巨擘在同一時間點創立並非巧合。為了讓電子商務能成功運作，全球資訊網需要有付款方式，信用卡就是一個很顯然（但非必然）的選項。1994 年，全球資訊網瀏覽器──網景（Netscape），類似微軟 IE 和 Google Chrome 的先驅，推出讓信用卡資訊可以在網路上安全傳送的系統。當然，安全傳送信用卡資訊到網站不能保證接收方的網站也同樣安全，就如克洛波夫的經歷一樣。但是數位貿易就此蓬勃發展，線上零售總額單是在 1999 年的最後三個月就達 50 億美元以上，成長率則為其他種類商業總和的二十倍。[7]

與此同時，信用卡詐騙也飆升。核卡數比以往要來的多是真的，但並非各種類型的信用卡犯罪都飆升，例如實體信用卡遺失、遭竊的數量反而降低。犯罪率飆升是由於一個趨勢──「持卡人不在現場」，也就是無卡交易（CNP）的詐騙，即為用遭竊的信用卡資訊購買，但持卡人（擁有卡片使用權的人）根本沒有授權。

線上零售在 1990 年代晚期走俏，這種詐騙手法以令人咋舌的成長率飆升。1998 至 1999 年，英國類似的詐騙率成

長了一倍，隔年又再翻倍。至 2008 年，此型態的詐騙佔信用卡詐騙損失的一半以上。[8] 如 Script 所述，俄羅斯犯罪集團的信用卡詐騙手法純熟，隨著信用卡越來越常在網路世界使用，這些小偷就此緊追不放。

有證據顯示，俄國人把這種類型的犯罪視為一種愛國的展現。在本世紀之際，信用卡詐騙網站大量出現，賣的不只是竊取的信用卡資訊，還有詐騙建議和工具（如把偷來的資訊印上空白卡的機器）。由駭客 BadB 架設的 babd.biz 就是這樣的網站，打著民族主義的旗幟，行網路犯罪之實。

進入這個網站會先看到一個動畫，其中卡通版的俄羅斯總統普丁授予駭客獎牌。影片下方的字幕強調駭客竊取了多少美國公民的信用卡，並且勸誡：「我們等待你一同加入對抗美帝主義的行列。如此便能用美國的資金挹注俄羅斯的經濟，使其壯大。」[9]

我們無從得知這樣的愛國心多有號召力，但是打著愛國的旗幟竊取信用卡資訊有一個更好的藉口。幾乎所有的信用卡詐騙集團都在俄羅斯情報機關和執法機構的眼皮子底下行動，駭客可能認為只要不把目標放在俄羅斯的信用卡持卡人身上，而是放在美國公民身上，俄羅斯的執法機構就不會插手。

不論你是否相信 BadB 與其同夥是出自於愛國心而詐騙信用卡資訊，許多駭客顯然是以更直觀的邏輯行動。我訪問過的俄羅斯前信用卡詐騙犯說，他們的動機與霸權沒那麼直接相

關，而是和獲利相關。把目標放在美國和西歐純粹是因為這些地方的信用卡使用率大幅增長。

諷刺的是，如果歷史改變，可能是俄羅斯出現這樣的榮景。1960 年代，美國為網路奠下基礎；俄羅斯則計畫建立一個龐大的網絡。電腦科學家維克多・格盧什科夫提議建立一個遍布全國的系統，幫助蘇聯管理複雜的國營產業結構，堪稱現今雲端運算的化身。但這個計畫從未施行。媒體歷史學人班傑明・彼得斯寫道，當時總書記布里茲涅夫刻意避開一場關鍵會議，而蘇聯內鬥也導致整個計畫窒礙難行。[10] 這個事件現在稱為「網無路」（inter-nyet）。最後是美國和歐洲帶頭發明了網際網路和全球資訊網。或許俄羅斯的信用卡詐騙犯潛意識中把自己的犯罪視為對於錯過機會的一種報復。

不論信用卡詐騙犯的動機為何，線上付費的詐騙蓬勃發展。千禧年之際，網路購物興盛，信用卡充斥網路，由克洛波夫和 BadB 這類人為代表，信用卡詐騙犯地下產業即將進化成組織犯罪。

2001 年 5 月，一場傳奇性的會議於烏克蘭奧德薩舉辦，數十位世界知名的俄語系信用卡詐騙犯齊聚一堂，BadB 也在場。這場會議讓個人以及小型的信用卡詐騙集團快速整合成單一網站——信用卡詐騙星球（CarderPlanet），從交易、諮詢到專業技能都能在這個網站上找到。[11]Script 創立這個極其成功的網站之後，上千名會員湧入，想諮詢如何靠信用卡蓬勃發

展的時機大撈一筆，不過卻踢到了鐵板，就像 Script 先前暗示的那樣。

1990 年代末期，詐騙問題越演越烈，金融公司（主要為美國）開始進行取締，嚴格審查信用卡交易是否與前東方集團國家有關。詐騙犯因此遇到了令人挫折的問題：詐騙犯透過駭客的協助，取得大量從公司電腦伺服器竊取來的信用卡資訊，卻越來越難讓賣家接受這些卡片的付費。而這個難題因為美國的一位職業罪犯布雷特・約翰遜稍微解套。

約翰遜來自布魯克林，是一位風趣的調酒師，閒暇時似乎都花在改裝哈雷機車。雖然他看起來好相處，又給人鄰家男孩的感覺（或許看起來好相處的原因是這個），但他其實是一個橫跨全球犯罪網路的要角，其駭客化名為 GOllumfun。

他自述很早就開始行騙，而且是從家人身上學的，只是他的詐騙是在網路世界。他宣稱第一次詐騙是販賣豆豆娃（Beanie Baby）玩偶。由於藍色的豆豆娃比較值錢，他便把米色的染成藍色放在網路上販賣，賺了一大筆錢。約翰遜一開始和克洛波夫一樣只在市場的灰色地帶行騙。他也加入一個名為 Counterfeit Library 的網站，在這裡用戶可以得到製造假 ID 的建議，甚至可以找人製作偽造文件。

這個網站遊走在灰色地帶，吸引越來越多騙子，約翰遜很快就深陷在網路犯罪這個新興的世界，他負責管理有 3000 名會員的論壇，事先審查想在這裡販售的商品（這也方便他得到

新的詐騙技巧以及審閱新的商品）。據約翰遜的說法，Script
是這個論壇的使用者，也是唯一一位烏克蘭籍的用戶。Script
因為他所進行的信用卡詐騙遭到封鎖的情況越來越頻繁，便
找上約翰遜徵詢意見。不過約翰遜卻對 Script 心存懷疑。有
些 Counterfeit Library 的用戶認為 Script 實際上是執法機關人
員，他提供的信用卡看起太完美，不像是真的。

約翰遜使用 Script 提供的信用卡作為測試。他購買了一台
要價 5000 美元的戴爾頂級筆記型電腦，認為交易一定會被拒
絕，但是交易順利完成，筆電也如期寄出。

約翰遜因此買帳了。

「不過才一個晚上，我們就從盜用身分的網站轉為盜用信
用卡的網站。」他回憶道。信用卡犯罪現在是一種國際化行動。

2002 年，約翰遜創立了 ShadowCrew 取代 Counterfeit
Library。這個網站再次成為騙子的聚集地，但專注於信用卡
詐騙。一項成果豐碩的合作開始了——以俄語系為主的網站
CarderPlanet 吸引俄羅斯騙子捧著一堆竊取的信用卡資訊加
入；ShadowCrew 則以英語系成員為大宗，藉由竊取的信用卡
資訊換取現金，這即是網路犯罪時代的開放政策＊。約翰遜聲
稱，這個網絡的成員發現信用卡本身的安全漏洞，曾經從自動
提款機一天提領了 4 萬美元。

＊時任蘇聯總書記的戈巴契夫於 1985 年提出的改革開放政策（Glasnost），也
　是用來宣傳並提高蘇聯政府的透明度的政治口號。

不過有一個問題。ShadowCrew 的資深成員中，有一位名為 CumbaJohnny 的用戶，在真實生活中他是一位二十初頭、輪廓鮮明的電腦迷，本名為艾伯特・岡薩雷斯。約翰遜全然不知岡薩雷斯於 2003 年在警方調查俄羅斯網站 CarderPlanet 時遭到逮捕（根據約翰遜的說法，岡薩雷斯是在警察看到他於自動提款機前把一堆 20 美元鈔票塞進背包才遭到逮捕）。當時岡薩雷斯被特勤局吸收為線人。他努力成為俄羅斯網站的管理員，利用自己在 CarderPlanet 和 ShadowCrew 的位置，提供資訊給美國當權機關。顯然，這兩個網站的好日子即將結束。2004 年 10 月，全球有數十人因為「防火牆行動」（Operation Firewall）遭到逮捕。[12]

布雷特・約翰遜逃過了一劫，隨後卻因另一起案件遭到起訴，服刑六年三個月。他現在是一名網路犯罪顧問。Script 沒有在防火牆行動中遭到圍捕。他在 ShadowCrew 被取締前幾個月就先關閉了 CarderPlanet。但這不代表他能全身而退。

2005 年，烏克蘭警方掃蕩奧德薩一戶戒備森嚴的公寓。米沙・格蘭尼的著作《黑暗市場》（DarkMarket）寫道：他們進入後，發現住戶的電腦設備已經撤得一乾二淨。[13] 他們聲稱這裡就是 Script 的基地，Script 真名為迪米崔・戈魯博夫。他本人否認這項指控，並於短暫拘禁後獲釋，爾後基輔法庭還他清白。雖然無法成功定 Script 的罪，防火牆行動對 FBI 來說不失為一場成功的行動。然而有個隱憂，而且仍舊與岡薩雷斯

有關，對美國執法機構的策略來說更是如此。這是由於這次行動的策略即為利用罪犯誘捕其他的罪犯。

岡薩雷斯雖然是線民，卻從未停止網路犯罪。不只沒有停止，即使看到同夥在防火牆行動中遭到逮捕，岡薩雷斯還是準備要大撈一筆。他利用多年的駭客經驗，和幫派合作，把目標放在美國的商家和公司，這場行動名為「網路攻防戰」（wardriving）。

現在我們對房間一隅發出訊號的 WiFi 機習以為常，不過在二十一世紀早期這還是一項新穎的科技，並未受到妥善的保護。岡薩雷斯和他的夥伴就是利用這點，沿著邁阿密的南迪克西公路開車，用筆電和無線電收音機接收如巴諾書店等大型零售商的訊號。這些訊號讓他們找到駭入公司網絡的線索。如果他們能用正確的頻率傳送正確的代碼，公司的電腦網路就會回應，讓駭客從後門駭進公司。

這個策略成功了，而且規模龐大。岡薩雷斯的網路攻防戰讓他和同夥得以入侵 TJX，也就是 TJ Maxx 零售商店的母公司（在英國名為 TK Maxx）。他們竊取了 4000 萬張信用卡資訊，於 2010 年犯案時，堪稱有史以來最大型的網路犯罪。[14]

岡薩雷斯二十八歲時被判處有期徒刑二十年，他和特勤局以及防火牆行動之間的關係才浮出水面。[15] 事實顯示，岡薩雷斯身為關鍵線人，後來卻發起了一場大規模、長達十八個月的駭客狂歡行動，這對美國政府來說顏面盡失。若要再度取締信

用卡詐騙集團的話，警方就不會依靠線人了，他們會用臥底的方式滲入，很快我們就會談到這種新型的行動。

2005 年，美國和英國警方接獲消息指出，在 DarkMarket 這個英語系網站上有英國的信用卡詐騙犯正在與俄羅斯幫派合作。這個網站是 ShadowCrew 和 CarderPlanet 的接班人，不過這次執法機關採用了新的策略進行取締。

FBI 探員 J・基斯・穆拉斯基滲入這個網站，從內部搜集證據。穆拉斯基在前一個信用卡詐騙網站就以斯普林特大師（Master Splyntr）的用戶名（取自卡通《忍者龜》的一個角色）滲入網站。斯普林特一路爬到這個網站的核心，最後負責管理儲存 DarkMarket 的伺服器。穆拉斯基（和 FBI）取得的位置能夠看到信用卡詐騙犯之間的往來，更重要的是，網路位址也透露出他們在真實世界中的地點。

2007 年的夏天，執法機關對 DarkMarket 採取行動，全球有 60 人遭到逮捕。網站運作卻繼續維持了一年，而這些網站的幕後人物顯示出網路犯罪的發展程度。米沙・格蘭尼在書中透露 DarkMarket 已經被犯罪幫派接掌。本來由一群有犯罪頭腦的電腦奇才創始的網站，由於太過成功，進而受到高度組織犯罪集團掌控，涉及的範圍遠比線上信用卡詐騙還廣。這些傳統的犯罪集團開始吸收駭客的新型犯罪策略。

這樣的模式會變得稀鬆平常，也就是在本書中會不斷重複

出現的情節。

　　DarkMarket 終於在 2008 年關閉，象徵一個時代的結束。信用卡詐騙對不法分子來說越來越難下手。信用卡公司偏向採取主動作為打擊可疑的交易，執法機關也證明自己能成功滲透進信用卡詐騙犯網站。就算滲透不成功，懷疑的種子對網站努力營造的信任關係更加不利，畢竟這些竊取信用卡資訊的人本身就夠多疑了。（BadB 的真實身分弗拉季斯拉夫・霍洛霍林意外暴露。2012 年 10 月他的詐欺罪成立。[16] 網路個人檔案顯示他已經出獄，在以色列擔任網路安全顧問的工作。）

　　克洛波夫、Script、約翰遜、岡薩雷斯等人利用信用卡詐騙大撈一筆的方式越來越不可行，但是國際詐騙分子開始意識到線上詐騙的可行性，而且緊抓不放。他們正在尋找下一棵搖錢樹。拜葉夫根尼・博加喬夫所賜，這棵搖錢樹已經快要找到了。線上金融創造了機會，這次則是網路銀行所帶來的契機。

　　在新世紀來臨之際，銀行受到電子商務成長的刺激（或許也考量到減少員工和辦公室在節省成本方面的潛力），搭上了線上革命的風潮。據估全球有 800 萬個家庭於 1995 年開始使用這項服務；2003 年，增加至 1 億 3000 萬。[17] 美國的網路銀行使用率從 2000 年到 2002 年增加了一倍，達所有帳戶的 30%；2010 年末這個數字穩定成長至 60% 左右。[18] 美國及歐洲的顧客紛紛使用線上銀行。隨著信用卡詐騙的機會變少，信用卡詐騙社群發現了一個全新商機。但是，要成功就要改變

策略中的一個步驟，也就是一個能打開入侵可能的媒介。

1990 年代發展的詐騙類型以及本章前半部描述的詐騙手法，從某方面來看其實不是那麼的「網路犯罪」，而是利用網路犯罪。沒錯，駭客利用科技獲取信用卡資訊，就像岡薩雷斯利用網路攻防戰所做的。一旦取得信用卡資訊，就轉而使用傳統犯罪手法將資訊轉換成現金，例如購買商品後再轉賣。這樣的手法存在著許多缺點：第一、更多人參與，獲利要與更多人分享，也可能有更多潛在的線人。如 Script 和同夥發現的，在信用卡發卡公司禁止發貨至特定國家或地址後，購買實體商品變得棘手。

第二、不可避免地朝純網路犯罪的方向發展。網路罪犯的動力越來越不受到實體世界的限制，因為越和實體世界有關，就越容易被逮捕。罪犯希望盡可能靠近金錢的源頭，隨著金錢變得虛擬化、數位化，網路罪犯的工作就變得有利可圖。

線上銀行的出現成為發展的關鍵。竊賊更能直接鎖定目標，不用再經過一連串程序，不用靠偷來的信用卡資訊購買商品後再出售換現金。

以前，金融機構是較難下手的標的。銀行大盜威利‧薩頓曾說「因為銀行是錢的所在」，這句話廣為流傳，但他否認說過這樣的話。這個邏輯有兩種理解方式──銀行保安比較嚴密，因為這是金錢存放的地方，或是說這曾經是金錢存放的地方；隨著二十一世紀來臨，突然間，錢就不只是存放在金庫裡；

而是顯示在客戶的電腦螢幕上，靠一連串 1 和 0 在銀行網絡和客戶的筆電間傳遞著。經過驗證，這樣的傳遞很容易遭到駭客入侵。

現在，除了進入金庫的那扇大門之外，還有隨客戶存在的多個潛在入口。在前一章已經提過，人很容易上當受騙。駭客把歪腦筋從公司動到使用者本身，現在駭客面對的是要怎麼駭進使用者電腦的問題了。利用電腦傳遞病毒不是什麼新鮮事，就如同我們看到的愛蟲事件。在一連串網路蠕蟲病毒後，電腦網絡和公司開始反擊，修補可能讓愛蟲這類病毒入侵的漏洞。

然而，幾乎普遍存在的電子郵件提供了單方面接觸受害者的最佳機會。直至今日，電子郵件仍是網路犯罪的最佳媒介，就像在電梯裡打了一個滿滿病毒的噴嚏。這也是公司遭到「大駭」的原因，因而導致數億名顧客的紀錄遭竊。第一步為利用這些資訊擷取電子郵件地址，然後鎖定這些地址寄垃圾信。這種方式不僅便宜，只要有部分收件者上鉤，就能藉此獲得上萬名可能的受害者。（布雷特・約翰遜回憶，每 200 萬封垃圾郵件會帶來約 2 萬次積極的回覆。）

想像一下，如果有一堆電子郵件地址，每一個都代表上當的潛力。這些人當中可能有些人會使用線上銀行，你想寄病毒給他們以入侵他們的線上銀行帳戶。那要從哪裡拿到病毒呢？如果你不會寫病毒的話，要去哪裡找？要是能夠從架上購買軟體，像微軟的 Word 或是 Apple 的 iTunes 這種操作簡便的軟

體就好了。試試輸入「葉夫根尼·博加喬夫」。

　　據 FBI 的說法，博加喬夫第一次出現在信用卡騙子論壇時才二十出頭。他在論壇的期間剛好見證了信用卡詐騙網站的興衰——CarderPlanet 被 ShadowCrew 取代，爾後又被 DarkMarket 取代（還有許多我沒有一一詳述的網站，包括：mazafaka.ru、carder.org、carder.ru、CardersWorld、CardersMarket 等）。這些網站大部分因為內鬨、遭到背叛、執法人員滲入或綜合這三種因素而衰敗。

　　在博加喬夫預見的未來，可以從他遭到起訴的各種罪名一窺，這樣的情況即將結束。沒有鬆散團隊管理的不入流網站，而是靠一個病毒主宰一切、由一個人在幕後操刀。再恰當不過的是，這個病毒命名自古希臘帕德嫩神廟的眾神之王——宙斯（Zeus）。

宙斯於 2007 年出現，可說是病毒版的多功能瑞士小刀，一旦安裝到電腦上，就會執行各種任務。受害者在鍵盤上輸入的一切都會被轉錄下來，藉此竊取密碼；病毒還會安裝許多程式；偷偷發送包含病毒副本的電子郵件，讓更多人中毒。病毒只要進入受害者的電腦，駭客就能遠端操控。偷偷夾帶這樣的程式到受害者的電腦上本身就是一種藝術。

　　首先、第一個挑戰是要如何寄出病毒？試試從 Gamil 或 Outlook 帳戶寄病毒給 1000 個人，看要多久才會害自己的帳

戶被鎖。防垃圾信的機制會監測寄出可疑電子郵件的信箱以及寄送信件的電腦 IP 位址，所以發送垃圾郵件者必須不停變更電子郵件地址以及用來發送垃圾信的伺服器。這就是為什麼宙斯的重要功能之一就是讓受害者的電腦發送更多垃圾郵件，藉以感染更多電腦。反垃圾信服務能發現駭客的基礎建設，不過要是受害者開始感染其他人的電腦，這一切就變得沒那麼容易了。

宙斯的厲害之處在於安裝後對網頁的影響。宙斯會竄改使用者看到的螢幕畫面。受害者一旦連到網路銀行，宙斯就會顯示出一個螢幕，看似一切正常，但同時在螢幕後操弄一切，五鬼搬磚。因為宙斯能竊取銀行密碼，駭客等個幾天再登入繼續偷竊，受害者仍蒙在鼓裡，直到下次登入後看到真正的螢幕顯示才會意識到自己被搶了。

最重要的是，安裝宙斯之後，一切都在受害者的電腦中進行。這表示銀行不會發現有另一部可疑電腦登入，所以不會有警覺。等到警方開始調查，看起來就像是受害者自行進行了這些交易。

當時，銀行大多要求顧客輸入完整的密碼登入帳戶，這讓竊取密碼的病毒如宙斯，能夠輕易得到密碼。現在這個漏洞已經修正，銀行改為要求顧客輸入完整密碼中的隨機三個字元。除此之外，在宙斯盛行的時代，大部分銀行都讓客戶自行在銀行的網站設立收款人並且執行轉帳，現在則改為要求客戶使用

非電腦的數字鍵盤或是寄送代碼至手機以設立新的收款人（所謂的「雙重因素認證」）。

這些安全層面的改進讓宙斯的危害止步，但是卻姍姍來遲，讓太多人落入病毒的陷阱。一家總部位於英國利物浦的工業用塑膠製造商 AEV 就深受其害。如果你曾拆下電視的外殼或是其他裝置的外殼，看一下內部交錯的多層零件，全都妥善包覆在色彩鮮豔的塑膠製品裡，這就是 AEV 製造的產品。AEV 大部分的生產都在工業大城伯肯黑德進行，在這裡黏答答、臭呼呼的液體製成有用的小玩意兒。

這就是宙斯病毒的不可預測——AEV 不是富可敵國的大型企業，也不是什麼知名大牌。AEV 只是一間普通的公司，員工也很普通，所以當然也會使用電子郵件。2013 年 9 月的某一天，一名員工收到一封夾帶宙斯病毒的附件。寄送垃圾郵件的人很幸運，因為點開郵件的人剛好是財務部的員工，有權登入公司的銀行帳戶。

電子郵件寫道 AEV 的稅款逾期未繳，於是這名員工盡責地打開附件，完全不知道這個動作反倒讓宙斯成功安裝。等到她登入公司的銀行帳戶、鍵入密碼後，不到幾分鐘就有兩筆款項匯出：一筆匯出 10 萬歐元至賽普勒斯；另一筆匯出 3 萬美元至烏克蘭。由於宙斯善於隱藏路徑，這名員工直到再次登入銀行帳戶，看到轉出的金額時才發現大事不妙。

AEV 的總裁為喬納森・坎普。他腳踏實地，做生意的方

式也是如此。他不是在電腦上販售令人眼花撩亂的抽象金融商品，也不是做手機的 app 編碼（要價數十億元，但是沒有人真正理解如此高價的原因）。他有的只是一座工廠，製造出大家實際上想要的實體商品，因此他雇用員工實現這一切。

對坎普來說，這並不是一次愉快的經驗。他向員工坦承事件經過，告知他們這個病毒以及突然出現的 10 萬歐元財務缺口。恐懼開始蔓延。對公司來說，這是一筆不小的金額，如果無法解決問題，員工擔心會裁員。這時卻正好是聖誕節前夕。

然而，坎普決定公開這起事件。這個決定很不一般，由於大部分遭到網路攻擊的公司會選擇盡可能隱密處理。

「那些受害的公司覺得很難為情，所以不想公開。這的確是很羞愧又羞恥。」坎普說。

他認為這一切都是銀行在搞鬼。他表示一開始和銀行接洽時，銀行暗示遭駭沒那麼常見。隨著坎普在公開場合談論這件事，就發現有許多類似經歷的受害者。十幾個受害者出現，總損失金額達幾百萬英鎊，宙斯感染的電腦遍布全球各地，數不勝數。坎普在伯肯黑德這間小小的辦公室裡，發現了冰山的一角。

坎普說警方的回覆不怎麼積極，當地警方完全摸不著頭緒。有人告訴他應該去防制詐騙行動處這種國際警方系統報案，但是他從未接到後續的回覆。這樣的情況加上損失，讓他心煩意亂。「這是最奇怪的一種情緒了，」他對我說。「如果

是皮夾被偷，丟了 10 萬歐元心情還沒那麼複雜，因為這種體驗真實多了，就是被搶劫，但網路攻擊讓我很沒有真實感。」

坎普被一些人批評，說他沒有在遭受攻擊前安裝更好的防護裝置。現在完全不同了，他在維護網路安全上砸重本，付錢給「白帽駭客」（正式名稱為滲透測試員）請他們入侵系統並給他安全漏洞的修補建議。他們每個月都會嘗試入侵一次。「我知道這有點過頭，」他說。「一年一次或兩次應該就差不多了，但是這樣做讓我睡得比較安穩。」

最後，銀行返還了遭竊的款項，對坎普和 AEV 來說不啻為好消息。不過，仔細思考後會發現這樣的結果只不過是轉移問題，而非解決問題。許多案例中的網路犯罪受害者最終都從銀行或金融機構取回款項，讓人有種誰都沒有損失的錯覺。有許多人對這樣的處理方式持相反的意見。第一點，也最引人注意的論點為「無直接受害人的犯罪」（victimless crime），此即為罪犯常用來合理化自身行為的邏輯。信用卡詐騙犯 Script 在俄羅斯雜誌《Xakep》的專訪中表示，這樣的犯罪「一點罪惡感也沒有」。

他說信用卡詐騙「不像看起來那樣令人髮指，搶劫才更令人羞愧。我們不會對持卡人造成什麼困擾，他們會從銀行拿回失去的錢，提出申訴的話一分一毫都不會少」。[19]

如果因為銀行會返還款項，你就認為網路犯罪不重要的話，就正中這些罪犯的下懷了。

　　第二、AEV 的款項返還是由銀行決定，所以無法確保銀行一定會還錢。坎普和其他 80 家被宙斯感染的公司保持聯絡，其中，營收 100 萬英鎊以下、員工少於 10 人的公司款項返還是按特殊的銀行計畫執行；但是較大型的公司中很多根本沒有拿回這些款項。

　　第三、不能因為個別受害者得到補償就覺得在這個過程中沒有人損失。事實上，我們每個人都或多或少都為此付出了代價。例如 AEV 的案子，銀行得自己填補 10 萬歐元的缺口，這大概就得靠各種收費了。帳戶透支滋生的相關費用、銀行金融商品低得可憐的利率、因為人手不足致電銀行客服中心要等個 20 分鐘，其實這些隱形費用就是你支付給駭客的部分。網路犯罪就是對線上活動的稅賦，如果你厭惡課稅過重，那麼你也應該對網路犯罪深惡痛絕。

　　AEV 的竊賊沒有遭到逮捕。畢竟利用宙斯的犯罪集團越來越龐大，從 AEV 取得的不過是犯罪集團獲利中的一小部分，而這些人只須購買軟體，學習怎麼操作軟體、寄出郵件，接著等待傻子上鉤即可。

　　宙斯廣受駭客歡迎，於 2007 年出現後，單是在美國兩年內就感染了超過 300 萬台電腦。[20] 宙斯之所以如此成功是因為其發明者不斷改善產品本身。他藉由 cardingworld 這類地下的線上論壇，和顧客緊密聯繫，得知顧客的需求，提供不斷更新

的版本。[21]

　　我們是透過宙斯的潛在客戶唐·傑克遜而得知了這些內幕。當時，宙斯像野火般蔓延，傑克遜在一間名為 Secureworks 的美國公司擔任網路安全研究人員。雖然一般大眾可能沒聽過這間公司，但是政府、警方、世界知名公司都和 Secureworks 有業務往來。當時 Secureworks 的客戶開始注意到宙斯這隻病毒，所以傑克遜決定要和這個病毒的發明人進行聯繫。

　　傑克遜和他的團隊靠著假冒的身分，一路進到宙斯發明人的聊天群組；當時，他們只知道這位駭客的化名為斯拉維克（Slavik）。傑克遜和同事聽起來就像是真的網路罪犯，他們問的問題很到位，也知道這個領域的駭客。他們當然也聊了網路犯罪這個議題──畢竟，為了防止企業遭受駭客攻擊，他們已從另一頭監看駭客論壇一段時間了。

　　他們發現斯拉維克是一位軟體工程師，負責緊密的顧客服務運作，就像由熱忱的科技新創公司提供的那樣。潛在的宙斯買家會建議改進方向，斯拉維克則提供修正過後的版本。他仔細標示每次更新的軟體，就像微軟這類公司做的一樣。等傑克遜發文公開他的發現時，宙斯已經更新到 1.3.4 版了。更新過後的宙斯不只能駭進 IE 瀏覽器，還能駭進火狐瀏覽器。[22] 宙斯的基本套組要價 3000 美元，可以另外購買其他附加元件。舉例來說，花 2000 美元買附加元件能讓你駭進新上市的

Windows 7 作業系統（不然，就只能駭進較舊的微軟作業系統或 Windows XP）。

傑克遜發現斯拉維克既專業、反應靈敏且勤奮，程式寫得好又容易操作。他知道自己產品的價值，也極力捍衛。斯拉維克使用的是一種根據硬體提供授權的系統。簡言之，下載宙斯後，只能在自己的電腦上操作。對於一個像克洛波夫這樣，一部分靠竊取別人軟體開啟事業的組織而言，事情終於回到了原點。斯拉維克保護自己的投資就像合法軟體公司保護公司產品那般。

傑克遜在 2010 年 3 月出版他的發現，實際上他不是唯一一位刻意接近宙斯核心的人。執法機關和其他科技安全公司也採取過類似的策略。

斯拉維克非常謹慎，以防不小心洩漏自己的真實身分。本書採訪過的駭客沒有任何一個聲稱自己知道斯拉維克的真實身分。儘管如此，收網時，這位網路犯罪分子顯現出的智慧遠遠超越想像。跟克洛波夫不一樣，對斯拉維克來說沒有什麼是注定的、或是好萊塢式的「最後一件大事」這種陳腔濫調。他有更好的計畫——他在網路世界詐死。

亞歷山大‧帕寧想要探索更多可能性。不只是為了自己，而是為每一個人。他追求的是壽命的延長，遠比現在的平均壽命更長。跟其他有抱負的人不同，帕寧不只是說說，而是著手研究。

他正在攻讀分子生物學，期望能擊敗癌症，他還詳細寫下可能的解決方法。[23]

然而，跟大多數學生不同的是，帕寧發表研究時，人在南密西西比的亞祖聯邦懲教所，剛好和艾伯特・岡薩雷斯（TJ Maxx 駭客）同一個監獄。

帕寧用監獄的電腦寄了一堆電子郵件給我，告訴我他是在 2013 年 7 月進入美國的戒護系統，也就是在某個假日抵達多明尼加共和國後不久。在那之前，生活很美好——直到帕寧跟斯拉維克，也就是宙斯的發明者扯上關係之前。

帕寧熱衷於研究延長壽命，在申請莫斯科國立大學時，他開始研究意識上傳，也就是把人類腦子裡所想的內容取出並上傳至電腦。帕寧很快就遇到困難——專家告訴他這類研究需要龐大的資金挹注。帕寧表示金錢壓力，加上來自家人的壓力，迫使他走上網路犯罪一途。

千禧年之際，帕寧幫一個學生網站工作，對方要求他提升網站的造訪人次。於是他發明了「bot」，這種軟體能自動造訪網站，假扮成使用者，讓網站的造訪率上升。他發現這個軟體也可以用在點擊網站廣告。由於廣告商是靠點擊數賺錢，bot 可以用來賺錢，於是帕寧藉此獲取部分收益，也就是所謂的「點擊詐欺」（click fraud）。後來有人找上帕寧，建議他把這套軟體應用在處理竊取來的信用卡資訊，自動在付費系統中輸入所有的信用卡資訊。

對帕寧來說這是一個小小的升級，他化名為 Gribodemon，進入當時眾多的詐騙相關論壇，他也是在其中一個論壇知道了宙斯這個病毒。帕寧只是個經濟不那麼寬裕的學生，並無法負擔要價 2000 美元的宙斯，於是他決定發明自己的版本。

SpyEye（間諜之眼）是宙斯的低價版，帕寧也承認 SpyEye 沒有宙斯製作得那麼精良，因為帕寧本來就覺得只有自己會使用而已。帕寧表示他從沒打算把 SpyEye 賣給他人，這表示他跟斯拉維克不同，他在開發軟體時並未刻意隱藏自己的身分。這將是他追悔莫及的一個決定。

帕寧表示他最後把軟體賣掉是出自於絕望，因為他當時還差 500 美元付房租。缺錢的他決定在使用宙斯且日漸壯大的社群中兜售他的入侵工具，不過在犯罪論壇販賣 SpyEye 之前要先得到版主的許可。在帕寧的案例中，他聲稱版主就是斯拉維克──宙斯的發明人。斯拉維克批准了 SpyEye 的販售，至於為什麼會批准的原因在接下來幾個月即將揭曉。

2010 年 1 月，SpyEye 推出且大受歡迎。美國司法部表示，2016 年 SpyEye 感染了全球 5000 萬台電腦。這個軟體很賺錢，根據司法部，一套軟體售價介於 1000 至 8500 美元，至少有 150 名顧客購買。[24] 但是這根本不及宙斯的千萬分之一，而且帕寧還需要不斷修補軟體中的漏洞。2010 年 11 月（唐・傑克遜公開宙斯的相關發現後幾個月），一個絕佳的契機出現了

──斯拉維克和帕寧聯絡，給了他宙斯的原始碼。

原始碼和顧客下載的軟體不同。原始碼是開發者撰寫程式時所使用的，之後才會轉為顧客使用的版本，而顧客使用的版本是無法變為原始碼的。舉例來說，你可以擁有微軟 Word 的副本，但是原始碼是屬於比爾‧蓋茲和微軟的，這就是為什麼他比我們有錢。

有原始碼的帕寧能夠掌控宙斯──可以修改、提升並且販售新的版本，也可以用原始碼來提升 SpyEye。根據司法部的說法，帕寧遭到逮捕時，正準備發布第二版 SpyEye。

為什麼斯拉維克願意雙手奉上王冠給這位網路罪犯新星呢？帕寧這麼說：

> 我問斯拉維克為什麼這麼做。他說不想再繼續維護宙斯，所以決定停止。他說自己一直待在電腦前的行為讓孩子覺得很怪，所以決定收手，開始做正當生意並且移居古巴。

結果這根本不是事實。

帕寧有兩個截然不同的性格──他全心奉獻在研究分子生物學，但是提到 SpyEye 的時候卻漠不關心。待在監獄裡的他看起來很開心，遭到逮捕時沒有任何掙扎。他不後悔寫出並且負責維護駭進銀行的病毒，他只覺得自己的編碼不如他人的編

碼優秀。此外，他對外界事物不感興趣又很疏離。就像我們在愛蟲案例中看到的，頂尖的駭客對人類心理的察知極為敏銳，但帕寧似乎不是如此。他寫給我的信中提到了斯拉維克：「我們完全沒有任何來往。我不覺得有溝通的必要。這個領域的人完全不覺得要在真實世界和彼此當朋友。這不過是交易。」

或許帕寧應該問得更詳細。

這位年輕的駭客在安全性方面的失誤害了自己。帕寧完全不知道美國當局已經透過國際刑警組織發出逮捕令。2013 年 7 月，帕寧和朋友在多明尼加共和國度假結束要搭機時，警方突然出現並進行逮捕，帕寧隨即被帶上飛往美國的班機（司法部聲稱帕寧遭到逮捕時正準備從亞特蘭大機場搭機逃逸）。經過三年的審判，他的刑期訂為 9 年又 6 個月。[25]

除此之外，宙斯的開發者根本沒有「退休」，也沒有去古巴。實際上，斯拉維克不過是縮小了顧客群，並把售價提高。

他仍舊是一位職業網路罪犯，繼續冒著巨大的風險。下一個讓他大栽跟斗的則與宙斯商業計劃的基本缺失有關：即使從銀行的線上帳戶五鬼搬磚後，駭客最終還是得拿到貨真價實的紙鈔。簡言之，如果你用宙斯偷了 10 萬美元，匯到自己的銀行帳戶，想要提領的話，就可能遭到逮捕。最好是說服 10 個人各領 1 萬美元，找一個方法洗錢後再交給你還比較妥當。但是這 10 個人一定會想分一杯羹。

最終，宙斯駭客也面臨跟信用卡詐騙分子一樣的難題——

招募錢騾（money mule），也就是要和多人合作，不僅利潤變少，還冒著可能會洩蹤的風險。

2009 年，三位來自哈薩克的女性走進 FBI 在紐約的辦公室通報一起不太尋常的案件。她們告訴探員自己到美國找工作，結果意外捲入一起事件。一個男人開車載她們到分行，要她們開戶並且告訴銀行她們是來唸暑期班的學生。過幾天，她們會再去一趟銀行，從新開的帳戶取出錢，自己可以保留一小部分提領出來的金錢。[26]

　　隔年，類似的情況不斷發生。交易金額大多在 9000 美元以下，若金額過高就會受到嚴格的審查。有一些錢騾是專程被帶來美國；有些則是在美國境內招募的。如此輕鬆獲得的金錢讓人有發橫財的感覺，對急需金錢的人來說更是如此。根據《Wired》雜誌，一位女性告訴調查人員由於她找不到正當工作才開始擔任錢騾，並且表示：「我可以去跳脫衣舞，或者當錢騾。」[27] 這些錢騾幾乎都對完整情況一無所知。

　　調查人員追查這個網絡，發現到它與利用宙斯從銀行帳戶竊取的金錢有關聯。當權機關再次踏上追捕斯拉維克的長征。

　　全球各地進行了數十起逮捕行動。遭到逮捕的人有些負責招募錢騾；有些負責管理網絡；有些則是錢騾本身。警方搜捕範圍之大讓我們了解到，要將宙斯偷來的好幾百萬美元換成現金，所需的錢騾運作規模有多大。然而不可避免地，遭到逮捕

的人當中仍舊少了一個關鍵人物。儘管經過多年的努力，調查人員甚至連斯拉維克的真名都不知道，更不用說找出他的所在地、將他上銬。斯拉維克似乎也知情，因此在錢騾網絡瓦解後，他完全沒有收斂，反而投入更多心力，組成商會——約 50 名網路罪犯的鬆散組織。[28]

　　他和這個商會合作，詐騙金額越來越高、且瞄準更大型的公司。他們還想出一個方法避免再度上演在美國發生的錢騾慘劇。FBI 探員在 2014 年祭出一條針對斯拉維克的臨時禁止令，表示這個商會「發現一個機制，能夠躲過所有傳統的防護並進行國際交易」。[29] 銀行金庫門戶大開，令人咋舌的大量金錢直接從美國流出。

　　同一個禁止令也提到竊取百萬美元的金額很「常見」。一家銀行在 11 次的竊取行動中損失了 800 萬美元。最大筆的單次交易為 2012 年 11 月的 690 萬美元。[30]

　　為了讓商會有源源不絕的感染電腦，斯拉維克開發出這隻病毒有史以來最屬害的版本——宙斯 2.0。唐・傑克遜監測以來，病毒版本都停留在 1，這個升級版的大躍進也反映在價格上，要價 1 萬美元。

　　斯拉維克捲土重來，修復了宙斯容易被執法部門追蹤的漏洞。為了控制遭到病毒感染的電腦，宙斯的操作者需要對電腦發送指令。這些命令是由所謂的「命令暨控制伺服器」發送，也就是一台作為主控的電腦。

66

　　這台主控電腦控管所有遭到感染的電腦，為犯罪網絡創造了一個夾點＊（pinch-point）。如果調查人員能追蹤指令，就可能找到駭客或是至少能取得搜查令讓發出命令的電腦無法運作，如此一來，受感染的電腦就能解套了。執法機關人員在這方面的動作越來越快，也越來越有效率，對網路犯罪的運作來說非常不利。

　　斯拉維克的新版病毒——宙斯 2.0 或稱玩完宙斯（Game Over Zeus），利用所謂的同儕間（peer-to-peer）系統躲過這個問題。這個系統是因為一個於 2001 年名為 Napster 的網站開始普及。Napster 之所以受到歡迎是因為它找出一個方法讓人能取得索價高昂的音樂。Napster 的所有人發現，如果盜版音樂儲存在網站的電腦裡，一旦政府搜捕公司、關掉機器，音樂就會全部消失。因此 Napster 和使用者把歌曲存在自己的電腦，Napster 做的只是媒合找尋某首歌的使用者和擁有某首歌的使用者。因此，這種方式讓 Napster 很難被掃蕩。但是最終在搖滾樂團「金屬製品」發現自己的唱片被免費分享提出告訴後，Napster 網站才被迫關閉。[31]

　　儘管如此，Napster 引領了一種潮流，斯拉維克也在 Napster 身上學到不少可以用來打造無懈可擊的宙斯。在宙斯的新版本中，遭到感染的電腦仍舊受主控電腦的控制，而且也保有遭到感染的電腦線上位址名單。執法機關當然可以關閉發

＊夾點：指流量特別大的地方。

出命令的電腦，但是一旦感染的電腦失去與主控電腦的聯繫，他們就會和另一台同樣遭到感染的電腦聯絡，找出一台新的主控電腦位址並且繼續運作。一瞬間，執法機關的取締策略變得毫無用處。

作為一名企業家，斯拉維克把握機會介紹宙斯 2.0 的另一個創新。身為精打細算的生意人，他當然不會浪費投注的努力。要是被感染的電腦不使用線上銀行怎麼辦？斯拉維克想到另一個點子——勒索電腦的主人。他修改宙斯，讓它能夠散布「勒索軟體」（ransomware）。這種軟體能夠扣住電腦上的所有檔案，直到受害者支付贖金。方便的是，贖金可以用比特幣（Bitcoin）這種虛擬的匿名貨幣支付。這些利用宙斯竊取金錢的小偷赫然發現他們可以要求受害者直接把錢匯到比特幣帳戶。這表示不用再依靠錢騾的網絡，不用再跟他人分享獲利，也不會增加遭到執法機關搜捕的機率。

勒索軟體並非斯拉維克所發明，但是他成功顯示出多麼有利可圖。一位研究人員追蹤付款紀錄後發現，兩個月內全球的勒索金額就高達 2700 萬美元。[32] 這是斯拉維克創下的另一個傳奇——掀起勒索軟體的風潮，也帶來比宙斯犯罪行動更大的損害。

斯拉維克和商會中的詐騙分子同時想出了一個完美的計畫——讓他們可以完美脫身的數位煙霧彈。一旦成功攻擊銀行帳戶、竊取金錢，他們就利用遭到病毒感染的電腦網絡讓銀行

的網站發出垃圾申請＊（junk request），癱瘓銀行的電腦系統，迫使銀行關閉部分電腦。[33] 這使得調查實際情況和金錢竊取事證變得更加艱難。這就是所謂的「分散式阻斷服務攻擊」（Distributed Denial of Service attack，簡稱DDoS）。這種攻擊也不是斯拉維克發明的，卻成為網路犯罪兵工廠中另一個有利的武器。

商會還有另一個妙計。還記得帕寧使用的點擊詐騙嗎？就是利用軟體點擊廣告，以獲得廣告商的廣告費。宙斯 2.0 也採取一樣的策略。[34]

總之，斯拉維克協助發明了一個前所未見的線上犯罪機器。雖然無法確切得知斯拉維克靠網路犯罪獲得的實際收入，但如果 FBI 的推估正確，他應該是宙斯的高端管理人員，所以至少有數百萬美元的收入。他對生活的要求也反映在他的電子郵件地址上──bollinger.evgeniy，一個受到香檳激發的靈感。[35]

斯拉維克的成功也意味著他應該惹惱了不少人。各國的執法機關看到受害者損失上百萬；微軟這類大型科技公司必須想出辦法，處理系統的混亂；網路安全公司則因為客戶受到斯拉維克的病毒攻擊應接不暇。

FBI 是怎麼揭開斯拉維克的真面目至今不明。荷蘭網路安全公司 FOX-IT 表示有消息指出，一個電子郵件地址和商會運

＊垃圾申請：透過大量請求佔用大量網路以及器材資源，以達到癱瘓網路的目的。

作的英國伺服器有關。[36] 因此，他們發現了斯拉維克的社交媒體帳號。即使是世界上最厲害的網路罪犯看來也無法抵抗想要分享奇怪自拍照的慾望。最後，執法機關宣告他們揭開了神祕斯拉維克的真面目。

　　一個計畫正在醞釀。大型科技公司握有那些主控電腦的網路位址，也就是可以控制感染宙斯病毒的電腦，因此可以中斷主控電腦和感染電腦之間的連線。接著，感染的電腦會搜尋新的主控電腦，所以會被重新導向一個「沉洞*」（sinkhole），連到的這個網路位址會阻止這些電腦找尋斯拉維克的網絡。這次行動將於 2014 年的 5 月 30 日星期五展開。美國司法部同時也努力起訴斯拉維克。他們決定公開斯拉維克的照片和真實姓名，讓匿名的網路罪犯面世，讓世人知道正是這個人讓好幾億美元蒸發掉。

　　記者會預定於 6 月 2 日的星期一舉辦，也就是科技圍捕行動的三天後。大家都準備好了，卻出了一個小紕漏。其中一間參與行動的科技安全公司犯了一個錯：週五一則意外發布的貼文公開了即將展開的行動。[37] 這則貼文迅速遭到移除，科技圍捕行動也即刻展開。這時在阿納帕的博加喬夫已經打包好，準備溜之大吉。

消息曝光後，記者蜂擁至這棟位於萊蒙托夫街的高樓，結果發

* 沉洞：用以阻絕遭駭裝置與駭客的聯繫管道。

現當地居民的反應很出人意表。聽完博加喬夫疑似做過的事之後，有些他的鄰居視他為英雄，因為他把俄羅斯的敵人要得團團轉。據說還有一位警察表示想頒獎給這個網路罪犯，簡直和BadB的宣傳影片中總統普丁頒獎的畫面不謀而合。[38]

事實上，就算沒有及時收到消息，可以想見博加喬夫也不會被逮捕。首先，白宮和克林姆宮交惡多年，俄羅斯的執法機關不太可能會配合美方的調查。但是美方調查人員有更確切的理由質疑俄羅斯是否會提供協助，這是因為越接近宙斯犯罪集團和其首腦，就會發現這一切和一項令人震驚的指控有關。據傳博加喬夫讓買家能自由下載他的產品，但是在編碼留了個後門，而且似乎只有他知道。宙斯一旦安裝，就能利用這個後門搜索受害人電腦中的關鍵字和檔案。調查人員查獲越多宙斯的基礎設備，就越了解博加喬夫在尋找的是什麼，也讓人發現宙斯發明人的新面向。

FOX-IT的研究人員表示，他們發現博加喬夫在上萬台電腦中搜尋烏克蘭的國家機密以及喬治亞情報官員、土耳其高級警方機構的電子郵件信箱。FOX-IT認為，只有博加喬夫清楚知道，從2006年到2014年感染了上百萬台電腦的病毒宙斯，其實是情資蒐集工具。「後來發現，博加喬夫顯然是俄羅斯的情報人員，」FOX-IT在部落格中寫道。[39]

俄羅斯政府沒有對本書提出採訪的要求做出回應。

2016年，在美國總統大選遭到駭客攻擊後，即將卸任的

歐巴馬總統發布對四位俄羅斯軍方官員以及俄羅斯政府的制裁，目錄上附加的是博加喬夫得為 1 億美元的竊盜負責。[40] 針對博加喬夫的譴責和其他選舉相關的駭客不同，但是放在同一份檔案的舉動，讓博加喬夫為俄羅斯政府做事的猜測更加有跡可循。

如果真是如此，博加喬夫在網路犯罪史上佔有一席之地的原因就全然不同了。要是指控成立，他所做的就代表犯罪集團無差別的大規模入侵與民族國家的利益結合，這樣的情況對接下來十年將有重大的影響。

或許我寫這本書所進行的調查不是為了尋找博加喬夫的蹤跡。一般認為他還在俄羅斯，這樣的推測部分是因為去別的國家會讓他冒著被引渡回美國的風險。負責此案的調查人員認為博加喬夫的命運很容易預測——他現在極可能在幫俄羅斯工作。一位當時負責英國圍捕宙斯的前員警告訴我：「他很可能待在俄羅斯政府的建物裡，受到俄羅斯執法機關的嚴密監控，而且只能進行官方提供的專案。這對他來說就是懲罰了。」

這就是真實世界的網路犯罪治安。經過數十年的追查，就算找出駭客的真實身分，還是沒辦法看到他們受到司法制裁。

與其進行逮捕，執法機關越來越倚重私人公司協助破壞罪犯的網絡，就像破壞宙斯的主控電腦一樣。這樣的策略通常很有效（目前感染宙斯的電腦數量大概是全盛時期的九牛一

毛），卻遠遠不及看到某人上銬來得大快人心。此外，這也讓罪犯逍遙法外繼續構思新的計畫，讓其他潛在的駭客變得更有恃無恐，完全不在意是否會鋃鐺入獄。宙斯帝國的衰敗完全沒有遏止網路犯罪的發展；相反地，博加喬夫使用的勒索軟體、為政府監控而進行的駭客攻擊、阻斷服務的攻擊皆成為駭客文化的養分。

即將邁入二十一世紀的第二個十年，網路犯罪更臻成熟：變得有組織、分布均勻、也和政府級別的駭客行動建立聯繫。本質上，金錢還是最大的動力，對偷竊新方法的探索也方興未艾。舊的方法已經不管用──現在信用卡資訊變得難以竊取；網路銀行的安全性也提升以防止駭客攻擊。那銀行本身呢？畢竟這才是錢存放的地方。要是駭客能夠駭入銀行的數位金庫怎麼辦？他們不必日復一日從銀行客戶身上偷錢，而是一口氣挖走大筆金錢。

在博加喬夫離開阿納帕的那一刻，另一場犯罪事件已經奠下基礎，相比之下，靠宙斯竊取數百萬美元的行動已經不夠看。有鑒於未來的趨勢──政府利用犯罪集團的駭客技能達成目標，這也是本書接下來要探討的部分。下個階段出現的大概是有史以來最大膽的竊盜行動：在銀行手忙腳亂之際，一場破壞性的數位搶劫悄悄展開，高達數十億美元的金額在網路阻塞時竟神不知鬼不覺地蒸發了。

第三章

駭客版的《瞞天過海》

2015 年的夏天，價值數十億元的駭客行動橫跨四國同時進行前置作業。

　　孟加拉一間中央銀行的員工正在看一份應徵工作的來信，準備下載附件裡的履歷；斯里蘭卡一位有抱負的政治家正在向富有的日本支持者募款，希望能募得幾百萬美元；菲律賓一位銀行經理幫使用假駕照的五個人開戶；北韓某處，一位名為 amazonriver1990 的 Google 用戶正在搜尋「CVE」。CVE 是「通用漏洞揭露」（Common Vulnerabilities and Exposures）的縮寫，即為軟體中的弱點，運用得當的話，可以幫你打開銀行線上金庫的數位大門。

　　這些人或許互不相識，但是一年內，他們皆涉入一場現代的銀行搶劫行動。這場高科技的犯罪，情節與經典的搶劫電影相當類似——招募人員、現場探查、闖入、脫逃。檢視過犯罪現場的調查人員表示，所有的數位指紋都指向一個嫌疑犯——北韓政府。

　　在旋轉的地緣政治雪花球中，要弄清楚狀況不是那麼容易，尤其北韓堪稱世界上最神祕的國家。有一群研究北韓的專家，從偶爾發布的官方宣言中尋找蛛絲馬跡，從為數不多的脫北者身上取得零星資訊。這些專家不停研究有限的資訊，他們也靠著同樣方法研究北韓的網路世界。在數位連接的地圖上，和鄰國相比，北韓是廣袤的未知版圖。或許這位在號稱「隱士王國」教授電腦科學多年的美國人可以提供一些啟發性的科技觀點。

　　威爾・史考特剛完成在華盛頓大學的碩士課程，在考慮未來發展時，發現平壤科技大學在徵師資。不出幾個月，他人已經在飛往平壤的飛機上，他在這所北韓由外資贊助的唯一一間私立大學待了三年、教了三期課程。[1] 在這段期間，他認為最大的改變是科技。

> 2013 年，有些人有手機、有些人有平板；2015 年，大部分的人都有手機和平板，絕大多數的人開始用電腦和筆記型電腦。這幾年，科技在這裡蓬勃發展，廣為大眾所接受。

當然，史考特說的並非北韓的普羅大眾，根據聯合國的說法，人民更擔心營養不良的問題，手機信號根本一點也不重要。[2] 史考特所教授的學生來自北韓為數不多的中產階級家庭。

　　他們使用的智慧型手機也不是我們所知道並且喜愛使用的那種。沒錯，他們也有 app，也可以播放音樂及拍照，但是史考特說大部分的使用者無法連接到全球資訊網。政府控制了所有的通訊，北韓據稱的 500 萬名手機用戶在網路連線上其實處處受限。

　　史考特的學生可以連接網路，但是要透過校園裡無數台微軟電腦層層傳遞，他說：「他們偶爾可以使用電腦，大部分是為了課堂研究或是搜尋資訊，但是不能用網路來做任何和研究無直接相關的娛樂活動。」擔心受到監控似乎讓他們的好奇心消失殆盡，或許從開端就扼殺了他們的好奇心。

　　時任 Google 執行董事長艾瑞克的女兒蘇菲・施密特也持同樣看法。她和父親於 2013 年一同以外交參訪名義造訪北韓，後來她寫了一篇部落格毫不掩飾地說出她的真實體驗。官方參訪安排她到一間大學的電子圖書館，也就是學生能使用網路的地方。她把這裡形容為電子版的樣板村——破綻百出卻想疑惑他人的地方。她看到一群北韓學生手裡握著通往數位世界的鑰匙，仔細觀察卻發現這些學生興趣缺缺。「有些學生滑了滑鼠、點了點網頁，」她寫道，「但是大多數就只是呆呆望著前方。」[3]

　　是的，根據研究人員的說法，北韓建立了世界上最高調、最危險的駭客集團。一個和線上訊息處理技術關係如此弔詭的國家怎麼會有如此強大的網路力量呢？其實施密特和史考特看

到的那些學生根本不是這個國家培育的網路攻擊新星。負責營運「北韓科技網站」（North Korea Tech，和北緯38度線網站有聯盟關係，一個專注研究北韓事務、由美國智庫贊助的網站）的馬丁・威廉斯表示，為了找出最厲害的一群人，這種駭客是靠完全不同的管道培育。[4]

> 　　小學時，就會篩選出一群對數學有天份的學生，這些學生會被安排刻意接觸電腦。高中時，有年度的程式競賽。這種競賽分為市級、省級、國家級，所以能挑選出最最優秀的學生。這些經過篩選的佼佼者會進入專門大學就讀。一部分學生會進入軍事駭客學校就讀。北韓就是用這種系統挑選出菁英中的菁英。

北韓需要這樣的系統是因為不像在已發展國家，大部分的駭客能夠自學，在臥室就能用筆電磨練自己的技巧，北韓沒有這樣的文化。「這在北韓不可行，由於家裡沒有電腦，也沒有網路，所以要靠學校的體系，」威廉斯說。

這樣的策略已經存在數十年。北韓的前任最高領導人金正日（1949-2011）知道網路在爆發衝突時所扮演的重要性。「現代戰爭的成敗靠的是電子戰，」他在2005年的軍事準則中說道。[5]

四年後，北韓政府成立偵查總局，整合網路戰組織，納

入國家管控嚴密且資金充足的軍事階級。[6] 觀察這股發展趨勢的安全研究人員表示，不出幾年，就會出現全球最高調、破壞力最強的國家級駭客隊伍，也就是拉撒路集團（Lazarus Group），這個名字有死灰復燃的含意。

網路行動對北韓這類國家有吸引力一部分是因為成本很低——比坦克車、戰鬥機、飛彈便宜，核武計畫就更不用說了。因此，對資源有限的國家來說，如此一來更可能成為他國強勁的對手。

根據部分報導，北韓擁有約 6000 名網路戰士。[7] 大部分相關報導太過危言聳聽，畢竟大多數國家都有網軍，英國也不例外，自 2013 年就開始發展全面的軍事網路戰力，包括癱瘓網路的能力。[8] 大部分國家的駭客專注於蒐集情報或是鞏固策略發展的優勢，然而北韓的網軍卻與此不同，他們的目標在於金錢。

拉撒路集團越來越有名後，科技安全專家開始察覺這個集團引人注目的攻擊行動背後，其動機是為了支援政府的金庫。支持此一論點的原因為：北韓雖然努力修復和美國、南韓之間的關係，但仍舊充滿了緊張與不信任，目前北韓政權受到各國嚴厲制裁，在金正日的兒子也是北韓最高領導人——金正恩增加更多飛彈測試後更是如此。

在所有國際制裁中，2013 年 3 月聯合國安理會的第2094 號決議封鎖了北韓進行大額金錢交易，並嚴格限制北韓

與國際銀行體系的聯繫。[9]一個缺糧的國家現在連金錢也匱乏。

　　之前我們已經見識過俄羅斯的網路犯罪集團如何從日漸興盛的線上銀行系統詐取上億元，北韓的駭客當然也沒有錯過這一切。根據聯合國調查人員取得的證詞，北韓駭客摩拳擦掌準備要在制裁影響北韓財政收入的同時，增加政府營收。[10]然而，他們做的不是竊取信用卡資訊或是駭入個人銀行帳戶。FBI 表示，北韓駭客採取的是新型且令人驚恐的行動——直接駭進銀行。

　　採取如此大膽的奇襲，北韓要先解決一個關鍵的問題——北韓幾乎與世界斷絕往來，不論是外交或是數位連接皆是。此舉有助控管人民，不受到外界的影響，但是同樣也讓北韓的駭客容易受到監視。北韓的網路是由一間名為 Star 的北韓公司提供，這家公司多年來和泰國的太平洋洛克斯利公司合資，不過這間泰國公司據報已經在 2018 年的 1 月初撤資。[11]Star 轉而透過一家中國公司取得網路連接。這些公司提供非常有限的連接，讓北韓的網路受到極度限縮。像英國這樣的國家有上百萬的 IP 位址與世界聯繫，北韓只有大約只有一千。因為對外管道有限，很容易受到監視，從北韓內部發動的駭客行動可能會被外國情報單位迅速盯上。

　　根據 FBI 的說法，北韓倚賴長久以來的同盟國，也就是中國來解決這個問題。美國表示，北韓在中國至少有一家幌子公司——位於大連邊界的朝鮮世博公司。[12]本來這間公司是南北

韓的合資企業，看似參與了各種商業活動。公司的網站資訊也羅列了公司的創辦歷程，一開始賣的是香菇、花瓶，後來提供客製化的電腦程式服務。我嘗試和這個網站的負責人聯絡，卻是一場空。

這間公司一度看起來是南北韓之間的重要橋梁，但是南韓突然就抽身了。FBI 表示，朝鮮世博公司是用來掩護北韓偵查總局駭客組的網路行動。為了讓這項指控更有說服力，FBI 引用「和朝鮮世博公司有直接往來」的證人說詞，表示有些員工「被派來中國，薪水極低，大部分獲利都匯回北韓政府」。[13] 此外，美國也提到朝鮮世博公司網頁註冊所使用的電子郵件位址是由北韓的 IP 位址讀取。

朝鮮世博公司從 2015 年開始的檔案表示這間公司的基地位於北韓。美國堅持這間公司的基地位於朝鮮世博公司的中國辦公室，也就是在這裡，北韓駭客發動了深深影響西方金融世界中心的突襲。

一場高科技搶劫的序曲即將在四個國家中揭開，在瞄準銀行之前，這些駭客先用美國的軟實力象徵——好萊塢當作練習標的。

排練

演員塞斯‧羅根與詹姆斯‧法蘭科擅長低級幼稚喜劇，在 2014 年兩人主演的電影《名嘴出任務》也維持一貫風格。電

影中兩名笨手笨腳的記者飛到北韓，獨家專訪最高領袖金正恩，結果卻變成搞笑的刺殺行動。

　　電影預計於聖誕節上映，預告從 6 月就開始播放，果不其然，預告充滿了對金正恩的嘲弄。影片最後用電腦特效呈現金正恩因為直升機著火身故。很多人可能覺得這預告沒什麼，畢竟金氏家族和他們奇奇怪怪的特質早就已經是多年來被人嘲笑的對象。然而這支預告片卻迅速激起朝鮮民主主義人民共和國舉國上下的憤怒。

　　6 月 27 日，北韓派至聯合國的外交大使發出一封致國際社會的信，指出這部電影引發北韓國內「滔天的仇恨以及憤怒」。信中提到「根據法律，那些汙衊我們最高領導人以及仇視朝鮮民主主義人民共和國的人全都逃不過嚴厲的制裁，不論身在何處，一個都躲不掉」。信的最後以「強烈且無情的反制」作為威脅。[14] 據 FBI 的說法，北韓針對這部電影的行動沒有因為官方的書信畫下句點。9 月初，《名嘴出任務》兩位擔綱演員的臉書動態上出現了幾則吸睛的留言。據 FBI 的說法，留言寫道提供「頂級藝人的裸照」，[15] 還附有一個連結，一旦點選，就會安裝一些女模特兒照片的螢幕保護程式。其實，這不過是煙霧彈。在螢幕保護程式的背後，蠢蠢欲動的是準備感染電腦的病毒。

　　FBI 表示，這則評論是由名為大衛・安德森的臉書用戶張貼，登入的電子郵件帳號則是來自朝鮮世博公司，也就是北韓

在中國設立的幌子公司。北韓似乎針對嘲笑北韓最崇高領導人的藝人，想用色情連結駭進他們的臉書帳戶。如果真是如此，這顯示出一個與世隔絕的國家出乎意料地充分掌握流行文化趨勢。兩週前，頂級藝人的裸照真的在網路上散布。這些及時釋出的親密照對好萊塢的明星來說，很難抵擋得住按下這個連結的誘惑。

　　索尼究竟知不知道這些訊息以及致聯合國的公開信仍不得而知，就算知道，索尼也不可能低頭認錯並取消放映電影。索尼強烈意識到這部電影可能激起的政治爭議，但是仍照計畫推出。現在回過頭看，這樣的處理非常不智。索尼影視娛樂拒絕做出回應。後來才發現，駭客早在 2014 年 9 月底就入侵索尼的系統，這全是因為一名員工不經意點開釣魚郵件*，卻以為自己正在下載一些廣告影片。FBI 調查後發現，這名員工的粗心導致病毒入侵，讓駭客在索尼的內部電腦系統中暢行無阻，竊取公司重要機密。

　　經過幾個月來竊取內部機密，攻擊索尼的駭客準備好讓它一敗塗地。但首先，駭客想要私了。

　　2014 年 11 月 24 日，一名索尼的英國員工登入電腦後看見一張劣等的恐怖電影海報。一個紅色的骷髏頭不懷好意瞪著螢幕前的人，附上一則訊息寫道「駭客 #GOP」，後來才知道

---

* 釣魚郵件：貌似來自受害者知道的人或公司的郵件，但真實目的在於非法蒐集收件者的個人資訊或財務資料。

這是「和平守護者」（Guardians of Peace）的縮寫，一個當時不為人知的駭客集團。為了增添詭異感，這則訊息還附帶槍聲以及尖叫聲。訊息很老派，看起來就像是在開玩笑，然而後果卻是相當嚴重。根據調查，和平守護者就是拉撒路集團，也就是北韓的駭客隊伍。他們在索尼內部釋放蠕蟲，公司的電腦一台接著一台遭到感染，電腦螢幕凍結在瀰漫厄運的「駭客 #GOP」畫面。跟其他現代公司一樣，索尼高度網絡化，病毒擴散得很快，導致所有被感染電腦的記憶庫一片空白。約有8000台電腦強制離線以控制病毒感染。[16] 不到幾天，據傳公司員工被迫書面作業，而且只能依靠傳真機，身為世界級的媒體巨擘只能捨棄數位作業。[17] 然而情勢仍舊越來越糟，駭客開始用這幾個月來竊取的機密資訊作為武器。

網路罪犯要求支付款項以停止攻擊，卻一無所獲。11月26日，至少有四位資深的索尼影視娛樂的資深高級主管收到電子郵件，信中寫道：「我們開始散布資訊了，因為索尼影視娛樂拒絕我們提出的要求……你們就等著一敗塗地。該死的索尼娛樂！你們會為自己的魯莽付出代價！」[18]

駭客的真正意圖再一次被怪誕的言語模糊焦點了。駭客將他們的威脅付諸行動——從索尼資深主管竊取來、成千上萬封高度敏感的機密郵件被公開在網路上供大眾檢視。

記者深入研究這些原本非公開的八卦，並抓住機會大肆報導。這次因駭客攻擊導致的結果會在下一章繼續討論。在索尼

的電子郵件吸引眾人目光之前，有些記者就已經試著想找出這場攻擊的始作俑者。在索尼宣布遭到攻擊後幾天，出現北韓和《名嘴出任務》嘲笑北韓領導人之間的聯想。[19] 和平守護者雖然公開自己對索尼的入侵行為，卻完全沒有提到這部電影。

遭駭公開後三週，也就是 12 月 16 日，情況發生了變化。駭客張貼了一則訊息提到這部電影。駭客也暗示這場行動將不只是電腦犯罪和資料外洩，而會用真實世界中的暴力行為發出警示：

> 我們會在《名嘴出任務》播放的時間和地點出現，首映會也不例外，那些提心吊膽想找樂子的人，不要忘記 2001 年 9 月 11 日的教訓。建議你最好閃得遠遠的。（如果你住附近，最好快點閃。）

取消這部電影的戲院上映對索尼來說是一項很重大的決定。把一齣鬧劇變成言論自由的殉葬者似乎很荒謬，更何況還可能會造成實際的傷害。另一方面，腰斬這部電影看起來就像是自我審查，如果北韓真的是這場駭客攻擊的幕後人物，更不應該開這種先例，對北韓俯首稱臣。

承受越來越大的壓力，好幾間大型連鎖電影院拒絕播放，索尼只好取消《名嘴出任務》原本的大型播映計畫。後來，這部電影以線上播映的方式發行，反倒因為駭客的關係讓電影大

紅大紫，上映四天就賺進 1500 萬美元，正好跟索尼一開始預計撥款用來收拾駭客所造成損害的金額差不多。[20]

美國總統歐巴馬這時公開譴責北韓的駭客攻擊。[21] 這是前所未見的舉措，從來沒有一位國家領導人在事件發生後沒多久就明確指責一個國家，要其為駭客行動負責。因此，這對網路犯罪調查的發展來說是相當關鍵的一步，此舉讓多年來無法做到的歸責提升到一個新的層次。與更為傳統的犯罪不同，駭客沒有指紋或 DNA 可以追蹤。IP 位址和電子郵件帳號看起來雖然像是很有說服力的證據，卻能夠偽造，這也是為什麼 FBI 對北韓的指控只是指控，也不可能在法庭上作證。資安研究公司這次對索尼遭駭閉口不語，不願歸責於特定國家，至少在公開場合如此。而且還為自己發現的駭客集團取名以代號稱之，像是拉撒路集團。

然而實際上，歐巴馬的舉措在逐漸白熱化的譴責中扮演了一個中繼的角色。2013 年初，一間美國的科技安全公司麥迪安和《紐約時報》合作，調查針對《紐約時報》的駭客攻擊。麥迪安最終找出該為數十次攻擊負責的集團，聲稱這個集團的攻擊目標從可口可樂公司到美國的電力公司都有。這次麥迪安不只是隨便用一個隱晦的代號來稱呼應該負責的駭客集團，而是明確指出中國政府應該負責。麥迪安不僅指名中國人民解放軍的某一個單位，並且詳述駭客攻擊來自哪一棟建築物。不過，這項控訴遭到中國政府嚴正否認，中國政府聲稱「決心打

擊駭客行為」。[22] 儘管如此，《紐約時報》決定公開調查結果，在指出可能的罪犯時一點也不手下留情，還印出一張建築物的照片，也就是麥迪安聲稱駭客工作的地方。[23] 麥迪安的老闆凱文・曼迪亞告訴我：「公開的前一晚，我正好跟記者聊天，他對我說『這很大條』，我回他『不，才不是，沒有人會關心的』」。

曼迪亞錯了，這起事件在全球掀起風波。對曼迪亞來說，這是讓網路安全成為重要議題的轉捩點，咎責是關鍵。

「我們覺得這是一個契機，」曼迪亞對我說，「這樣的攻擊在過去七年來不斷發生。如果一個主權國家指責另一個主權國家，那必定會伴隨一定的風險，正常來說不會想這麼做。因此，我們認為私人公司應該要站出來。」

最後，《紐約時報》拿到了獨家；麥迪安變成世界上最受歡迎的資安公司。（後來據稱以 10 億美元的價格賣給另一家負責處理索尼遭駭事件的科技安全公司「火眼」）。[24] 自此，就演變成指出明確的國家或個人為網路攻擊負責，不再只是用模糊不清的代稱帶過。

因為索尼遭駭，歐巴馬似乎也押下更大的賭注——國家領袖公開指名某一個特定國家。儘管歐巴馬說得直接，FBI 卻無法提出證據支持這項指控，聲稱「必須保護敏感的消息來源以及調查手法」。[25] 因此，有些人仍懷疑是否真的是北韓發動這次的駭客攻擊。整起事件有許多可疑之處：如果是為了報復《名

嘴出任務》，為什麼和平守護者是在記者提到電影數週後才談論該片？為什麼一開始是想要勒索索尼呢？（北韓可能很需要錢，但是勒索一間電影公司得到的金錢遠遠不夠吧？）另外，為什麼北韓突然對洩漏電影巨擘的私人信件感興趣？這些舉措很不尋常，就算對一個不太尋常的國家來說還是不對勁。

其實，FBI 正在暗中蒐集有關平壤的證據：在發動駭客攻擊前幾個月用來瀏覽索尼網頁的北韓 IP 位址，同樣也用來設立臉書帳號並且發訊息給《名嘴出任務》裡的演員。這些 IP 位址也用來連接藏身於螢幕保護程式背後、存放病毒的伺服器，還建立帳號寄送釣魚郵件給答應播放《名嘴出任務》的電影院。

駭客似乎在四處留下了數位指紋，部分原因是因為北韓對外的網路通道很有限。他們不是不知道，就是不在意，而且他們已經準備好下次的攻擊，下次的目標是——銀行。而且不是隨便一家銀行，這家銀行負責保管一個脆弱且試圖振作的國家所存放的數十億美元資產。

正如任何一部搶劫電影，精心策畫的監控即為電影分鏡中的下一幕。

現場勘查

2015 年 1 月底，《名嘴出任務》的話題已經消退，孟加拉銀行多名員工收到了應徵者阿塞爾・阿蘭用詞謙遜的電子郵件。

「很希望能成為貴公司的一份子，」阿蘭寫道，「期望能有機會在面試時進一步說明我的企劃。這是我的履歷和求職信，感謝您耐心閱讀。」[26] 這封電子郵件附上一個網站連結，以下載阿蘭的履歷壓縮檔。

這封電子郵件的帳戶曾用來攻擊索尼娛樂公司，但銀行員工並不知情。不論當時攻擊這間媒體巨擘的人是誰，現在他已經找到更富有的新目標。

孟加拉銀行為國家金融機構，地位等同英格蘭銀行，外匯存底約 320 億美元。孟加拉有 1 億 6500 萬人，GDP 約 2500 億美元 [27]（相較之下，英國人口有 6600 萬人，GDP 約 2 兆美元），因此孟加拉銀行的穩定性非常重要。那名收到阿蘭電子郵件的員工並非駭客亂槍打鳥，某個人在某個地方謹慎研究過收件者和孟加拉銀行。調查索尼遭駭事件的 FBI 特務發現，一個和索尼駭客行動有關的 Google 帳號也參與了孟加拉銀行的調查。

用電子郵件攻擊銀行員工的手法雖然粗糙，但是成功了。FBI 調查顯示，孟加拉銀行有三部電腦打開了這份履歷，至少有一部電腦感染了駭客用來慢慢撬開銀行系統大門的病毒。[28] 駭客使用的工具名每次都令人費解，這次用來入侵的工具也不例外，駭客這次用了 Nestegg、Macktruck、SierraCharile 等病毒，最終在 2015 年 3 月打造了一個進入銀行的永久數位後門。他們謹慎地默默操作，終於進入系統並且把錢從銀行搬出

來。這群駭客瞄準的是數十億美元的資產。

　　但是，一旦成功就要準備好能把錢偷偷搬出來的方法。

菲律賓中華商業銀行的朱彼特街分行，就位於馬尼拉富裕的馬卡蒂區一棟毫無生氣的大廈裡，樓上是牙科手術室和包包維修店。儘管大廈外觀看起來很平凡，這間銀行的入口站著一個面無表情、手持泵動式霰彈槍的保全，這是保護馬尼拉金融機構以及高級辦公室的標準配備。

　　2015 年這間分行的經理為瑪雅・桑托斯・德古伊托。5月，在駭客第一次入侵孟加拉銀行後幾個月，她應要求開了五個帳戶。實際情況仍有許多爭議。德古伊托表示她親自和五位持有帳戶的人見面，但是其他目擊人士聲稱她沒有，而是在賭城透過一個中間人開立五個帳戶。不論如何，用來開立帳戶的駕照都是偽造的。除此之外，還有其他可疑的跡象——五位申請人都宣稱薪水一致、職稱一致，但是雇主卻不同。寄給銀行新客戶的信件完全沒拆開就被退回了。[29]

　　雖然有一點不太對勁，但是在當時可能沒什麼大不了。這幾個帳戶在存進 500 美元後，接下來幾個月都沒有任何變化，於是就成為靜止戶了。但是不久後，這五個帳戶會成為全球洗錢操作的成員之一，讓德古伊托面臨終生監禁的刑罰。她的分行即為駭進孟加拉銀行非法所得的撤退路線，而且德古伊托也不是唯一一個被針對的對象。駭客利用全球資源找出多個可以

搬運這些不法所得的管道。

距離菲律賓三千英里的地方，莎莉卡・佩雷拉正在思考牛的問題。說得精確一點，她想的是在馬特萊創立酪農產業計畫，一個距離斯里蘭卡首都可倫坡幾百英里的山區。

　　佩雷拉在斯里蘭卡經營一個名為「莎莉卡基金會」的慈善基金會，她希望藉由這個慈善事業讓她在轉往政壇發展時能為自己的資歷增色。[30] 身為該慈善基金會董事長的佩雷拉，和另一位斯里蘭卡人以及日本籍的中間人一起拉到了一筆高額贊助，這場合作看起來有利可圖。莎莉卡基金會的網站吹噓獲得了上千萬美元的贊助，且大部分來自日本。

　　根據網站資訊，事情進展順利，從住居到電力的計畫都獲得了資助。但結果發現，佩雷拉的斯里蘭卡地方基金會遭到駭客鎖定，作為竊取來的數百萬美元撤退渠道之一。她很快就會成為鎂光燈的焦點。她並非唯一一個收到竊取金錢的人，全球共有 36 個這樣的帳戶。駭客（或可以說是一個共犯網絡），耗費數月創立了一個全球領款系統，以利運送他們計畫從孟加拉銀行偷走的數億美元，而且銀行渾然不知這些駭客已經混入銀行的內部系統。

　　2016 年初，閘道已經建立，搶犯的逃脫場景已經安排好。跟一般銀行搶犯一樣，他們極力爭取最寬裕的時間做案。

搶匪

孟加拉銀行的工作日為週日到週四,也就是說週五和週六銀行員工人數會最少。

在菲律賓,也就是瑪雅·桑托斯·德古伊托開了五個帳戶的地方,剛好在 2016 年的 2 月 8 日因為中國新年放假。如果駭客時間算得準,孟加拉和菲律賓的工作日之間會有四天的空檔,讓他們可以趁機把錢搬出來。

額外的好處是,他們可以善用第三時區的優勢。這是因為孟加拉銀行存放金錢的方式。該銀行的總部設在達卡,但不是所有的錢都存放在總部。孟加拉銀行有大約 10 億美元,也就是國際存款大部分是存放在紐約的聯邦儲備銀行,[31] 駭客瞄準的就是這筆錢。

孟加拉銀行想要從紐約帳戶提取金錢支付時,會傳送指示給紐約聯邦儲備銀行,透過一個稱為「環球銀行金融電信協會」(Society for Worldwide Interbank Financial Telecommunication,簡稱 SWIFT)的網絡傳送。這是全球超過 1 萬 1000 家銀行都安裝的系統,也是在全球銀行間移動金錢所使用的主要工具。[32] 如果駭客想要搬光孟加拉銀行的錢,最好的辦法就是發送 SWIFT 訊息要求交易,從紐約聯邦儲備銀行的帳戶提領。由於交易需求來自孟加拉銀行的內部電腦,看起來就像是真的 SWIFT 訊息。

2016 年 1 月 29 日,在第一次駭入銀行後隔年,五鬼搬

磚的工作開始了。目前為止，駭客受限於銀行的電腦，小心翼翼地隱藏蹤跡以防引起注意。但是它們駭進的電腦並非控制金流的電腦。駭客得想辦法到終端機跑 SWIFT 的系統，所以接下來幾天他們不斷在不同的電腦間移動，用偷來的登錄資訊和一些伎倆在機器間遊走。2 月 4 日星期四，他們終於得到想要的東西——管理 SWIFT 訊息的電腦。這是除了銀行業以外，鮮為人知的軟體，而且一般人也不知道如何使用，但是駭客似乎沒有這樣的問題。

「一進入他們就知道了，」科技安全公司賽門鐵克的資深研究人員艾瑞克·錢說道，他同時也負責調查攻擊銀行的駭客行動。「他們知道 SWIFT 是怎麼運作的，他們也有可以使用的軟體。他們坐在電腦前打開軟體，就好像他們是負責交易的櫃員。」

根據 FBI 的說法，駭客至少先在另外兩家銀行的 SWIFT 系統練過手。2015 年 12 月，越南的先鋒銀行表示成功阻止攻擊 SWIFT 系統以移轉 110 萬美元至一家斯洛維尼亞銀行的行動。FBI 調查員隨後發現，攻擊越南銀行系統的病毒也用來攻擊孟加拉銀行。FBI 發現菲律賓一家銀行也被安裝了類似的惡意程式，這家銀行的 SWIFT 系統於 2015 年末至 2016 年初遭受攻擊，不過最終沒有任何金錢遭到移轉。[33]

孟加拉銀行的駭客絕不是瞄準 SWIFT 系統的第一槍。聲稱從美國國家安全局偷來的檔案於 2017 年 4 月公開，顯示美

92

國特勤早在 2013 年就駭進中東和拉丁美州銀行的 SWIFT 系
統。印有關防*的 Power Point 投影片吹噓駭進入五家中東的
銀行。[34] 沒有證據顯示特勤單位透過 SWIFT 竊取金錢，但是
有疑問的地方在於，他們以監控恐怖主義資金為由駭進銀行。
國安局拒絕評論這份外洩的檔案。

甚至在 2013 年以前，網路犯罪論壇就已經在討論 SWIFT
了。由 Digital Shadows 科技安全公司為本書所進行的調查顯
示，SWIFT 早在 2010 年就已經備受關注了，甚至有人販售進
入這個系統的權限。

罪犯和惡棍瞄準 SWIFT 是意料中的事，畢竟 SWIFT 可以
在全球銀行間移動數十億美元，但這並不代表這個系統本身有
缺陷。製作並維護這個軟體的公司（一間由社員組成的合作
社）聲明這些駭客能夠有機可乘是因為銀行對 SWIFT 系統的
防護太過薄弱，而非 SWIFT 有問題。例如貪腐的員工販賣進
入 SWIFT 的權限，所以這比較算是人為的問題，而非技術層
面的問題。公司也表示自從駭客開始行動後，他們也進行了更
新以防遭受攻擊。

但這對孟加拉銀行一點幫助也沒有，該銀行馬上就要面對
難以收拾的局面。

電影中，駭客電腦的程式碼在螢幕上像海浪般不斷跳動，全是
* 關防：指附有政府機關全銜的印信。

晦澀的術語（通常是黑色的畫面配上綠色的字體），而駭客則是身穿帽 T 不停敲著鍵盤。

但真實情況有點不同。

在孟加拉銀行的 SWIFT 系統中，駭客一開始只會更動程式碼的八個字。對門外漢來說，把 0x75 和 0x04 換成 0x90 和 0x90 看起來沒什麼值得注意。對駭客來說，這個更動可以強迫 SWIFT 系統跳過一項關鍵的驗證。只要簡單修改兩個地方，讓電腦化的「否」變成「是」，便能使存放 10 億美元的銀行金庫門戶大開。[35] 讓駭客有權控制 SWIFT 訊息，指示其他銀行進行交易。

駭客開始偽造訊息，把孟加拉銀行存放在紐約聯邦儲備銀行的金錢透過一連串的轉帳移出，藉此淨賺近 10 億美元。但是首先，他們必須先處理一個會危及操作的因素。孟加拉銀行的辦公室有一台 HP LaserJet 400 雷射印表機，主要負責列印出 SWIFT 的所有交易紀錄。如果這台列表機開始列印出駭客的交易明細，任何一名員工都能馬上發現不對勁。駭客發明了程式碼變更列印出來的檔案，所以列表機印出來的只是空白的明細，[36] 就像是在監視器上不斷播放假畫面以遮掩真實的情況一樣。現在竊賊可以慢慢來了。

最後總共進行了 36 筆交易，總金額高達 9 億 5100 萬美元——幾乎等同孟加拉銀行在紐約聯邦儲備銀行存放的總金額。這些竊賊善加利用時差——在當地時間 2 月 4 日星期四的

晚上 8 點 36 分登入孟加拉銀行的 SWIFT 系統，也就是銀行的週末假期開始之後。這正好是紐約的早上 9 點 36 分，所以紐約聯邦儲備銀行有一整天的時間可以完成交易。[37]

就像在精采絕倫的盜竊電影中，某一刻竊賊的計畫突然出了差錯──駭客的交易要求沒有放上紐約聯邦儲備銀行要轉入金額的中間銀行資訊，因此交易遭拒，但是駭客迅速修正，成功在望。

數位金庫已經搬空，駭客還剩最後一步要做。在孟加拉時間早上 3 點 59 分，駭客登出 SWIFT，病毒開始刪除關鍵檔案，抹去可能會讓調查人員查到金錢下落的痕跡。[38]

他們隱藏自己的蹤跡，剩下要做的是洗去竊盜的痕跡。

脫逃渠道

在網路罪犯駭進孟加拉銀行的同時，佩雷拉的酪農業計畫也傳來好消息。透過斯里蘭卡同事，日本中間人寄給她一封 2016 年 2 月 2 日發送的信（駭客從孟加拉銀行把錢搬走的前兩天）。這封信是由國際協力機構（Japanese International Cooperation Agency，簡稱 JICA）寄出，這個機構致力於用日本政府預算資助他國。[39]「很高興通知您，上述提交的計畫獲得本會資助，」信上這樣寫道。佩雷拉的日本中間人似乎很有一套。

「沒什麼比得上販售牛奶和乳製品所帶來的收益，」信上

如此寫著，很顯然是引用佩雷拉慈善基金會的行銷企劃。信上提到 2000 萬美元的資金已經準備好。居中牽線的斯里蘭卡同事跟佩雷拉說，他要從這筆資金中拿 1100 萬美元發展自己的計畫，剩下的留給她。後來進行線上訪談時佩雷拉告訴我，她收到承諾說另一筆 2500 萬美元的資金會在適當的時機到位。事實上，這封信是假的，JICA 表示不知道有人假冒協會的名義，而且和這筆交易沒有任何關係。

　　事後回頭看就會發現其實信中藏著線索。「electrification」這個字拼錯了，除此之外，信中還有一張顆粒感極重、用絲帶捆著的鈔票照，這對一個贊助 2000 萬美元的主權財富基金來說完全不合理，但是佩雷拉被喜悅沖昏了頭。她堅持自己和同事都沒有錯。JICA 透過孟加拉銀行轉帳數百萬美元贊助慈善計畫的想法再尋常不過了——根據孟加拉銀行網站的資訊，JICA 和孟加拉銀行自 2012 年就開始合作。

　　駭客對一切瞭若指掌，他們知道 JICA 和孟加拉銀行有合作，也知道佩雷拉的慈善基金會一直以來都接受日本的資助，所以他們找人寄了一封信給莎莉卡基金會做好前置作業。透過祕密管道傳遞消息使這個基金會涉入，並讓基金會接受偷來的錢。所以當駭客要求從孟加拉銀行轉出 2000 萬美元，標示此交易為 JICA 提供的慈善計畫資金，沒有引起任何懷疑，至少在紐約沒有引起任何人的懷疑。等錢到斯里蘭卡，交易透過另一家銀行——泛亞銀行在送抵基金會的帳戶之前，有位盡職的

行員對金額之大感到驚訝。另一個引起注意的部分是受款人莎莉卡基金會的英文拼錯了，應該是「Foundation」，但是誤植為「Fundation」。

因此行員緊急連絡紐約聯邦儲備銀行，不只這筆款項被匯回原行，其他孟加拉銀行的交易也遭到取消，整場竊盜行動戛然而止。對孟加拉銀行來說一則以喜一則以憂，因為在交易取消之前，有四筆交易已經完成，而且已經在前往菲律賓中華商業銀行的途中。高達 81001662.16 美元的金額從孟加拉銀行在聯邦儲備銀行的戶頭中轉出，而且即將轉入一個量身訂做的系統，讓這筆交易無法追蹤。

離紐約八千英里遠，這些馬尼拉的帳戶約於一年前在朱彼特街的中華商業銀行分行開立後就沒有任何動作，但是卻突然有了改變，而負責開戶的人會發現自己竟然是這場全球竊案的調查關鍵。

2 月 5 日星期五，有四個帳戶的所有人突然變成百萬富翁。麥可・克魯茲突然增加了 600 萬零 29.12 美元的存款；潔西・拉格薩斯增加 3000 萬零 28.79 美元；阿爾佛雷德・貝加拉增加 1999 萬 990 美元；恩李科・巴斯克斯則坐擁 2500 萬 1573.88 美元[40]。有數學頭腦的讀者到這裡應該已經發現，從孟加拉銀行偷出的錢短少了 40.37 美元。不要太意外，畢竟這整個過程就像過篩一樣，一定有些疏漏。

　　再次提醒，駭客利用孟加拉銀行和 JICA 之間的關係，掩飾大筆的金錢交易。這四筆轉到菲律賓的交易皆以 JICA 曾經資助過的計畫作為合法的掩飾。同時這些遭竊的錢進入了等同於金融洗衣機的系統。有些錢流進當天才開立的中華商業銀行既有客戶的新帳戶中，帳戶開立後才 13 分鐘就收到了 2200 萬美元。[41]

　　約有 4500 萬美元從這四個假冒的百萬富翁帳戶中轉出，存入同間銀行的其他帳戶，總共花了 18 分鐘的時間。負責洗錢的人似乎嘗試提領出部分現金，卻遇到一個問題：分行金庫沒有足夠金額供提領。一位行員告訴調查人員另一間分行要求 38 萬美元的現金交易。根據這位行員的說法，現金抵達朱彼特街時就已裝在一個紙箱裡，不久後一輛深灰色的 Lexus 轎車停在銀行前，放下車窗後，那箱現金就裝進這輛車裡。[42] 這輛車的車主一樣不得而知，而銀行的監視器從前一天就故障，因此調查再次停滯。根據孟加拉銀行律師的說法，監視器在所有的錢都搬離中華商業銀行的分行後才恢復正常運作。[43]

　　這些被竊取的金錢最後出現在一家菲律賓公司的帳戶，美元全都換匯成披索後又再換回美元。孟加拉銀行發現這場大竊盜也極力阻止錢從中華商業銀行轉出，但由於時差，這些竊賊得到幾個小時的時間優勢。

　　銀行在 2 月 8 日星期一發出多次終止交易的請求，但在馬尼拉已是下午 5 點之後，算是法定假日了，因此菲律賓的

中華商業銀行無法回應這項請求。等到菲律賓的銀行回覆，已經是隔天，且太遲了。一天就足以讓遭竊的金錢迅速通關[44]，更何況自盜竊開始已經過去了整整五天，孟加拉銀行根本毫無勝算。

等到中華商業銀行凍結這四個帳戶，原本有的 8100 萬美元只剩下 6 萬 8305 美元，金額少得可憐，就好像金庫大門洞開，鈔票早已被風吹得四處飄散。剩下的錢最後被妥善歸還給孟加拉銀行。2 月 12 日，中華商業銀行提交一份可疑交易報告。報告提到四個一夜致富的帳戶，總結道：「涉及的金額不符合這些客戶的商業或財務能力」[45]，將一切輕描淡寫地帶過。中華商業銀行以訴訟尚在進行中為由，不願對本書做出任何評論。

與此同時，馬尼拉某處，孟加拉銀行的錢正通往洗錢的最後一道程序。這是一個大部分人都不知道的神祕宇宙，就算知道，也沒有任何機會參一腳。這裡有豪華座椅、煙霧繚繞、昂貴的酒水、用骰子定生死的高額賭博。歡迎來到馬尼拉的賭城豪賭。

靠賭博贏來的錢乾乾淨淨，這群竊賊意圖摧毀調查遭竊資金的任何可能。警察或許查得出賭城的帳戶，但要是負責洗錢的人工作到位，調查根本難如登天，畢竟這些錢用來賭博又翻本，在賭桌上來來回回。

換匯的那家公司最後把大部分現金拿去馬尼拉的兩家賭

城。約有 2900 萬美元放進布魯貝麗渡假娛樂公司，這間公司經營一家名為索萊爾的賭城；2100 萬美元則是流進東方夏威夷娛樂有限公司，這家公司的負責人為菲律賓籍的金·王（Kim Wong），據稱在幾個月前協助設立了中華商業銀行中的假帳戶；剩下的現金則是在一名中國男子許維康手上，這個人之後就消聲匿跡了。[46] 最終大部分金錢流向兩家賭城——米達斯和索萊爾。

對從未去過高檔賭城的人來說，很難想像索萊爾這種賭城有多麼富麗堂皇。這裡有寶格麗、Prada、鉑傲等精品大牌，也有劇場可以觀賞《歌劇魅影》。但是我在意的是——這是我造訪過、唯一會提供給椅子給包包置放的地方。

偷來的數百萬美元存放在索萊爾和米達斯的帳戶中，負責洗錢的人可以開始進行他的工作了。但是有一個問題——要怎麼靠賭城洗錢卻不輸個精光？不管你覺得自己有多強運，也不能全拿去壓在輪盤賭的 13 號，然後祈禱自己好運吧？而且混在一般人裡賭博也可能會引起懷疑。為了確保獲利，這些現金要用謹慎的方法洗白且盡可能低調。

這個方法就是把錢用在賭博之旅。這是僅限受邀者參加的活動，玩家會泡在奢華的私人賭廳。賭廳的名字充滿異國風情，像是「太陽城」和「金色月亮」。用於賭博之旅的籌碼只能在這些賭廳中使用，這對負責洗錢的人來說是相對容易控制的情況（賭客無法直接帶贏來的籌碼離開，必須找賭博之旅的

策劃人把籌碼換成現金）。2900 萬美元大部分是在索萊爾賭城，換成三場賭博之旅的籌碼，然後裝在特殊的籠子裡再送到賭廳。在賭廳裡，有 17 位來自中國的賭客正在玩百家樂揮霍金錢。[47] 類似的情景也在米達斯上演。

就跟這起事件的精心安排一樣，選擇百家樂是竊賊經過謹慎計算後做出的決定。跟輪盤賭不一樣，百家樂只有兩種結果可以賭：玩家或莊家。根據調查此案的專家表示，賭城的淨利率平均在 1% 到 11% 之間。在這樣受到控制的環境下，負責洗錢的人可以開始作業，一點一點拋出錢，觀察賠率、下正注、下負注 * 以回收 90% 甚至是以上的金額。

這種相對穩定的系統，耗費的時間亦較長。跟銀行交易的即時性不同，用這種方式賭好幾千萬元需要好幾週的時間。所以 3 月初的時候，中國的賭客都還在索萊爾跟米達斯，喝著干邑打牌，這時距孟加拉銀行遭竊 8100 萬美元的消息走漏後已經過了一個月。[48]

為什麼菲律賓當局無法阻止這些錢溜走呢？簡言之，這是因為在發生孟加拉銀行網路搶劫事件之前，菲律賓的賭城不受洗錢立法的規範，也就是說，帶進去跟帶出來的大量金錢幾乎是無人過問的，這恰恰也是竊匪了然於心的。索萊爾的母公司布魯貝麗渡假娛樂公司聲明完全不清楚這筆錢是偷來的，而且也揭露了賭客的身分，表示自己「是受害者而非共犯」。米達

＊下負注：百家樂下注法的反向操作。

斯針對訪談的要求則是沒有任何回應。

　　部分肇因於此項立法的漏洞，無法對賭城提起刑事訴訟。遭到指控開立假銀行帳戶的金‧王或中華商業銀行的高層也沒有遭到起訴。根據菲律賓檢察官的說法，嘗試追捕中國賭客的行動也在中國大使館踢到鐵板。針對這間換匯的公司以及部分中華商業銀行的高層，菲律賓反洗錢委員會仍努力採取法律行動，同時他們也試著提起民事訴訟向賭城追回款項。

　　目前在這場高達 8100 萬美元的竊盜案中，只有一個人被定罪──朱彼特街中華商業銀行的分行經理瑪雅‧桑托斯‧德古伊托（巧合的是她也是唯一一位被起訴的女性），等著她的是 56 年的牢獄之災和 1 億零 900 萬美元的罰款。她正在上訴並且拒絕本書的專訪。

　　司法正義系統或許失靈，但是在民事起訴這個部分，銀行的律師已經準備好了。撰寫本書時，孟加拉銀行起訴了 45 個不同的人和組織，包括中華商業銀行、賭城、收到款項的中國人、德古伊托和金‧王。

　　針對中華商業銀行的控訴主要為追討多筆竊賊使用贓款進行交易以及披索換匯為美元所滋生之費用，據孟加拉銀行的律師以及菲律賓國會計算，總金額逾 10 萬美元。針對這項指控，中華商業銀行表示一切遵循銀行相關程序，並且控告孟加拉銀行的控訴為毀謗。[49] 兩家銀行的首長皆在此次事件披露後下台，中華商業銀行則遭菲律賓中央銀行罰款高達 2000 萬美

元。[50] 然而，8100 萬美元的洗錢金額也讓大眾意識到菲律賓銀行業和賭城興盛背後的議題，菲律賓政府盡力調查，國會聽證會長達數週並會見此案數名關鍵人物，但是中華商業銀行不斷援引祕密保護法拒絕移交交易相關細節，讓解開謎團遭遇重重阻礙。[51]

在加總證人提出的數字時，證詞出現了歧異，國會聽證會發現 1700 萬美元的金額差距。金·王爾後發現總金額中的 1500 萬美元，並將款項返還予孟加拉銀行。他否認自己知道洗錢計畫。

一份不尋常的會議附錄提到，國會聽證會針對此案的報告始終沒有公開，是因為報告提交時間晚了一個小時，無法獲得國會的認可。

如果駭客正在尋找一個有聽命行事的金融業者、無法可管卻擁有數百萬資產的賭城、效能不彰的政府這樣的司法管轄區，那麼馬尼拉即為首選。

對孟加拉來說，蒙受如此高額的搶劫可以說是國恥，畢竟這筆金額對孟加拉這個劫難頻仍的國家來說是非常重要的。例如，在菲律賓國會結束聽證會後數日，孟加拉遭到一場氣旋的摧殘，50 萬人被迫流離失所。報導指出氣旋風暴羅納造成孟加拉某地損失 3800 萬美元的農作及家園，剛好是馬尼拉賭城賭桌上幾週內就賭完的金額。[52] 在我寫這本書的時候，孟加拉仍在努力追討這些遭竊的金錢。

那麼這些錢離開馬尼拉賭城後的下落呢？一般推測這些錢繞了幾個彎，最後還是回到那些駭進孟加拉銀行的團隊手中。美國調查人員對這些幕後人士的身分深信不疑。

除了攻擊孟加拉銀行的電子郵件和北韓有關係之外，FBI聲稱他們發現控制攻擊銀行的部分病毒 IP 位址位於北韓。用於攻擊索尼的其中一個 Gmail 帳戶也存有孟加拉銀行員工電子郵件的通訊錄。FBI 表示，這些線索都指向平壤，一個受到經濟制裁的國家現在可能賺進了 8100 萬美元。

FBI 的調查顯然因為駭客決定使用美國科技公司的產品進行通訊而暢行無阻。儘管北韓領導人不斷發表反美的言論，但似乎北韓的網軍和大家沒什麼兩樣，依舊使用 Gmail 和臉書。這也讓他們受到美國當局的監視，美國當局得以透過正當法律程序蒐集證據。FBI 的刑事告訴狀指出，一位北韓人士疑似參與了此次的駭客行動，美國調查人員提出「約 100 份搜查令要求提供此次調查對象將近 1000 封的電子郵件以及社交媒體帳號」。[53]

再一次，由於北韓不熟悉網際網路，當地亦缺乏 IT 服務，調查人員得以集中火力進行調查。

孟加拉銀行事件吸引了全球關注，尤其是路透社和彭博社的記者更搜索出大量資訊。網路罪犯的伎倆一字不漏遭到公開。即使犯罪伎倆攤在陽光下，駭客不但不收斂，還更加猖獗，繼續

他們的大肆犯罪，策略也變得更為大膽。

這些駭客的活動持續多年，在世界各地犯案，這代表駭客的規模趁大家不注意的時候已擴展開來。透過 FBI 的檔案、聯合國安理會的報告以及我為撰寫此書所做的研究，讓大眾得以一窺拉撒路集團的全球銀行搶劫行動有多猖獗。

2015 年，這群駭客鎖定厄瓜多的奧斯特羅銀行，成功竊取 1000 萬美元；[54] 駭入另兩家位於越南及菲律賓的銀行則以失敗告終。

2016 年，當款項從孟加拉銀行轉出，同樣的病毒也用來竊取一間非洲銀行，不過竊取 1 億美元的行動失敗了；同年稍晚，印尼銀行 Bumi Arta 遭駭，損失金額不明；2017 年 10月，台灣的遠東國際商業銀行因為駭客入侵損失了 6000 萬美元，銀行雖成功追回大部分款項，仍舊損失數十萬美元。[55]

截至目前為止，駭客失敗的次數比成功多，但是情況在2018 年開始不同，駭客成功撬走智利銀行的 1000 萬美元。[56]或許是他們最大膽的行動發生於同年 8 月，根據聯合國安理會小組，印度 Cosmos 銀行 1350 萬美元遭到駭客竊取。[57]這次，駭客不僅入侵 SWIFT 這個銀行間的交易系統，還進一步變更了銀行的 ATM 軟體，用仿冒的提款卡提領出現金。緊接著是兌現行動，就算用網路罪犯的標準來看，也是前所未見的規模。兩天內在 28 個國家內有超過一萬筆的現金提領，堪稱全球規模的洗錢行動。印度警方逮捕部分提領現金的人士，他們聲稱

自己亦參與了另一起印度銀行遭竊 150 萬美元的案件。[58]

　　三年內，總計至少有 1 億 2200 萬美元遭到拉撒路集團直接從銀行端撬走。再重申一次，就聯合國專家和 FBI 的看法，這全都歸咎於一個國家。

　　2019 年 3 月，聯合國安理會的北韓制裁小組公布了一項報告，內容涵蓋針對北韓駭客的指控。作者引用不具名的會員國嚴肅評估這些駭客行動以及其背後之動機：「這些行動的目標在於透過各種手段避開制裁以獲取資金」。[59] 此項控訴很明確：因為飛彈測試遭受國際社會的經濟制裁，北韓只好用駭客手段掩人耳目竊取金錢。調查人員表示，過去二十年來，組織犯罪集團不停精進的技巧現在被民族國家發揮得淋漓盡致。

　　那麼……北韓的說法呢？

如果北韓想利用他們的國家特質賺錢，那麼大概沒有比北韓的駐英大使館更厲害的了。

　　其他國家的大使館通常都位於倫敦市中心，外觀華麗，插滿代表該國的國旗，北韓大使館卻是由一棟附有七個臥室的房屋改建而成，選址在西倫敦尹靈區一個熱鬧的郊區巷弄裡。

　　正是這裡，我寫了無數封郵件、打了無數通電話想詢問北韓對聯合國專家、FBI 以及安全研究人員排山倒海的指控有何看法？不過沒有得到任何回應。美國針對北韓的訴狀目前已有 174 頁，內容涵蓋一堆電子郵件地址、IP 位址、推特帳號和網

站名稱,連攻擊的日期、時間都一併附上。這是個極具爭議的案件,卻很難調查,因為社交媒體上的證據大多已消失,此外,許多相關證據仍在如索尼、Google、臉書公司的內部。

北韓外交部的網站很少不正面迎戰。網站上的聲明不乏按時間排列抨擊他國的言論(包括美國,就算聲明似乎表明歡迎川普總統和執政團隊的外交往來,但其他批評仍舊猛烈)。網站內容涵蓋從委內瑞拉危機到戈蘭高地的議題。[60] 儘管 FBI 和聯合國指控北韓駭入銀行,北韓外交部的網站卻隻字不提。

2018 年 9 月,在美國刑事告訴狀公開拉撒路集團的入侵行為後,一位官員發表了聲明。透過北韓的國家通訊社,此官員否認北韓涉及索尼、孟加拉銀行遭駭事件,認為美國的指控是一種「抹黑」的手段。[61] 美國調查人員如此開誠布公,我覺得北韓方面的回應應該要更明確。我曾想要從大使館獲得回覆,結果鎩羽而歸。

大門緊閉,還上了鎖,按電鈴也沒有回應,造訪當天大使館甚至連國旗都沒有掛上。或許這代表大使不在,但如果是這樣,他的車又怎麼會停在車道上——兩台閃閃發亮的黑色賓士,其中一台還有個人化的車牌。

大使館四處都是監視器。唯一比較有個人色彩的設置就是後院的籃球架,畢竟金正恩熱愛籃球。這個建築物就是個讓人踢鐵板的磚牆建築。

不過,看來他們還是會收皇家郵政送來的信。我寄出邀請

訪談的信件於 2019 年的 3 月 3 日上午 10 點 27 分由「金」簽收。在寫這本書的同時，我仍舊期盼著得到回覆。

就算有機會詢問有關銀行遭駭的指控，也早就已經不是什麼新聞了。調查人員聲稱，北韓駭客和其他類似的駭客已經找到了一種能大撈一筆的新方法，這要歸功於一種比攻擊銀行更有利可圖的駭客手法。而這是因為本章節談到這類的銀行駭客犯罪中有一個主要的問題——中間人。

　　想想這個，我們的故事開頭說的就是極為大膽的情節，罪犯利用高科技竊取近 10 億美元，簡直足以拍成一部好萊塢賣座大片。最後，這部真實世界搶案電影的結尾是一群不停抽著菸的賭徒把披索堆上馬尼拉的賭桌。一開始的 9 億 5100 萬美元最後到底有多少落入銀行搶匪手中？他們在賭桌上又輸了多少？在移動過程中又有多少付給了金融機構？不管答案為何，從脫逃渠道尾端掉出的金額跟一開始的數十億元計畫比起來一定只夠塞牙縫。

　　那麼駭客要付出多少努力？布局全球的犯罪網絡至少花了一年：學習 SWIFT 系統的使用、製作病毒以及假履歷以駭進孟加拉銀行、誘騙斯里蘭卡的慈善基金會、準備好馬尼拉的帳戶和中間人。結果只看到竊取來的戰利品在洗錢的迷宮中逐漸消失。

　　這也適用於整起銀行駭客大行動中。過去三年來，拉撒路

集團嘗試竊取 12 億 5000 萬美元。最後實際得手的金額只有 1 億 2200 萬美元，這都是因為中間人、匯回操作、遭到攔截的損失。結果不算差，但也沒有達到原本的目標。

要是網路犯罪有更直接的獲利方式就好了。最好是竊取金錢後獲利直接落入罪犯手中，不需要中間人。

下一章要看的是這些網路犯罪分子的願望要如何實現？再重申一次，組織犯罪的網路工具可能為民族國家的駭客所用，FBI 的證據或許可以指控北韓在新一波的犯罪中表現突出。但這一次，網路犯罪的力度不僅限於銀行和發展中國家，而是攸關生死的服務產業。

第四章

數位勒索

派翠克‧沃德的胸毛已經刮除,麻醉藥還在血液裡流竄,他發現根本無法專心閱讀手上的犯罪小說。

2017 年 5 月一個星期五的早上,他躺在倫敦聖巴多羅買醫院的病床上,離他盼望能改變一生的手術還有幾個小時。本該活躍的四十七歲,卻患有遺傳性的心臟肥大,讓他變得無法積極生活,爬樓梯會喘氣,還和退休人士一樣得定期回醫院複診。等了兩年終於能在倫敦一間頂尖醫院進行心肌切除(移除心臟組織一小部分的手術),他很期待術後能夠再一次擁抱健康、盡情運動。這種手術一週只有一天施行,所以等了好幾年終於輪到沃德了。

他的家人入住醫院附近的旅館,他也請了六個星期的假休養。他做了很多調查,確信手術會幫他解決所有問題。改變人生的日子就是今天!

可是醫生卻帶了壞消息來,告訴他由於醫院的電腦系統有狀況,手術取消了。

即使已經過了兩年，沃德回想起當時還是有很強烈的挫敗感。「我說：『不，這沒什麼，按照計畫進行，拜託！』我甚至開始罵髒話。『我都準備好了，太靠北了。我等了兩年！』」

天性樂觀的沃德，一開始還覺得問題可能很快就會排除，但一小時一小時過去，系統仍舊故障。他不願意在沒有手術的情況下回家，而且還得繼續上氣不接下氣的生活、接受自己的生命很有限的這個事實。

同時，通常極為繁忙的醫院完全不一樣了，他回憶當時：

> 我四處走動，和其他人聊天。我到護理站，但是這邊的電腦螢幕全黑，寂靜無聲，真的非常奇怪，很詭異。護理師不知道發生什麼事了，沒有人知道到底怎麼了。我拿手機一查才驚覺：『天啊！國民健保署（NHS）遭駭！』

離這裡三英里遠，沃克斯豪地下鐵站後面一棟滿是監視器的大樓——英國國家犯罪調查局辦公室裡電視機的音量調得很大聲，他們似乎發現了什麼。天空新聞（Sky News）正在報導駭客攻擊一間英格蘭西南部的醫院，很快大家就知道這不是單一事件。英國國家犯罪調查局的網路犯罪小組很快就被電話鈴聲轟炸，250 名員工忙得不可開交。

這裡跟醫院沒什麼兩樣，一樣有類似檢傷分流的系統以判

斷突發事件，並且指派合適的專業人員跟進。此時系統完全被癱瘓，全國各地的警局不斷通報案件，其中 NHS 醫院為最大宗受害者。

國家犯罪調查局的人員奮力趕往受到影響的 NHS 所在地，希望能在所謂的「黃金時間」內保存證據。聖巴多羅買醫院是國家犯罪調查局首波趕往處理的受害者之一，沒多久沃德就出院了。他走得踉踉蹌蹌，茫然望著街上，家人陪在他的身旁，結果迎接他們的卻是在門口守候的新聞報導團隊，他們已經接獲相關訊息。BBC 採訪沃德時，由於手上的插管才剛移除，他還纏著繃帶。

當時接受採訪的他侃侃而談但充滿疑惑，最後他提出了每個人心中都有的疑惑：「醫院是做好事的地方，怎麼會有人想攻擊？」[1]

其實遭到駭客攻擊的不只醫院，而是全球各地的電腦。

病毒早在沃德離開醫院前 12 個小時就已經感染系統。根據國家犯罪調查局的消息，最早遭到攻擊的是阿根廷，這時感染規模還沒有那麼引人注目。

等到西歐早上十點左右，病毒就在西班牙現蹤了，在這裡，病毒找到了肥羊。西班牙電信巨頭 Telefónica 在全球有約 12 萬名員工。在馬德里的部分員工電腦螢幕上出現了一則以紅色為背景的擾人訊息：「糟糕！你的檔案加密了。」[2] 訊

息接著表示，想拿回檔案，就用比特幣支付幾百美元的贖金給放出病毒的駭客。72 小時後，贖金會翻倍；七天後，檔案就會永久銷毀。一個下拉的選單提供了付款操作的 28 個語言版本。這群駭客似乎已經準備好攻擊全球。

勒索軟體一點也不新奇。之前我們看到的勒索軟體是衍生自 2010 年代令人聞風喪膽的宙斯病毒，而且早在宙斯出現前就已經存在（首次出現於 1989 年郵寄包裹裡的磁碟片）。[3]

過去數十年來，勒索軟體已經演化成網路犯罪的極盛代表——自動化勒索的進階版。成功的關鍵在於勒索金額的設定，這跟心理學有關。設得太低，網路犯罪分子的時間就白費了；設得太高，受害者不會支付。因此勒索軟體是走薄利多銷的模式——單一勒索的要求不會太高，但是數百萬台的電腦感染，平均獲利就很可觀。這樣的模式讓勒索軟體從未躍上新聞頭條，因為第一、如果事關個人，大部分的人都懶得報案，畢竟這種情況比較不像犯罪，只是讓人覺得麻煩。第二、如果是公司的話，會有一種羞辱感，這代表公司的系統存在漏洞。公司的 IT 員工在線上互助論壇提供的建議大多是付錢了事，畢竟付個幾百美元總比花時間解決，甚至成為新聞頭條來得好。

這樣的建議很有爭議性，這些在論壇上發言的人從不透漏自己在哪家公司工作。然而勒索軟體的影響之大，使得某些世界知名的大公司不得不向上層報告，例如美國製藥公司龍頭默沙東曾在 2017 年通知投資者，公司遭受名為 NotPetya 的勒

索軟體攻擊，也就是說雖然公司輕描淡寫地表示「營收會受到不利的影響」，但實際上損失了約 2 億 6000 萬美元。[4]

有些公司不得不付錢，但這樣的決策難道沒有風險嗎？如果勒索軟體是惡棍放的，你怎麼確定能取回資料呢？其實，駭客已經預先想到這種情況，還想出一個聰明的策略誘使受害者不得不掏出錢來──所謂電子版的「還活著的證據」，舉例來說就像是寄肉票的拇指給家人作為肉票還活著的證明。一旦電腦遭到感染，勒索軟體會隨機選幾個檔案提供密碼解密，讓受害者知道解密是可行的，看一眼復原的數據就足以讓某些人乖乖付錢。

總之，過去幾年來，勒索軟體變得很賺錢，跟廣告主用不同的廣告測試哪一個效果比較好一樣，好幾個犯罪集團使用各種病毒，改變策略，看不同的活動成效如何。科技安全公司組成的非營利組織「網路威脅聯盟」提供的數據顯示，在 2015 年 1 月，光是一種勒索軟體就成功獲利 3 億 2500 萬美元。[5]除此之外，所有的錢都直接進了網路犯罪分子的口袋，不用再和中間人或是錢騾分享，這一切都要感謝比特幣（本章之後會再詳加說明）。為了不太了解這種新貨幣的受害者，有些勒索軟體甚至會附上線上支援系統，解釋要怎麼使用這種虛擬貨幣付費。

對使用勒索軟體的惡棍來說，他們的搖錢樹沒辦法解決一個存在已久的問題──如何在一開始讓病毒進入受害者的電

腦。標準的方法是靠電子郵件，但是郵寄病毒很麻煩，需要不斷有新的電子郵件作為攻擊目標，還要不停變更病毒以順利通過定時更新的防毒軟體這種防禦系統。駭客不斷尋找更新、更容易的方法來散播病毒。終於在 2017 年成功了，這要歸功於微軟公司的一個安全漏洞，據稱是由一個美國的情報機構所發現的。

所以是怎麼進行的呢？想像一下放在房間的電腦裡存放著你的音樂，而你想要用客廳裡的筆電聽音樂。微軟系統的電腦有一個很方便的功能讓兩台電腦可以共享檔案。美國國家安全局發現了這個方便的檔案分享功能也可能會被用來散播病毒，但是他們似乎沒有馬上告知微軟這項缺失以便修復，而是選擇祕而不宣（或許美國軍隊和情報機關可以善加利用這個缺失）。據微軟總裁等人的說法，這個網路共享功能可用於傳播病毒的祕密後來從國家安全局手中落入駭客手裡。[6] 在 2017 年 4 月，名為影子經紀人（Shadow Brokers）的駭客集團開始販售利用這個漏洞的方法。後來據說因為沒有買家，這個軟體就變成免費自行下載的軟體了。[7] 直到今天，國家安全局尚未公開對此作出任何評論。

政府駭客和組織犯罪之間也開始了異界交流。

這個檔案分享的缺陷意味著病毒可以在電腦間自動傳播，沒多久勒索軟體的駭客就掌握了這項技能。他們發現不用電子郵件，也可以讓病毒進入電腦，並且自動散播，用最不費力的

方式獲取最大利益。

　　不過駭客遇到另一個問題。只把惡意軟體裝到電腦上還不夠，必須要有引爆的開關。之前駭客靠的是騙收信人點開連結或附件以感染電腦，也就是歐奈・德・古茲曼散布愛蟲的方法。

　　為了最高獲利、最低付出，駭客需要的是在新電腦自動放出病毒的開關。再一次，據傳國家安全局無意間幫助了釋放病毒。影子經紀人放出的駭客工具中，DoublePulsar 這個惡意軟體具有在新裝置上引爆病毒的能力。[8] 駭客手裡握著可以複製德・古茲曼成功的方法，由於完全不需要受害者啟動引爆開關，因此不僅可以散布病毒，並能造成大規模的感染。這是一個極為有力的結合，一旦釋出就得靠謹慎的編碼才能阻止一發不可收拾的局面。當然這或許不是這些罪犯會顧慮的，畢竟他們是在電腦基礎建設中散布這個病毒。

　　微軟在 2017 年 3 月發行了這個軟體的更新，也就是在影子經紀人散布病毒前一個月，這個更新修補了檔案分享存在的漏洞。很多使用者並沒有更新（或是他們用的是 Windows XP 中比較舊的版本，所以無法更新），因此成為攻擊標的。

　　名為 WannaCry 的病毒於 3 月 12 日星期五釋放，這場夏日勒索行動聞名全球。[9] 不到 24 小時就因為自動傳播的功能在電腦間散布開來，從南美擴散到歐洲，再到英國，很快就傳進了 NHS 所屬的醫院，也就是災難的真正開端。

派翠克・沃德手術被取消的那個下午，國家犯罪調查局召開了第一次跨部門的緊急會議，由於病毒的爆發太過嚴重，該局人員的週休二日也緊急取消了。英國新成立的國家網路安全中心與國家犯罪調查局和其他政府部門一起合作找出對付這個病毒的計畫。

這隻病毒具有科技專家稱為「動能效果」的特性，也就是可以散布到電腦化的世界以外，影響實體基礎建設和沃德這樣的病人，使他們等候已久的手術遭到取消。病毒爆發之後，五間醫院的急診部門不得不將病人轉送到其他醫院。不僅公共醫療衛生服務受到影響，從汽車製造到物流，各行各業都受到了波及。

「他們全都受到影響，但由於某些因素，不願報案並協助法律的執行，」一位警官說。「我想這是因為他們不希望公司遭到病毒攻擊這麼羞愧的事公諸於世，畢竟他們的產品看起來很高科技，用的卻是 Windows XP 這種過時的作業系統。」

對大多的人來說，NHS 才是關注的焦點，部分是因為頭條新聞都在報導，這對網路犯罪來說是極為罕見的成就。電視新聞在報導網路安全時有多困難是無庸置疑的，這個主題一直以來都沒有辦法用戲劇性的畫面呈現，因此以新聞議題來說，要如何吸引觀眾的注意力一直都很有難度。終於，由於 WannaCry，攝影團隊有了值得一看的畫面和早就準備好的案例分析，因此得以報導網路安全的議題。記者站在急診室外，救護

車來來去去,「被」出院的病人一臉不滿,記者隨機挑選幾位
採訪。

英格蘭 236 間 NHS 信託服務的醫院中,最後有 37 家遭
到感染,另外 43 間醫院不得不關掉電腦防止遭受攻擊。另外
600 家 NHS 機構,如普通科醫生診所也遭到感染。約 7000
筆預約遭到取消,包括 100 多起緊急的癌症案例。[10]

為什麼這個機構遭到如此巨大的影響?原因有很多。

為了防禦 WannaCry,使用者必須安裝微軟於 2017 年 3
月發布的更新,也就是說要重新開機。這對醫院來說,並不是
件簡單的事,很多病人需要仰賴其中一些設備維生。既耗費時
間,又耗費金錢,NHS 的預算本來就已經很緊繃了。

NHS 有些機器的問題根本就無法解決,更新了也沒用。
每五台電腦就有一台用的是 Windows XP,要先升級到微軟較
新的版本才能受到保護。這不僅需要時間、也需要資金,有些
儀器太過專業,更新軟體的話,儀器可能會無法運作。[11]

此外,很少政府會監督公共醫療衛生服務的電腦。信託
機構雖然被建議應該安裝更新,但是建議就只是建議,而且
信託機構常常優先辦理其他事項,而非視 IT 的安全為首要之
務。為什麼呢?因為大多數人,包括機構內部的人完全不覺得
NHS 會成為攻擊目標。正如派翠克・沃德提出的疑問:怎麼
會有人攻擊醫院?

WannaCry 的自動散布和自動啟動功能其實沒有鎖定特定

對象。機構的規模越大，就越有機會遭到攻擊，身為世界上最大的雇主之一，NHS 堪稱最慘烈的受害者。[12] 令人失望的是，NHS 信託機構早就應該要意識到這樣的危機，因為這並非第一次遭到攻擊。我之所以知道是由於在 WannaCry 出現前一年，我提出資訊自由 * 的申請，詢問 NHS 是否曾遭受勒索軟體的攻擊。在我提出詢問的 152 間 NHS 信託機構中，有四分之一承認曾遭受攻擊。有些機構被迫取消手術，有些花了數萬英鎊清理遭到感染的數位裝置。這是發生大地震的預兆，但由於沒有中央的監督，沒人注意到地震儀發出的警訊。

還有最後一個幫助 WannaCry 散布的因素，那就是 NHS 擁有而其他機構缺少的高速專用電腦網絡（稱為 N3），它能讓所有醫院和地方政府串連起來。現在 N3 已經遭到汰換，但是在當時，N3 是歐洲最大的虛擬私人網路之一，連接 4 萬台電腦。[13] 這個系統讓病人的掃描檢查結果和診斷能快速傳送到需要的地方，也就是這個系統讓病毒快速滲透。

這表示 WannaCry 像野火一樣，但是野火遲早會燒盡，不僅是 NHS，每一間受到攻擊的機構亦是如此，最後組織內部網絡一定會沒有電腦可以感染。真正討人厭的是，WannaCry 要打進一個新的機構，才能夠有一群受害者。

這個病毒的開發者有個絕佳的解決方式。病毒的編碼會定

* 資訊自由：2000 年英國國會制定「資訊自由法」（Freedom of Information），賦予任何人皆得向公務機關請求獲悉行政資訊的權利。

期隨機呼叫網路上的電腦，如果鎖定的電腦用的是防護較為薄弱的 Windows 版本，病毒就會跑過去，開始感染那個組織的電腦網絡。根據歐洲刑警組織，最後有 150 個國家、共約 23 萬台電腦遭到感染。[14]

WannaCry 的創始者放出了失控的病毒，徹底打亂科技安全的世界。不經意瞄準醫院的病毒意味著一種新型又令人不安的入侵，讓高階電腦駭客世界中長久以來特有的倫理系統崩解。「這是隨機，也就是無差別的攻擊，一定會有蝴蝶效應」美國科技安全公司火眼的執行長凱文・曼迪亞這麼說。「寫 Wan-naCry 的人……一定不知道這會影響 5000 台機器，還是 3 億台機器。」

初步分析，WannaCry 似乎沒有關閉鈕，實際上並非如此。在病毒深層的編碼中其實藏著關閉整起攻擊的開關。這不是領高薪的安全研究人員團隊發現的，而是一位在西英格蘭海邊渡假村工作、二十多歲的男子所發現。

5 月 12 日，WannaCry 攻擊的那天本來應該是安全研究員 MalwareTech（假名）的休假日。他出門去吃午餐後才確認自己管理的論壇中有沒有提到什麼新病毒。他專精的領域是殭屍網路（botnets），也就是多台電腦遭到病毒感染後受到犯罪集團的控制。他一直在研究駭進銀行的殭屍網路，但當他看到 NHS 遭到病毒感染的報導時，激起了他的興趣。他心想，

到底病毒是如何快速傳播的？「和一般大眾的想法相悖，NHS
大部分的員工不會點開釣魚的電子郵件，所以這代表可以快速
散播病毒一定有什麼原因，」他後來寫道。[15]

他想盡辦法拿到 WannaCry 病毒，觀察編碼後，他發現自
動開啟即為病毒傳播、引爆的方式。他同時也發現一個不尋常
的地方，顯然大家都漏看了。在感染受害者的電腦之前，病毒
會嘗試連上一個特殊且網址很長的網站，看起來就像是隨機造
訪一個網站。若這個網站剛好正常運作，病毒就會停止，不會
攻擊受害者的檔案；如果網站沒有回應，病毒就會開始動作，
綁架檔案，並且要求贖金，還會嘗試感染其他裝置。

MalwareTech 靈機一動，確認了病毒嘗試連上的網站所
有人。結果他發現網站並沒有註冊，於是他註冊為網站所有
人。從此刻起，只要病毒連上新受害者的裝置，就會連上這
個網站，然後發現網站遭到註冊，於是病毒就會停止攻擊。
MalwareTech 獨力結束了 WannaCry 帶來的危機。

這個結果太過完美，對電視新聞來說，簡直是不可多得的
報導，不僅因為他們可以呈現網路安全報導的畫面，還因為這
位出人意料的英雄。MalwareTech 的真實身分馬庫斯·哈欽
斯很快遭到揭露。有點孩子氣的他才二十二歲，為人謙虛，住
在德文郡北部的伊爾弗勒科姆的一個慵懶濱海度假區。新聞報
導的照片中，他笑著坐在一排電腦螢幕前，這些電腦螢幕旁放
著的是他的床，但是新聞大多把床的部分裁掉。看來這位終結

全球最高調病毒的英雄就是在房間裡採取行動的。

不過媒體報導的哈欽斯檔案捅了個婁子。他本來不願意公開自己的身分,卻遭到揭露。現在他的身分和居住地都被公開,國家犯罪調查局擔心發明 WannaCry 的人會找他麻煩。

「從實體、真實世界的風險來看,我們覺得『你掃了某個人的興,而且這個人的身分不明,』」國家犯罪調查局網路犯罪部門的行動總指揮麥可‧赫萊特說。「這個人可能是某處某個房間裡的一個小夥子,也可能是危險的組織犯罪集團,或是某個國家。」除此之外,哈欽斯正在蒐集極度敏感的資訊。WannaCry 只要成功感染一部電腦,就會呼叫這個現在由哈欽斯擁有的網站,並且把受害者的 IP 位址傳送過去。根據這項調查的相關人員表示,他每天都會收到約 50 萬人的位址。警方擔心哈欽斯掌握全球防護薄弱的電腦位址資訊,反而讓自己成為其他駭客攻擊的目標。

根據國家犯罪調查局的說法,哈欽斯受到保護,但同時國家犯罪調查局也很謹慎,避免與他過於接近。在 WannaCry 之前,國家犯罪調查局就已經知道哈欽斯這號人物,認為他是很有天份的研究人員。但是該局的消息指出,他們對於哈欽斯的技術是否真的如此光明正大也有疑慮,於是拒絕進入「正式安排」的階段。

爾後,哈欽斯和英國國家網路安全中心(National Cyber Security Center,簡稱 NCSC)一起合作,NCSC 也負責調

查 WannaCry 的案子。哈欽斯發現病毒中的「關閉」鈕後，NCSC 甚至在網站上公開哈斯欽的部落格，不過還是用假名 MalwareTech（當時他的身分尚未遭到公開）。[16]

在這次駭客攻擊後才成立沒多久的 NCSC 會因為這個舉動變得有些尷尬，原來阻擋 WannaCry 攻擊的英雄有一段不為人知的過去。

2017 年 8 月 2 日，哈欽斯在拉斯維加斯遭到逮捕，據稱他當時參加了全球最大型的其中一個科技安全會議——國際駭客年會（Def Con）。他遭控開發名為 Kronos 的病毒，用來駭進線上銀行。2019 年 4 月，哈欽斯在美國法庭遭判有罪，他在部落格寫道：「我對自己的所作所為感到後悔，也願意負起所有責任」。[17]

他創造了 Kronos，而且當時用的也是 MalwareTech 這個假名，就跟 NCSC 發布的部落格使用的假名相同。NCSC 身為英國通信總部情報機構的一員，卻沒發現哈欽斯的犯罪史。

NCSC 表示，與外部人士合作前都會先做背景調查。他們說哈欽斯沒有領任何薪資，也沒有和 NCSC 簽約。而且哈欽斯也不是唯一一位過去有爭議卻力圖改變的天才型科技安全研究人員。

一位負責調查網路犯罪的警官告訴我：

世人普遍接受，現在成功的網路安全研究人員可

能曾經有過一些違反《電腦濫用法案》的行為，這也是他們如此厲害的原因。基本上，他們不會因此遭到逮捕。

這就是終結 WannaCry 的英雄故事，雖然結尾有些爭議（哈欽斯以法律程序進行中拒絕評論），不過多虧哈欽斯的努力，NHS 和其他受害者才能恢復正常生活。派翠克・沃德又等一個月才重新排進手術排程（巴茲 NHS 的員工日以繼夜，連週末都加班才把堆積成山的工作完成），現在他已經重獲等待已久的活力生活。但是，對調查人員來說，他們的工作才剛開始。

國家犯罪調查局目前的重點在於找出 WannaCry 的始作俑者。

以往警方調查網路勒索案件時，用的是綁架時的策略——直接和綁匪談判。在某些勒索軟體的案件中，警方得以和這些惡棍接上線，追蹤他們的通訊紀錄，有時甚至能找出他們的確切所在地並繩之以法。

可是 WannaCry 的案子就沒有這麼好處理了，因為根本沒有人接電話。國家犯罪調查局和其他調查單位發現，放出 WannaCry 病毒的人根本沒打算協助受害者付款並且歸還數據。就算有些報導持相反看法，但大多案例即使付了錢也拿不回檔案。這樣的情況很不尋常，之前的勒索軟體犯罪集團都知

道不歸還檔案就無法取得受害者的信任,這樣對獲利極為不利,但是 WannaCry 的始作俑者似乎不太在乎。在這一連串的線索中可以發現 WannaCry 並非傳統網路犯罪集團所為。如果打算要製造出這樣一個感染力極強又有效的病毒,為什麼不讓獲利最大化呢?

英國警方把蒐集到的證據交給美國時,好運降臨了。

洛杉磯的 FBI 探員一直在追查發生於 2014 年下半的索尼影視娛樂事件。之前提過,FBI 蒐集了許多駭進索尼所使用工具的相關資訊。國家犯罪調查局將攻擊英國 NHS 和其他機構的證據交給 FBI 後,他們注意到攻擊索尼、孟加拉銀行和其他拉撒路集團的受害者間都有些共通點,也就是用來控制 WannaCry 勒索軟體的 IP 位址曾被用來存取駭進孟加拉銀行的電子郵件帳號。[18]和索尼、孟加拉銀行駭客行動有關的北韓 IP 位址全都造訪了一個網站,這個網站正好發布了 WannaCry 病毒所利用的微軟漏洞。[19]

結果 2017 年 5 月展開攻擊的 WannaCry 版本正好即為最新版的迭代(iteration),在此之前還有另外兩組編碼相似度極高的版本,也就是說是同一位編碼者或團隊策劃了這三場駭客行動。藏在編碼中的資訊也在拉撒路集團攻擊索尼和攻擊銀行 SWIFT 系統的部分病毒中使用。[20]2017 年 5 月的版本有強大的破壞力,據稱是因為其自動散布功能是竊取自美國的國家安全局。

如果這一切屬實，FBI 目前調查的就是由政府主導所開發的網路武器。英國警方消息指出：「在你希望全球情報體系團結一致時，其中有一方特別感到尷尬，因為闖禍的正是他們。」

FBI 努力不懈，終於在 2018 年 9 月公開刑事告訴狀，指出北韓的朴鎮赫為拉撒路駭客集團的關鍵人物，遭控攻擊索尼、孟加拉銀行和其他機構，並且開發 WannaCry。[21] 這份刑事告訴羅列了 FBI 提出的證據，其中也包括英國國家犯罪調查局所提供，影響數十家 NHS 信託機構的資訊。

前面提過 FBI 告訴狀公開後，北韓外交部透過國家新聞機構發表了官方聲明否認北韓涉案，認為美國的控訴是抹黑。但要是正如美國所堅信的，北韓是 WannaCry 的始作俑者，那麼 WannaCry 的威力如何呢？

從經濟層面來看，這的確是一場災難。好幾百人付了贖金，就算以比特幣於 2017 年 12 月價格最高時計算，總贖金也不過才比 100 萬美元多一點而已。與最成功的勒索軟體行動相比，不過是蠅頭小利。即使付了贖金，受害者也沒有拿回檔案，這暗示 WannaCry 的駭客根本不在意有沒有賺頭。

或許醉翁之意不在酒。WannaCry 的毀滅性攻擊成功打亂了英國的基礎建設，也點醒了政治人物和大眾。在公關宣傳層面，WannaCry 製造了全球議題。除此之外，根據安全研究人員和南韓政府的說法，北韓似乎不需要靠 WannaCry 大賺一筆，因為他們已經想出一個新的策略來利用比特幣致富。不是

用比特幣來支付勒索軟體要求的贖金，駭客瞄準的是比特幣本身。就像利用 SWIFT 系統攻擊銀行，駭客現在開始攻擊儲存這種新型貨幣的數位銀行。

這種肆無忌憚的犯罪預估能讓他們賺進 5 億多美元。為了瞭解操作，就必須要先了解比特幣和比特幣背後的激進思想。不要擔心，這一點也不難。比特幣常被形容為「虛擬貨幣」，不過現在線上銀行和信用卡交易如此盛行，這樣的形容就沒那麼貼切了，畢竟所有的金融活動都變得越來越虛擬了。

事實上，比特幣即為數百年來金錢受到金融體系支持所創造出來的產物，駕車前往南威爾斯蘭特里森的皇家鑄幣廠，就能近距離觀察這種金融幻想的發展歷程。

除了地下室裡耀眼奪目的體驗，正上方的皇家鑄幣廠博物館裡一排排滿是灰塵的抽屜記錄了英國金幣的發展歷程。金幣的發展歷程反映了貨幣的通膨──隨著時間過去，金幣越來越小。很久以前，一鎊的價值是用一磅的重量來決定，在某個時期，一磅稱為「塔鎊」（Tower Pound），因其存放在皇家鑄幣廠的前身倫敦塔（Tower of London）裡，據稱重量和 5400 顆成熟的大麥粒等重。取一塔鎊的銀，切成 240 枚硬幣，然後你就有一疊「英鎊」。[22]

問題在於，隨著時間推移，通膨漸漸噬去了英鎊的價值。英國國會研究發現，今天的一英鎊能買到的東西等同於 1750 年能買到的百分之一。[23] 這樣的衰退意味著在硬幣面額和用來

鑄造的金屬種類、重量直接相關的年代，硬幣的尺寸會相對變小。最後，硬幣小到無法使用。皇家鑄幣廠博物館的玻璃展示櫃裡，一開始是極小片的貴金屬，小到容易弄丟，也容易剪裁，所以方便裁下邊緣，熔化後，再鑄成新的硬幣。

1600 年代初期，英國當局的一個決定幫比特幣奠下長達數世紀的基礎。或許是厭倦做工繁複的硬幣，詹姆士一世發明了外層是錫的銅法尋（farthing）。[24] 他不是第一個避開貴金屬的人，用非貴金屬如紙製成的貨幣早在他國存在數世紀了。隨著時間推移，世界各國都接受了這個巨大的改變，直至今日。畢竟，如果銅法尋可以買到等量的小麥，那誰會在乎到底錢是用什麼做的。貨幣與實體重量、價值脫鉤促成了「虛擬」的概念。

我們接受這項改變的其中一個原因是由於受到國家以及國家權力的背書。詹姆士一世的新鑄幣法出現之後，鑄造偽幣在英國等同叛國罪。男性如犯此罪，則處以絞刑，並在還有氣息時肢解；女性則綁在柱上活活燒死（不過會先勒斃）。[25] 金錢是一種信任關係，必須要有執行制度的能力。最終，這種程度的信任是交付予政府，畢竟政府握有警察、兵械庫、監獄的實權。

推動比特幣早期發展的意識形態之一為逃離中央管控的金融管理，因為這種管理受到政府監控的威脅。記者安德魯‧史密斯指出，這種概念吸引的人不分左翼、右翼。對左翼人士來

說，不受政府掌控的貨幣有機會進行徹底的財富與權力再分配；對右翼人士來說，此為最小、最不受政府干預的極致體現。[26]

無政府的虛擬貨幣應運而生。主要的一個阻礙在於這是個關乎全球的大規模計劃，需要一個全球通行、人人皆可使用的系統以傳遞金融資訊，而且這個系統價格要低廉也要能立即啟用。在千禧年之際，隨著電腦運算能力的增進以及網際網路大爆發，所需的系統終於應運而生。至此，大突破所需的一切皆已具備。

利用電腦和網路來創造獨立貨幣的嘗試有許多，但是皆未能通過時間的考驗。2008 年 10 月 31 日，一則訊息出現在密碼學的討論郵件列表中。「我一直致力於研究新的電子現金系統，」信中如此寫道。[27] 這則訊息來自名為「中本聰」的使用者，信中附上一個連結，說明要如何打造權力下放的虛擬貨幣，描述的內容高度技術化。這個虛擬的貨幣就是比特幣。這些密碼學技客撇開理論後深入探究，覺得這或許可行。

比特幣需要解決的主要問題之一在於雙重支付。在真正的虛擬貨幣世界，金錢的交易只是不同機器上數字的快速改變。在傳統的銀行系統中，銀行追蹤這些數字、認同金錢的所有人，遇紛爭時會請仲裁人（如政府機關或依法）裁定。在下放權力的系統中，沒有銀行和政府的監管，狡猾的付款人轉了同一筆錢給兩位受款人，兩人都認為自己收到款項，但是付款者其實只花了一筆虛擬貨幣。

比特幣厲害之處在於利用所謂的第三方帳冊（third-party ledger）解決這個問題。在這個系統裡，每一個人的帳戶（或稱「錢包」）跟每一枚比特幣都有獨特的編號。交易完成後，錢包編號和比特幣編號會組合成所謂的「雜湊」（hash）。如果我的錢包編號為 ABC，你的錢包編號為 XYZ，我轉比特幣 123 給你，那雜湊的結果即為 ABC123XYZ。這些雜湊碼會公開在網路上，如果有人發現比特幣 123 也出現在 DEF 錢包，那就會引起注意，交易就會撤銷。

當然這得靠人工檢視不誠實的交易，此外，隨著交易數量增加，這個工作就變得更為艱難。怎麼會有人願意花時間找出雙重支付的交易呢？因為要是找到了，偶爾會獲得新的比特幣作為獎勵。檢查交易的這種行為稱之為「挖礦」（mining），這也是創造新比特幣的方法。

每當一筆交易發生，就會有一筆新的雜湊碼加入公開的紀錄，也就是所謂的「區塊鏈」（blockchain）。因此為了要驗證每一筆新的交易，礦工得回頭檢視每一筆交易，確保正確性（所以如果你要轉比特幣 123 給錢包 NOP，那麼挖礦者就要找出一開始的交易 ABC123XYZ，然後要對上這筆新的交易 XYZ123NOP，不斷重複這樣的程序）。

不只是比特幣的交易運用這種雜湊運算。利用電腦軟體也可以把整份法律合約轉成雜湊，比原本的檔案還要精簡，然後放上公開的區塊鏈，並且永久存放在這裡供大眾檢視。如果

之後某人想詐騙並且修改合約，即使是最細微的更動也會產生不同的雜湊，你就能和原本的雜湊比對以證明這份合約遭到竄改。這就是為什麼許多聰明的人對比特幣如此推崇，因為其蘊藏的區塊鏈概念很創新也很有潛力，這是永久的、公開的且無法撤回的資訊儲存，還可以立即比對、驗證。合約、投票紀錄、公司稽核……等都可以產生雜湊運算並且儲存在區塊鏈，永久保存在世界各地數個電腦伺服器。

當然，隨著越來越多雜湊運算出現，挖礦的工作就變得格外困難。隨著比特幣的交易越來越多，礦工就要查看更多交易紀錄以檢查是否有雙重交易。因為這全都電子化，所以會需要不斷提升的運算能力。以前，靠家用電腦就可以挖礦；現在，每天有超過 30 萬筆交易，[28] 因此需要上百台互相連結的電腦，還有工業規模的冷卻系卻，這些設備才不會過熱。

不管挖礦變得多艱難，挖礦還是值得的，這一切歸功於比特幣的另一個優勢——2100 萬枚的比特幣總數上限。[29] 由於已經快要到達上限，每一枚比特幣的價格也隨之增加，這讓挖礦的努力都值得了。如果你覺得比特幣的內在通貨膨脹反映了皇家鑄幣廠博物館體積越來越小的貨幣，那麼恭喜你答對了。比特幣和實體硬幣的差異在於，比特幣可以無限分割，不會因為掉到沙發後面就無法使用。

只要有電腦就能設立比特幣錢包，點一下滑鼠就能生成錢包特有的地址，這些功能就像是銀行帳號（跟前面我舉的例子

不同之處在於,大部分錢包的地址約為三十個字母長)。錢包是匿名的,因為挖礦的關係,就算沒有交易史,也有充足的新比特幣等著你。如果你不想挖礦當然沒問題,因為比特幣的換匯很盛行,可以用真實世界中的英鎊或美元來購買虛擬貨幣,甚至到 ATM 存款就可以幫錢包加值。

2008 年時,中本聰的發明推出後幾個月,比特幣還只是加密貨幣技客的消遣,他們拋售、挖礦、累積比特幣(早期交易量很低,因此這對他們來說很容易),完全沒料到有一天會因此致富。

令人驚訝的是,發明這項革命性新系統的中本聰(或是開創這個系統的團體假名)至今跟比特幣一樣匿名。過去十多年來,比特幣從鮮為人知的電腦迷計畫變成一個全球知名的成功案例,但是沒有人站出來接受這份榮耀。很多人想找出中本聰,記者不斷追蹤卻只是白忙一場。[30] 可以確定的是,在早期挖礦還很容易時,使用比特幣、儲存比特幣的人,只要放超過十年,現在應該超級有錢。

比特幣另一個驚人之處在於其韌性。不論有多少人曾經預測比特幣即將崩潰,比特幣都撐過去了,還變得炙手可熱。但是比特幣有一個唯一的缺點就是不夠穩定。比特幣的價值雖然經過長時間的爬升,卻也曾在短時間內震盪。2017 至 2018 年,一枚比特幣從等同 1000 美元漲到 2 萬美元,然後又跌回 4000 美元。[31] 這讓大家不得不思考比特幣真的有辦法和貨幣

一樣嗎？（如果你的咖啡因為比特幣價格飆漲，突然漲成昨天的兩倍呢？）或是比特幣真的可以像黃金、石油、糧食一樣成為可以預測價格的商品嗎？其實，這些爭論自比特幣出現就存在了。即使在初期，對於比特幣的看法也是壁壘分明。一派人馬認為比特幣的無政府可以徹底改變個人和政府之間的關係；另一派人馬認為比特幣不過是投機者致富的雲霄飛車搭乘券（現在稱這些對加密貨幣有信心、會長期持有的人，為HODLers—Holding On for Dear Life）。[32] 隨著比特幣的價值不斷波動，很難讓人不相信後者的看法。

比特幣的第三方帳冊系統不只解決了雙重交易的問題，還幫網路犯罪創造了一個價值非凡的珍寶——匿名的潛力。銀行實施「認識你的客戶」政策，因為國家權力的行使仰賴於對那些濫用金融體系的人進行制裁（如果沒有打擊的對象，大棒就無用武之地了）。相較之下，比特幣不在乎藏在數字背後的人，比特幣創造出一種讓數字說話的系統。

中本聰的發明順利發展後，黑社會罪犯的美夢終於成真——電腦化、匿名且全球通用的貨幣，交易時不再受到拷問。

對多數人來說，比特幣會受到大眾注意是由於犯罪案件，尤其是某一個犯罪組織——絲路（Silk Road）。這個暗網的毒品市集（和這個暗網本身的故事）之後再說，現在，很顯然的是比特幣祕密卻安全的付款方式促成了這個犯罪集團的誕生。

然而比特幣不僅對毒品交易和詐騙來說是一個方便的付

款工具，虛擬貨幣本身也一直是犯罪的主題，其實一開始比特幣就帶有犯罪的色彩。

馬克・卡佩勒斯從小在法國生長，熱愛漫畫，夢想有朝一日能在日本生活。但是 2009 年身處日本時，他的生活簡直是一場惡夢。二十四歲的他發現自己身處比特幣有史以來最大的搶案中心。

卡佩勒斯輕聲細語、善解人意、害羞，與那些昂首闊步走上產品發布舞台、大搖大擺的科技業老闆截然不同。就我對他的第一印象認為，在競爭如此激烈的電子商務世界他應該會被生吞活剝吧！但我錯了，其實卡佩勒斯的性格相當堅毅。

在找尋便利的國際付費系統時，卡佩勒斯發現了比特幣，為這項科技深深著迷。當他有機會經營剛出現的比特幣換匯生意（用美金或英鎊購買虛擬貨幣）時，他抓緊機會作為私人項目。但是他卻遇到一個問題：接掌這門生意後，他聲稱自己發現有好幾千枚比特幣消失了。[33]

卡佩勒斯沒有放棄，相信自己可以安然度過難關。要知道為什麼他覺得自己能克服困難，就要回到以前看看比特幣早期一文不值時的定位。第一枚比特幣出現時，不可避免地，它們在真實世界的交換價值為零。新的貨幣需要一些時間，才能證明自己的價值。比特幣非常有實驗性，曾有一個名為「比特幣水龍頭」（Bitcoin Faucet）的網站免費贈送五枚比特幣給造

訪者（不出所料，每一枚比特幣現在價值好幾千美元，但這個網站已經不復存在）。

比特幣剛推出時大家抱持的新鮮感也反映在卡佩勒斯接手的匯兌公司發展歷程上。這間公司名為 Mr. Gox，原本是卡牌遊戲《魔法風雲會》（*Magic: The Gathering*）的交易平台。想要換牌時玩家會到這個網站交易，因此才有了這個網站名—《魔法風雲會線上交換》（Magic: The Gathering Online〔e〕Xchange），縮寫為 Mr. Gox。這個網站對比特幣開始感興趣時，不了解的人大概只把這種新型虛擬貨幣的交易看成交換卡牌罷了。

從現在回頭看，當時的情況已經為人所淡忘了，因為比特幣後來的瘋狂飆漲就像哈哈鏡一樣扭曲了我們的印象。我在 2011 年第一次報導比特幣時，就只是無法理解這種沒有權威背書的貨幣如何能吸引大眾。我錯了，但我不是唯一一個。當時，每一枚比特幣價值 5 美元。如果當時我投入 2000 美元的資金購買比特幣，又在適當的時機賣出，我大概就能在兩年內買下一間倫敦的公寓了。

但是跟我一樣，2001 年卡佩勒斯又怎麼會知道這個創新的副業會受到爆炸性的歡迎，成為最具顛覆性的金融創新之一。他認為等到生意做得更大就能神不知鬼不覺地彌補財政缺口。結果比特幣飆漲，卡佩勒斯進退兩難。他表示繼任時，價值 6 萬美元的比特幣就已經消失了，遭竊的比特幣金額在兩

年內飆漲至 180 萬美元。這間公司的祕密風暴中心越演越烈，完全失控。與此同時，Mt. Gox 這幾年穩健發展，原本只有3000 名用戶，不到三年暴增至 100 萬名用戶。[34]

卡佩勒斯努力跟上公司業務的指數型成長，Mt. Gox 已經成為全球比特幣交易所的霸主了。如果想要入手熱門的虛擬貨幣，你大概會找上卡佩勒斯的公司。卡佩勒斯本人大概會承認自己不是最適合駕馭這門生意的人選，但是他無法輕易交給他人，他知道其中隱藏的問題有多麼棘手。比特幣的暴漲讓他束手無策。在大家享受比特幣飆漲的同時，他所能預見的只有財政缺口會變得多大。

2014 年，支撐他的一切消失了，卡佩勒斯發現自己急速下墜。

電腦上有比特幣錢包很方便，因為你可以用錢包來付款或收款。建立錢包很簡單，有網站教學一步步引導，只要按幾下滑鼠，還可以儲存登入資訊。但是風險也高，如果電腦或網站遭駭，你的錢可能就憑空消失了。

「冷錢包」（cold wallet）可以為這樣的風險解套。你一樣可以在筆電上設置一個錢包並存滿比特幣，然後離線，存放在安全的地方。

過一陣子，等比特幣增值，就可以打開筆電，連上網路，打開這個虛擬錢包，開始使用你存下來的比特幣。就算冷錢包

放在保險櫃中也可以儲值，只要連上網路就會更新並儲存每一筆交易，區塊鏈系統會自動填補交易紀錄。但是在冷錢包沒有連上網路時，交易無法進行，因此理論上來說駭客是沒辦法動手的。事實上，你根本不需要把筆電鎖起來，只要把錢包明細印出來放在保險櫃裡即可。之後取出這些明細，登錄錢包，區塊鏈會迅速更新錢包，通知你原本的餘額並且存入登出時購買的比特幣。

由於目前比特幣交易所的交易金額龐大，大部分交易所利用冷錢包系統的微調版來交易。連上網路的熱錢包用來做每天的交易；不連網路的冷錢包就用來做長期、高額的存款。就像銀行發給櫃台行員一定數量的現金，但是大部分的現金存放在金庫。

卡佩勒斯也遵循一樣的策略。他把冷錢包的上百張紙本明細放在東京各家銀行的保險櫃裡。[35] 看起來很不科技，但是當時卡佩勒斯認為這是最安全的方式。他把錢轉到冷錢包，讓這些冷錢包離線，維護安全不受駭客的入侵。他試著偶爾檢查冷錢包的餘額，確認金額正確與否，也確保偷偷存放進來的金額也正確。

但是有一天，數字竟然不對。

卡佩勒斯瘋狂確認離線的冷錢包，他發現了有出入的部分。有人搶了他換的比特幣、偷走了他的錢，然後竄改 Mt. Gox 的公司紀錄以掩飾蹤跡。他檢查越多冷錢包，就發現越

多錢遭竊。最後，損失金額高達 85 萬比特幣。加上比特幣飆漲，卡佩勒斯的資金缺口高達 4 億 8000 萬美元。

「我只能說……這就像你離地面非常近……」卡佩勒斯用英文結結巴巴地說。

「就像從建築物上掉下來？」我試著問。

「是的。」[36]

Mt. Gox 公司於 2014 年 2 月 28 日聲請破產，使得許多客戶登入不了帳戶。此即為冗長且曲折的訴訟開端，不論是民事還是刑事。卡佩勒斯於 2015 年 8 月 1 日遭到逮捕，在牢裡待了 11 個月。[37] 他聲稱自己無罪，竄改電子紀錄的罪行於 2019 年獲判緩刑，但是侵吞公款的罪行獲判無罪。[38]

公司破產後，卡佩勒斯找回了消失的 20 萬比特幣，這時比特幣的價值已經飆漲，現值比丟掉的金額還多。聽起來對那些把錢放在 Mt. Gox 的人來說是好消息，或許他們能拿回一部分的比特幣。但是這個過程極其複雜，他們真的能拿回比特幣嗎（畢竟現在比特幣的價值已經是當時的好幾倍）？拿回美金？還是日幣？如果是真實世界的貨幣，那匯率呢？是以當初投資的比特幣匯率計算？還是網站關閉時的匯率？抑或是現在的匯率？這些數字像是被哈哈鏡極度扭曲，一點也不好玩。

訴訟仍在進行，由於這起比特幣事件賺到錢的似乎只有那些負責各方訴訟的律師。

同時，你可能會想那些從 Mt. Gox 偷走的 85 萬比特幣呢

（現在價值高達 42 億美元）？根據美國司法部的說法，這筆比特幣是在 2017 年 7 月，一位在希臘海灘上望著愛情海、享受著日光浴的人身上起獲。

亞歷山大・維尼克當時悠閒地待在哈爾基迪基渡假村，突然遭到 20 個人包圍。這些人都身穿短褲、戴著太陽眼鏡，但他們不是來這裡度假的，[39] 他們是便衣刑警。不到幾個小時，這名俄羅斯男性就在希臘監獄裡拘留，遭控為全球洗錢企業的中心。根據美國司法部，維尼克開了一家名為 BTC-e 的加密貨幣交易所，司法部認為這家交易所「協助世界各地的集團處理犯罪收益」，包括價值 40 億美元的比特幣交易，而且交易時完全不多做詢問。[40]

調查人員表示 Mt. Gox 遭竊的 85 萬比特幣有三分之二出現在維尼克經營的帳戶中。他們也表示，在維尼克的帶領下，BTC-e 在處理勒索軟體的不法收益方面扮演了關鍵的角色，包括 Cryptowall 這隻前面提過、一次行動就賺進 3 億 2500 萬美元的病毒。[41] 他們對 BTC-e 的指控和三名 Google 員工提供的數據一致。2017 年 8 月公開勒索軟體的研究顯示，在追蹤贖金付款的軌跡後發現有 95% 的贖金是透過 BTC-e 的渠道。[42]

追蹤比特幣這種來自犯罪的貨幣流向，最終通常會導向交易所，這些貨幣會消失在交易所的海量交易中。這類交易所的交易員認為自己不用為這種金錢的來源負責。「BTC-e 只是買

賣比特幣的網路平台,」維尼克的律師表示。「因此,BTC-e
不應該為用購買比特幣的金錢來源負責,區區一個匯兌所不應
該為偷來的 100 美元換匯成英鎊負責。」[43]

美國希望能引渡維尼克接受 21 項洗錢及其他金融交易罪行
的審判。維尼克透過律師對 FBI 的引渡要求提出異議,但是其
他法律相關的問題接踵而來。法國、俄國同樣也提出引渡的要
求,不過俄國會用較輕微且毫不相關的罪名起訴。據報導指出,
維尼克偏好引渡回俄國,而且已經提出引渡回母國的申請。[44]

目前 Mt. Gox 遭竊的金錢仍是個謎。Mt. Gox 遭竊金額雖
然龐大,卻只是個開端。這起駭客事件透露出國際金融系統的
阿基里斯腱在於加密貨幣交易。未來幾年,這些欠缺防護的金
錢將會是網路罪犯下一個數十億美元的目標。

在水洩不通的記者會上,照相機的閃光燈伴隨著快門聲中,兩
位西裝筆挺的年輕男性面對一桌的麥克風深深鞠躬,一種日本
傳統式的道歉。由於加密貨幣交易遭到駭客攻擊,他們的客戶
損失了 5 億多美元,和 Mt. Gox 的損失不相上下。

社長和田晃一良與營運長大塚雄介為 Coincheck 的重要人
物,這間公司是東京另一家加密貨幣交易所,突然發現自己身
陷駭客攻擊。2018 年 1 月這起數位闖空門事件導致 5 億 3000
萬美元的「新經幣」(NEM Coins,類似比特幣的數位貨幣)
遭竊。Coincheck 的部分缺失來自於未能從其他遭到攻擊的加

密貨幣交易所身上學到教訓。Coincheck 把所有的新經幣都放在一個「熱錢包」──由於連接網路，因此容易遭駭。[45]

公司承諾用內部基金補償受到影響的 26 萬名投資者。Coincheck 和營運新經幣的基金會攜手盡最大努力防止罪犯撬走現金。收到這筆新經幣的錢包會標示一個數位標籤寫著：「新經幣_遭竊_經費_請_勿_接受_交易：此_帳戶_所有人_為_駭客」，所以只要接受此筆金錢的人都會因為擁有來源不明的金錢遭到追蹤。[46] 根據新經幣基金會的說法，此舉能有效阻止遭竊經費受到使用。[47]

不過追捕駭客的行動還是慢了一步，駭客設立了數百個錢包，快速移動偷來的新經幣，因此並非每個錢包都有警示標籤。不到一個星期，據說暗網新架了一個網站供人用優惠價購買偷來的新經幣。[48] 據日本網路安全公司 L Plus 表示，至少有 60% 遭竊的新經幣，也就是等同超過 2 億 5000 萬美元的新經幣透過這種方式洗錢並且銷聲匿跡。[49]

等開始調查這起駭客行動，南韓官方對幕後黑手有強烈懷疑的對象。2018 年 2 月，也就是遭駭後幾週，不具名的南韓消息來源告訴路透社，南韓國家情報院認為北韓「可能」是這次行動的幕後主使者。[50] 這則情報並未獲得證實，也幾乎不太可能證實，畢竟追蹤這樣的金流十分困難。後續新聞報導提到用來攻擊 Coincheck 的惡意軟體多年來廣為使用，這表示許多駭客手上可能都有這個軟體，讓咎責變得更加困難。但是這

並非唯一一次南韓將加密貨幣交易的駭客行動歸咎在鄰國北韓的身上。

2017 年 12 月，首爾譴責北韓駭進兩間南韓公司——Bithumb 以及 Youbit，盜竊金額於報導時高達 1 億 5000 萬美元。據稱國家情報院也譴責北韓駭客入侵南韓另一個交易所 Coinis，遭竊金額不明。[51] 如果你對於這些指控持保留態度倒也情有可原，畢竟是來自於南韓。儘管最近兩韓的外交關係稍微趨緩，但南北韓之間的關係一向充滿了煙硝味。南韓並非唯一一個把加密貨幣交易駭客行動歸結在北韓身上的國家。俄羅斯網路安全公司 Group-IB 聲稱，由北韓政府駭客組成的拉撒路集團應為 2017 年、2018 年 5 億 7100 萬美元等值的交易竊盜案負責，其中包括 Coincheck 的案件。[52]

北韓透過其駐英大使館及網站不斷拒絕本書訪談的要求，也否認與這些電腦駭客攻擊有任何關係。姑且不論北韓，不管駭客來自哪個國家，光是加密貨幣交易的駭客入侵就足以證明這多有利可圖。美國網路安全公司 CipherTrace 報告，計算總額後發現，2018 年前九個月，光是駭客行動就讓罪犯賺進 9 億 2700 萬美元。[53]

也就是一秒 2000 美元。

而且駭客行動還沒有畫上句點。

駭客變得越來越積極進取，因為成功獲利而志得意滿。他們改變策略，不再只是竊取個人的加密貨幣，他們開始製造自

己的加密貨幣。

　　還記得前面提過的比特幣挖礦嗎？完全靠電腦化的礦工一筆一筆檢視區塊鏈裡的交易紀錄，確認一切正常，沒有雙重交易。礦工會定期獲得比特幣作為獎勵，尤其比特幣現值數千美元，的確是很大的誘因。

　　從比特幣不斷增加的交易歷史中挖礦需要紮實的電腦運算功力。如果能誘使某人用硬體幫你挖礦呢？駭客設計出可以完成這種任務的惡意軟體。如果不小心在自己電腦安裝這樣的病毒，在你不注意的情況下，電腦就會被劫持並且使用電腦的運算能力挖礦。在你忙著打字，或是離開電腦前但機器還開著時，惡意軟體就會檢查區塊鏈的交易，確認交易歷史，偶爾也會用加密貨幣獎勵讓你的電腦中毒的人。你唯一可能會注意到的是，筆電的內部冷卻風扇瘋狂運轉，努力想讓被迫超時工作的電路板冷卻。

　　這就是所謂的「加密劫持」（cryptojacking），而且這樣的行動不斷壯大。2019 年 1 月，倫敦國王學院與馬德里卡洛斯三世大學的兩位研究人發現，一小群駭客過去十年來從這樣的行動中獲利 5600 萬美元。

回顧前面幾章可以發現：過去十年來，網路罪犯越來越深入金融系統。一開始詐騙的是信用卡，到從銀行客戶的帳戶中直接撬錢，再到搶銀行的錢，接著是創建自己的鑄幣廠（在加密劫

持的攻擊中粗製濫造新的虛擬貨幣）。

從信用卡詐騙發展到竊取加密貨幣靠的是：民族國家駭客集團和網路罪犯組織之間技術與工具的交流。例如在 Wanna-Cry 攻擊中，病毒碼的關鍵據說是由一群政府駭客（美國國安局）所發明，但是遭到犯罪集團（影子經紀人）竊取，爾後，又被另一群政府駭客（北韓拉撒路集團）取得，用來進行大規模的破壞行動。

現在，你大概被這些銀行駭客行動、比特幣、勒索軟體、躲避制裁搞得一團亂。我們很容易認為網路犯罪是較為高階的行動，需要政府資助的駭客軍團放出高深莫測的病毒。

但其實不盡然。

下一章要談的是怎麼用三則資訊，外加一點心理操作便能日進斗金。就像愛蟲示範的，高度網絡化的社會裡，最為脆弱的其實是控制並且使用網絡的人類。對一小群極為聰明的罪犯來說，這就是致富的關鍵。

第五章

被出售的個資

英國電信公司 Talk Talk 在 2015 年 10 月由於遭駭登上新聞頭條，但是報導的內容有些不一樣。跟以前的網路犯罪不同，這次是公司出面表示遭到駭客攻擊。罕見地，時任總裁的巴隆妮絲‧迪多‧哈丁走訪全國各地的新聞中心，急切地說明到底發生了什麼事。她表示駭客入侵公司的伺服器，竊取大量顧客資訊。她警告這次駭客入侵可能會對 TalkTalk 的 400 萬名用戶造成影響。她決定大力公開遭駭的這一舉動是否明智成為熱烈討論的話題，但是接下來幾個星期、幾個月，這背後的原因以及所帶來的嚴重後果將一一揭露出來。

和大多數記者一樣，我意識到 TalkTalk 深陷危機的警訊來自於他們的聲明。然而不同處在於，對我來說這不是一時的新聞事件。由於自己的無心之過與固執己見，加上一些幸運的轉機，我比其他記者對於這起事件做了更進一步的追蹤報導。

後來我斷斷續續花了好幾年調查 TalkTalk 這起遭駭事件。最後我挖掘出來的事實比一時轟動的新聞來得耐人尋味，另一

方面也令人感到憂心，因為這不是一時的駭客事件。非法交易個人資料的情況日益增長且毫無節制，我發現的事證帶我深入這些問題的核心，也讓我得以（在虛擬空間）與這些始作俑者面對面。

對大多數人來說，「個資」是模糊、難以理解的詞彙。對網路罪犯來說卻相當明確——個資是商品，現在跟錢一樣有價值，這是因為在駭客煉金術中，把一樣東西變成另一樣東西變得越來越容易。為了明白其中奧秘，你必須改變對「資料」的想法。要跟駭客一樣用全新的思維看待資料的價值，如此一來便能有助於了解 TalkTalk 遭駭的全貌。

麥可．藍道爾是位年僅十幾歲的頂級駭客。他之所以被視為危險分子的不僅僅是因為他高超的技術，而是在於他將技術與社交工程結合起來。這個策略前面幾章已經提過——透過不為人知的心理操作誘騙受害者做不該做的事。

跟之前談過的駭客不一樣，藍道爾不只寄送精心製作的詐騙電子郵件，他還親自進行社交操作。他表示自己會直接打電話給公司的客服，假裝自己是該公司的職員，誘使員工透漏或變更敏感的顧客資料，藉以用來進行駭客行動。這樣的策略需要膽量、自信以及與生俱來對人類行為的洞察力。這也是電腦駭客常用的伎倆。

「媒體常認為駭客是躲在地下室不停敲著鍵盤的那群

人，」藍道爾說。「實際情況是只要打通電話到公司說：『嗨，我是技術部的人，我需要重設密碼』，然後他們就會照做了。」

如他所說，重點在於讓電話另一頭的人感受到壓力。「基本上就是要讓電話另一頭的員工感到愧疚，最後他們就會提供協助。」他說道。

藍道爾和他的夥伴很快就發現，員工比較容易回應女性的要求，於是他們利用電腦軟體變聲。然後他們又把心理操作提升了一個層次。

概念是在背景播放嬰兒哭鬧的音效。加上變聲軟體，聽起來好像過了很漫長的一天，真的很有壓力的感覺。這時就可以說：「我就只需要你做這件事而已」。他們可以聽見電話這頭孩子的哭聲。這通常會奏效，他們會願意提供協助。乍聽之下很荒謬但很有效，大約 80% 會成功。

藍道爾特別喜歡駭進推特帳戶。他會先從不同來源騙取足夠的資訊再駭入、奪得帳戶並鎖住真正的所有人。如果碰巧是名人的帳戶，他會開心地發幾則奇怪或是不恰當的評論，或是「標註」好友。如果是熱門帳號（像是帳戶名很短，如 @abc），就可以賣給其他駭客。

在這裡我使用的「藍道爾」是假名，像許多駭客一樣，他

本人現在已經改過自新，在大學攻讀網路安全的課，並向英國快速增加的科技安全公司推銷自己的技能。然而，回到 2015 年，他還很活躍，而在他的攻擊過程中，他與朋友發現 Talk-Talk 網站一些嚴重的安全漏洞。

根據曾在 TalkTalk 技術團隊擔任要職的前員工表示，藍道爾他們意外發現的是某些員工早就知道的事。TalkTalk 網頁有一個存在已久的問題，也就是所謂的「孤兒網頁」（orphan pages）。公司網站會定期更新網頁，然而過時的舊網頁仍存放在公司的電腦伺服器。消息來源指出，由於目前公司網站沒有這些舊網頁的連結，技術人員很難追蹤這些孤兒網頁。這些網頁可能包含舊的電腦碼，容易受到攻擊，因此可能導致駭客入侵。消息指出，由於無法確知哪些網頁仍處於活動狀態，TalkTalk 的技術人員沒辦法更新全部網頁以維護安全性，更不用說要刪掉這些網頁了。

藍道爾這類駭客沒多久就發現這個漏洞。（時任 TalkTalk 總裁的巴隆妮絲‧迪多‧哈丁後來表示有三個這樣的網頁遭受攻擊，這些網頁原屬 TalkTalk 收購的公司所使用。）[1] 藍道爾聲稱他曾公開 TalkTalk 網站的其他安全漏洞，但是 TalkTalk 卻置之不理。「所以我決定『搞垮他們』，不安全就是他們的問題，」藍道爾在攻擊後沒多久這麼對我說。

新聞爆出 TalkTalk 的資安漏洞遭到地下網路犯罪團體掌握時，藍道爾冷眼旁觀，看著認識的駭客利用孤兒網頁駭入網

站。駭客所使用的策略讓人們對該公司的網站安全更加擔憂。

　　TalkTalk 的網站跟其他公司一樣，有兩個面向：一個是公開的網頁，也就是一般訪客可以瀏覽的寬頻方案等；另一個是非公開頁面，也就是存放客戶和公司資料的地方。當然這兩種網頁在某個層級是互聯的，例如 TalkTalk 的顧客可以檢視公開網頁，但是一旦登入，他們就能檢視個人的帳戶資訊。駭客攻擊的即為這個公開與非公開之間的連接通道。

　　有一個系統可以搜尋公開網頁（如「倫敦阿卡西亞路最低的寬頻費率」）以及非公開的網站內容（如「一個月 20 英鎊」）。這樣的系統稱為「結構化查詢語言」（Structured Query Language，簡稱 SQL）。要是配置得不好，系統就容易上當透露不該洩漏的資訊。

　　舉例來說，如果你輸入「倫敦阿卡西亞路最低寬頻費率」，在最後加上一些特殊字元，如「；」、「/*」或「@@」，那麼設置不佳的 SQL 就可能會因為額外的字元產生混淆，意外顯示非公開的隱藏網頁內容，且通常是敏感的顧客或公司資訊。聽起來雖然不可思議，但有時真的有效，而且是數十年來駭客工具箱中的標準配備。這不是什麼新把戲，而且大部分網站都特別設計過以避免這樣的情況發生。TalkTalk 可能是因為孤兒網頁的問題，因此沒有做好安全防護。

　　駭客就是利用這個漏洞在 2015 年 10 月入侵，藍道爾則是眼睜睜看著事情發生。接下來的情節就是經典的青少年夥同

犯罪——某個孩子找到籬笆的破洞，挑釁其他同夥一起闖入，其他人則是在一旁等著看結果。根據後續調查，結果數萬名顧客的資訊遭竊，包括帳戶資訊和部分信用卡號碼。

和其他駭客行動相比，這樣的攻擊策略很基本。儘管如此，這些十幾歲的駭客小夥子還是抓住機會竊取資訊，彼此吹噓自己的成就。但是，有人失誤了。其中一個比較沒有經驗的駭客得意忘形，想遍尋 TalkTalk 的整個網絡，藉此找出獲取公司更多資訊的方式。這讓 TalkTalk 的網站應接不暇，沒多久整個系統就停止運作。公司的技術團隊發現不對勁。

TalkTalk 努力找到問題的癥結點時，情況已經越演越烈，執行長哈丁的個人信箱收到一封駭客要求支付贖金的信件，索取以比特幣支付等同 25 萬英鎊的贖金。後來證實這項勒索來自丹尼爾・凱利。這位來自南威爾斯拉內利的十六歲少年後來因此案與其他罪行遭判在青少年懲教院服刑四年。[2] 這也解釋了為什麼 TalkTalk 決定公開遭駭的部分原因——讓勒索無用武之地。然而，TalkTalk 的公關團隊聲稱，公司決定這麼做是為了迅速告知每一位顧客。不管原因為何、立意有多良善，決定四處上節目公開的這個舉動卻對許多 TalkTalk 的顧客帶來毀滅性的後果。

當 TalkTalk 的總裁上電視受訪發出警訊時，警方也準備收網逮捕躲藏在幕後的青年駭客。調查會如此順利要歸功於這些青年駭客沒有那麼專業。其中有些人甚至在推特上吹噓自己

駭進 TalkTalk 的壯舉，又因為害怕連忙刪掉自己的推文。我利用安全通訊軟體順利和其中幾位取得了聯繫，但如果連記者都找得到，警察大概也不遠了。

不出幾天，警方就在英國各地進行逮捕，其中一名顯然是與我在線上對談時遭到逮捕。可以想見的是，大家覺得這些駭客怎麼那麼年輕！《每日郵報》的新聞標題即為「娃娃臉『駭客』」，標題旁可看到於北愛爾蘭遭到逮捕、年僅十五歲的嫌犯照片。他名叫亞倫·史泰瑞特，住在拉恩的濱海小鎮。最後他獲判 50 小時的社區服務和一年的監督管理。[3] 另一位十六歲的嫌犯艾略特·岡頓在東英格蘭遭到逮捕，也就是藍道爾看到在網路上公開 TalkTalk 系統漏洞的人。岡頓獲判一年的更生命令（rehabilitation order）。[4] 來自斯塔福德郡坦姆沃斯的馬修·漢利犯案時正好二十歲，由於竊取顧客的個人及金融資訊判刑一年。他把資訊交給也住在坦姆沃斯的康納·奧爾索普，然後又轉交給其他人。奧爾索普入獄服刑八個月。[5]

TalkTalk 也得到相應的懲罰，在遭駭後一年，遭資訊監督機構英國資訊專員辦公室罰款 40 萬英鎊，幾乎是當時的最高罰款（TalkTalk 因為付款迅速獲得了 8 萬英鎊的減免額）。[6]

遭駭後，巴隆妮絲·迪多·哈丁決定上電視揭露的行動成為當時企業界、科技界與公關圈的熱門話題。雖然有人為公司及時出面鼓掌，也有人批評這樣的作為。首先，這位執行長奮力解釋整起攻擊的技術細節，招致了精通科技的觀眾抨擊。但

更重要的是，在哈丁公開整起事件時，公司可能都還不知道究竟有多少人受到牽連。結果受到波及的人數為 15 萬 6959 人，這當中五分之一的人銀行和部分信用卡資訊遭洩（當時看來，根本算不上新聞，至少在我的新聞編輯室為如此）。可是廣為宣傳這個漏洞反倒影響了公司所有的客戶，哈丁讓四百萬名 TalkTalk 的用戶一起承受這場災難，而她的決定可能為公司帶來更多的攻擊。就在幾千英里遠的某地，一個與這群青年駭客無關的高度組織化犯罪集團，已經從 TalkTalk 的用戶身上賺進了大筆鈔票。當 TalkTalk 遭駭事件佔據各大報頭條，反而為這場犯罪活動注入生命力。

這是隱藏在 TalkTalk 遭駭事件背後的故事，說的是公司怎麼把客戶的資料傳送到世界另一端、又是怎麼落入罪犯的手中，以及這些片段資訊是怎麼用來騙取受害者一生的積蓄。

這些片面的客戶資料看起來一文不值，我們也毫不猶豫就交給公司。但要是落入惡棍手中，這些資料反而讓我們深受其害，造成嚴重的後果。這個犯罪集團使用這些數據幫賺錢機器加滿油。要不是我遇見了一位受害者，我永遠不會發現這個犯罪集團的內幕。

遇見塔姆辛・柯利森那天，用我們新聞編輯室的行話來說就是「天翻地覆」，只剩幾個小時就要截稿，但是出現了變數，也只得採用最新的新聞訊息，並使報導內容連貫。我聽說柯利森

是 TalkTalk 遭駭的受害者，於是我花了半小時採訪她，再火速趕回辦公室把訪談內容加進報導，此時 TalkTalk 與青年駭客對抗的新聞成為焦點。結果因為太過倉促，我忽略了柯利森訪談的關鍵訊息，直到過一陣子之後我才發現。當時，我只知道她是「TalkTalk 的受害者」，才把她放進報導。

結果，我出錯了。

我在新聞旁白稿中說道，柯利森獲得 TalkTalk 的小額賠償。幾天後我打給她進行後續報導，她既焦慮又憤怒。她告訴我雖然對方提出願意賠償，但是她認為這有違道德而婉拒。報導中的一字之差對她造成的影響卻非常巨大。

我很羞愧。柯利森無償花時間在攝影機前回憶這段不愉快的經驗，讓我可以放在新聞片段裡。我起碼要正確報導，但是我沒做到。我提議請她喝咖啡當面道歉，除此之外，我也希望可以更了解整起事件，發掘更多細節。

在一個較為放鬆的環境，柯利森告訴我整件事的來龍去脈，我也更能專心聆聽。聆聽時我發現她所說的完全和我所預設的不同。她的經歷跟 2015 年 10 月的攻擊事件完全無關，如果她說的是真的，那的確是非常值得擔心。這是一起複雜且精心安排的詐騙事件，讓柯利森和許多人損失慘重。這起事件徹底說明了企業越來越依賴客戶的個人資料將有什麼後果發生，以及現在個資的違法交易逐漸攀升。

柯利森從許多方面來看都是一位受訪者的模範。四十好幾、儀容整齊的她是一位配音員。她本人的嗓音甜美，讓人不覺放下心防，可是她又很直率。跟大多的網路犯罪受害者不一樣，她拒絕遭威脅，也不覺得得羞愧，她的憤怒來自於發生在身上的一切，於是她決定出面說明而非保持沉默。

她告訴我，她使用 TalkTalk 的服務有六年了，不過服務卻差強人意。她不是唯一一個這麼說的。TalkTalk 的滿意度評分在過去幾年來的確低於業界平均。[7]2015 年 5 月，在青年駭客攻擊的新聞爆出的數月之前，柯利森打了無數通電話給 TalkTalk 的技術支援部卻毫無改善。在寬頻再度出狀況時，她決定要終止合約。然後在 5 月 27 日，她接到一位有濃濃印度腔的人員致電，他說自己叫做肖恩・威廉斯，是 TalkTalk 的員工，他可以修復連線問題。

由於肖恩・威廉斯知道柯利森的帳號和住址，因此她確信這個人是 TalkTalk 的員工。而且她之前曾和 TalkTalk 的印度客服中心連絡過，所以肖恩・威廉斯的口音也不足為奇。不過他其實是大型犯罪集團的成員，這個集團在印度各地設有詐騙電話中心，柯利森即將成為一場複雜而精心安排的騙局受害者。

一開始他嚇唬柯利森的電腦遭到許多病毒感染。為了取信，他下了一串指令讓柯利森輸入電腦，結果電腦螢幕顯示一串警示和錯誤訊息。柯利森看的螢幕畫面其實是事件檢視器

（Event Viewer），也就是微軟電腦的運作紀錄。就算紀錄有一串看起來有點驚悚的驚嘆號，但是這些大多一點危害也沒有，而且這樣的驚嘆號會顯示在任何一台正常的電腦螢幕上。柯利森當然不知道。「我以為電腦要爆炸了，」她回想起當時的心情。她驚慌失措，騙子當然知道，也清楚嚇壞的人最好操弄。這個騙子使她相信電腦已經被嚴重感染，接著開始進行詐騙的下個階段。他寄了一個網站的連結給柯利森，聲稱可以修復電腦的問題。

點擊連結後，柯利森在電腦安裝了一個名為遠端存取工具（Remote Access Tool，簡稱 RAT）的軟體。正如其名，這個軟體讓寄送電子郵件的人得以從遠端控制電腦。這樣的軟體常在大公司中合法使用，協助員工修復問題，如此一來就不需要到現場處理。

柯利森相信自己是在和 TalkTalk 的員工對話，於是按照指示安裝了這個軟體。然而她不知道，現在這個騙子已經可以看到電腦上的一切，以及她在鍵盤上輸入的文字。

現在肖恩‧威廉斯要告訴柯利森一個好消息：她符合賠償資格。他把柯利森轉給另一個在印度的「TalkTalk 同事」，負責協助賠償事宜，這個人自稱為派翠克‧安德森。（隨著英國客戶增加，英國境外客服中心的員工開始使用英文名，這是為了要讓致電者覺得自在，因此使用英文名並不會很突兀。）派翠克‧安德森寄給柯利森一個網站連結，讓她申請 200 英鎊

的賠償金。這個網站看起來與 TalkTalk 的網站雷同，上面還
有英國所有銀行的標誌。她點選了自己用的銀行標誌後，出現
一個類似她線上銀行登入系統的頁面。其實這是騙子架設的冒
牌網站（只要幾英鎊就能註冊網站，而且打造一個幾可亂真的
冒牌網站對網頁設計師來說根本不費吹灰之力）。安德森要她
登入銀行帳戶。

　　「不要告訴我妳的密碼，輸入就好。」他這麼說。這句話
贏得了柯利森的信任，這完全符合她聽過的安全性建議：不要
洩漏個人資訊。

　　當然，騙子不用柯利森告訴他密碼。由於柯利森無意間安
裝了遠端存取工具，在鍵入密碼時，騙子可以從他的電腦螢幕
讀取。現在他只要進到銀行的登入頁面，鍵入資訊即可。

　　距柯利森倫敦的家幾千英里之遙，派翠克‧安德森進入她
的銀行帳戶，看到帳戶餘額有幾千英鎊，這是柯利森準備用來
繳稅的錢。不過，要想神不知鬼不覺撬走這些錢不容易。

　　為了把這些錢轉入另一個帳戶，詐騙分子得設立一個新
的收款人，這就需要取得英國銀行發給柯利森這種客戶的讀卡
機。除此之外，銀行間的交易可能會留下蹤跡，導致詐騙集團
被逮到。安德森選了一個較為複雜但是相對安全的策略。他從
柯利森的儲蓄帳戶轉了 5200 英鎊到她的經常帳戶，然後利用
遠端存取工具在她的電腦螢幕上顯示經常帳戶。

　　看到餘額的柯利森氣炸了。「你搞錯了，」她對安德森說，

對於他多付了 5000 英鎊的行為頗有微詞。這時，據柯利森描述，安德森開啟了「奧斯卡崩潰大賽模式」，邊啜泣邊說這個錯誤會讓他丟了工作，還會連帶影響他的家庭。此時，柯利森和她認為的 TalkTalk 客服團隊通話已經好幾個鐘頭，現在她只想盡快結束通話。她提出匯回款項，但是安德森說這樣會讓老闆發現他犯的錯。

於是，他提議柯利森把錢寄回 TalkTalk 另一個辦公室的同事，他會幫忙把錢存回 TalkTalk 的系統，不讓別人發現這個失誤。他告訴柯利森這名位於曼谷的同事叫作索哈爾・胡賽因，也說明了從速匯金（MoneyGram）轉帳的程序（只需要名字和城市），要柯利森盡快處理。

於是，柯利森到銀行，接著去郵局，匯出 5000 英鎊給距離六千英里遠且素未謀面的男人。

我知道你在想什麼，看到這裡，大家想的應該都一樣。柯利森的行為似乎令人無法理解地莽撞。對旁觀者來說能夠輕易地從頭到尾檢視這個事件，並且指出柯利森可以戳破這場犯罪的幾個契機。但是請銘記在心：第一、你是讀者，一直在密切注意這個故事，從一開始就知道這是一場騙局。對你來說，換位思考幾乎是不可能的，因為柯利森不只沒有意識到這是詐騙，還被一群專業騙子玩弄於股掌間好幾個小時。

第二、柯利森自己也承認不是那麼了解網路。如果你曾經接過親戚打來求救電腦問題的緊急電話，就會知道驚慌失措的

人有多麼容易被科技耍得團團轉。

　　第三、她深陷經典騙局的現代版。騙子只需要兩個要素即可行騙——連絡受害者的方式、贏得信任。以前的登門詐騙靠的是直接按響門鈴，然後靠寫字夾板跟筆挺的制服博取信任。門鈴響起，穿著公共事業制服的男人告訴你瓦斯供應有緊急狀況。你打開門讓他進來，泡了茶給他，結果發現他跟家裡的貴重物品一起消失了。

　　在網路犯罪的時代，策略是相同的，只是工具不同。接觸受害者靠的是電話或電子郵件，用來取信受害者的則是偷來的帳號。不過有另一個更深層的因素讓柯利森上當如此順利。

　　在大衛‧W‧毛雷爾所寫的《大騙局》（*The Big Con*）一書中，十九世紀末二十世紀初的「騙子」行騙全美，利用大蕭條前經濟大好、新興且富裕的情況大撈一筆。[8]這個時期，詐騙發展成精心設計的一門藝術。電影《刺激》（*The Sting*）虛構出這樣的情節，然而在真實生活中，一樣的伎倆也用來創造犯罪集團的獲利，賺進了等同現今的幾百萬美元。毛雷爾解釋大騙局＊靠的是在虛構的世界中，讓受害者相信自己是一場計畫的一員，而且最後能因此獲得一大筆錢。這個伎倆的關鍵在於「下套」，把受害者轉給不同的負責人，營造出公司合法、組織化的假象。柯利森被轉給 TalkTalk 另一位員

＊大騙局：1800 年代末與 1900 年代初美國騙子常慣用的伎倆，在《大騙局》一書中有詳細說明。

工時，她只是一個被下套的目標、一個上鉤的受害者，以為自己在和一間大型且有組織的合法公司交涉。

另一個關鍵步驟在於大騙局中所謂的「欲擒故縱」。一旦詐騙集團確定受害者已經上鉤，他們會給受害者逃脫的機會，如逃回家或是待在旅館。他們通常會給受害者一小部分但相當可觀的錢，讓他們帶走。

對騙子來說這是一種賭博，但是這種心理戰會讓受害者有一種自己不會被詐騙的安全感。最終受害者會想，這些騙子怎麼會讓我有逃脫的機會，尤其自己還獲得了幾千塊錢。安德森讓柯利森以為他多付了她 5000 英鎊，接著準備把她交給下一階段的負責人。柯利森確信自己是在和 TalkTalk 的客服中心交涉，由於才剛收到別人的 5000 英鎊，因此推斷這不可能是詐騙。她認為這是出自安德森的失誤，自己不是受害者，對方才是受害者。

因為這些心理操作，在幾千英里遠的曼谷，索哈爾‧胡賽因突然賺進了 5000 英鎊。

這就是柯利森和我喝咖啡時說的經歷。整場騙局很不真實，持續不過幾個小時，可是她就這樣被騙走了一大筆積蓄。後來我發現她並不是唯一一位受害者。

過去幾年來，媒體曝光了數十起類似事件，受害者的經歷幾乎完全一樣。僅一間英國律師事務所就代理了約二十名

TalkTalk 的客戶，他們總計損失了近 10 萬英鎊。這些人全都被捲入新一波現代犯罪：網路犯罪佔英格蘭和威爾斯犯罪調查所收到通報的半數以上，詐騙也讓英國企業每年蒙受 10 億英鎊的損失。[9]

然而，柯利森的經歷帶來了更多讓人想深入探究的線索。這種類型的詐騙需要近距離接觸，而且很難不留下犯罪足跡。騙子曾寄過電子郵件、打過電話，還轉過帳給她。我想可以確定的是，一定會留下一些線索讓我能找到這些剝了柯利森一層皮的人。

但是詢問過柯利森之後，答案卻令人相當沮喪。

電腦有留下任何線索嗎？沒有，她把這些線索都刪除了。

電子郵件呢？沒有，她也刪光了。

遠端存取工具呢？電腦清除資訊後，所有資料都消失了。

事實上，柯利森保存了唯一一個線索——寫在一張紙條上的一個印度手機號碼，這是在安德森來電後存在通話紀錄上的。真希望我能說我有可以追蹤這些號碼的先進工具，但其實我只能在臉書上搜尋這些電話。

當時，就算用戶沒有把手機號碼設為臉書的公開資訊，還是可以搜尋得到電話，也可以得到和電話號碼連結的臉書帳戶（劍橋分析醜聞事件之後，這個功能就取消了）。我輸入電話號碼後，出現的是一名削瘦的年輕亞裔男子檔案照，用戶名為蕭亞·可汗。檔案寫道他二十二歲，住在加爾各答。他的動態

是一串自拍：晚上出門抽著菸、在高級轎車前擺拍、在動物園身上纏著巨蟒，還有一張有趣的照片，他站在一個看似客服中心的地方。

　　我盡可能地挖掘資訊，然後撥通電話。一名操著印度腔的人接起電話說：「TalkTalk，您好，請說。」我說我的電腦需要檢修，他說他會再回電。我又請一位在印度的同事幫我打這支電話，幾分鐘後同事打給我說，接電話的人自稱為蕭亞·可汗，這似乎這就是派翠克·安德森的真實身分。

　　我沒有接到可汗的回電，過幾天再撥過去接電話的是另一個人，聲稱自己和可汗沒有任何關係。不過他的臉書帳號並沒有關閉，這讓我得以挖掘出一些關鍵證據。可汗有一個叫做索哈爾·胡賽因的朋友——也就是柯利森應要求轉了 5000 英鎊的人。此外，2015 年 5 月 25 日，也就是柯利森魯莽轉錢到泰國的前兩天，胡賽因跑到曼谷：「參加一場公司的會議，」他的臉書動態更新道。胡賽因後來又上傳了一些看來像是回加爾各答前在泰國的度假照片。兩個月後，可汗的狀態更新顯示他到賭城去，還標上「贏了」的主題標籤。

　　可汗和胡賽因似乎正是敲詐柯利森的幕後黑手。和法務諮詢好幾次之後，老闆准許我公開報導。

　　在 2015 年 12 月正式播出的前一天，我用臉書和可汗、胡賽因聯絡，公開我們蒐集到的證據，也請他們做出評論。隔天早上起床，他們的臉書帳戶就消失得一乾二淨了。

在電視新聞中公開他們的照片,並指名他們是騙局的幕後黑手是我記者生涯中最有成就感的時刻。[10] 為了彌補我脫口說出柯利森接受 TalkTalk 賠償金的無心之過,可是費了好一番功夫。可惜的是,一開始的追蹤報導令人喪氣。在新聞播出後,我嘗試聯絡加爾各答的警方,卻沒有回應。我幫柯利森把她的案子上報防制詐騙行動處(英國警方協助詐騙受害者中心),也是沒有任何進展。報導出來後有許多印度人跟我聯絡,每個人都聲稱認識這個犯罪集團,也提供一些片面的訊息。不過沒有一個人能提供足夠的證據讓後續追蹤報導成形。有些人說胡塞因和可汗已經逃之夭夭。斷斷續續追蹤了六個月後,他們銷聲匿跡,而這則報導也不再是我的關注焦點。

過了一年多,2017 年 1 月 18 日,我收到一位印度男性的臉書訊息。「您好,我有要事告知。很緊急。」

這名男子聲稱有 TalkTalk 詐騙的關鍵資訊。我一開始態度消極,認為這應該又是一個錯誤的線索,但我錯了。這名聯絡我的男子說他認識可汗和胡賽因。「他們是我的老闆,」他寫道。後來我又收到另一名印度人的訊息,也自稱為可汗和胡賽因工作。他們說看到我的新聞報導,發現老闆的臉書照片出現在電視螢幕上。

接下來幾個小時,兩位線人告訴我這個詐騙柯利森和多位受害者的犯罪網路內部消息。這是一個精心策畫、成效卓越的詐騙行動,規模相當驚人。他們兩人和數十名員工一同在印度

中部城市的一個客服中心工作。總共有 60 名員工輪班，他們被告知工作內容是協助 TalkTalk 的客戶。他們描述員工是看到了印度當地報紙和社交媒體上的招聘啟示才來應徵，只要打電話就有月薪 1 萬盧比（約 120 英鎊）。他們說工作的目標是說服客戶安裝遠端存取工具，也就是柯利森被要求下載的軟體。如果成功說服用戶安裝，就會獲得額外的紅利。

爆料者告訴我每名員工每天用自動化軟體撥打上千通電話，但是大部分不是轉進語音信箱就是無法接通。只有少部分接起電話的人安裝病毒，可是每一位受害者可能都有幾千英鎊的價值，這筆生意對執行者來說相當有利可圖。

表面上，這間客服中心看起來完全合法：有機器可以自動撥話給 TalkTalk 的用戶、員工也受過訓練，甚至有員工和顧客對話時要遵照的腳本。這兩位爆料者寄給我這些腳本的副本時，我發現內容幾乎和柯利森 18 個月前通話時聽到的幾乎完全一致。

腳本上什麼都有。客服中心的員工被要求如何提起事件檢視器，並且說服 TalkTak 用戶相信自己的電腦遭到感染，就像柯利森經歷過的一樣。他們會給一些指示讓用戶安裝遠端存取工具，也就是入侵柯利森帳戶並且竊取金錢的軟體。最令人毛骨悚然的是，腳本直接寫道若有人懷疑為詐騙時的應對方式。內容包含一份用洋涇濱英文列的回答清單，以應付起疑的客戶

可能會問的問題。第八點寫道：

「我為什麼要相信你？」

「回答：好的，我會提供您 TalkTalk 的帳號，您可以和收到的帳單比對……這是非常機密的資訊，除了 TalkTalk 和您之外，世界上沒有人知道這個帳號。」

客服中心的員工知道自己參與詐騙嗎？畢竟有一些徵兆：使用事件檢視器的人會馬上意識到這不代表電腦遭到感染，如果你告訴某人這表示遭到病毒感染，那就是在說謊。或許有些員工根本不在乎。在印度有工作做不是件容易的事，有不錯的薪水、額外獎金，還有機會踏入印度蓬勃的客服中心產業，有些員工開心得昏頭，不會多問。

這兩位爆料者堅稱不知道自己參與了犯罪。他們也很後悔對 TalkTalk 客戶所做的事，甚至提到有些客戶在通話時情緒激動。兩位爆料者還告訴我他們最近打了哪些電話，要我致電給這些受害者，警告他們不要上當。

兩位爆料者目前皆已不在客服中心工作了（為了充分公開，在他們與我聯繫後，我支付了其中一人 250 英鎊，作為確保他的安全所滋生的交通費和安置費）。後來又出現好幾位爆料者。最後有五人站出來，表示自己曾為這個集團工作；或

是受到這個集團的訓練；又或是認出可汗這個人。這些爆料者聲稱他們是看了我的新聞報導後，才發現自己是騙局中的一員。誰又知道呢？可能是真的吧。畢竟，在客服中心工作的每一個人都可以宣稱自己不知情，而這一切歸功於詐騙集團拆分營運的決定。

這個詐騙集團的營運巧妙地拆成兩個辦公室：一個在印度中部，也就是爆料者的工作場所；另一個則位於加爾各答。印度中部辦公室負責的是撥打電話並且說服客戶安裝遠端存取工具。等到上述步驟完成，電話就會轉到加爾各答的辦公室，這裡的騙子負責駭進銀行帳戶。這是由完全不同、人數較少且手法嫻熟的團隊接手。等柯利森的電話轉到「負責退款」的安德森這裡，也就是從印度中部的大型客服中心轉到較為小型的加爾各答辦公室。

對騙子來說，這個睿智的決定能一箭雙鵰：首先、第一間辦公室的低階員工負責重複的工作，也就是撥打電話，縮減人數後再交給小型且資深的團隊放手進行後續的詐騙。第二、降低了詐騙集團遭查獲的可能，因為知道整個計畫的人數削減。低階員工以為自己是為 TalkTalk 工作，因此不難想像他們為何沒有任何疑惑。由於他們沒有參與最後一階段的行竊，所以我們很容易視而不見。

然而有一個重大卻尚未回答的問題——這間詐騙客服中心從哪

裡取得客戶的相關資訊？這就是個人資料進入國際連結的系統後令人擔憂之處。

前面提過 TalkTalk 在顧客滿意度的排名很差，2011 年，TalkTalk 雇用一間印度的外包公司威普羅以協助改進。[11] 威普羅是一間全球有 17 萬名員工的大型公司，也是印度龐大且持續成長的業務流程外包（Business Process Outsourcing，簡稱 BPO）產業之一。這就是為什麼英國用戶每次致電英國公司卻都是印度腔的客服人員服務。威普羅延攬了許多英國公司的生意，這些公司據報大多對服務沒有什麼不滿。但從 TalkTalk 事件來看，這似乎不是真的。

2016 年 1 月，新聞開始報導有關加爾各答的逮捕行動。威普羅辦公室（負責 TalkTalk 用戶來電的地方）有三名員工因為與販賣 TalkTalk 客戶個資有關連而遭到逮捕。多虧 TalkTalk 的前員工、加爾各答的線人、英國公開的調查細節，現在故事的拼圖變得完整了。

威普羅負責 TalkTalk 客戶的員工能夠連上預約工程師服務的線上系統。英國客戶如果有技術性問題就會致電 TalkTalk，電話就會由加爾各答的威普羅員工接聽，然後幫忙預約工程師。問題在於威普羅的員工離開公司後，還是保有連到線上預約工程師系統的權限。密碼可以繼續使用，就算不在威普羅工作，還是能從網路登入，並且查看提出申訴的 TalkTalk 客戶資訊，包括電話號碼和帳戶資訊。

由於這項疏失，英國監管機構資訊專員辦公室對 TalkTalk 處以 10 萬英鎊的罰款（和前面提到的 40 萬英鎊不同筆），也證實有三個威普羅的帳戶用來竊取高達 2 萬 1000 名顧客的個資。[12] 遭竊的資訊隨後流到可汗和胡賽因手裡。根據認識這個犯罪集團但不希望身分曝光的可靠消息指出，存滿個資的記憶卡在加爾各答的派對上交易，隨後會送到爆料者工作的詐騙電話中心。這個犯罪集團當然也利用從其他公司偷來的資訊：爆料者說有其他人輪晚班，因此他們認為應該還有其他國家的受害人。

TalkTalk 的內部檔案顯示，公司在 2014 年 9 月就知道這個問題，但直到 2015 年 3 月才搞清楚詐騙是怎麼運作的。「確認威普羅代理商為嫌犯，」檔案寫道。公司努力想解決資訊外流的漏洞，可惜為時已晚，這些資訊已經落入騙子手中。

根據檔案內容，TalkTalk 也試著多次警告客戶。但顯然柯利森沒有收到警告，或是這些警告不夠有效。

在我調查 TalkTalk 遭駭的過程中，柯利森一直很有耐心地提供資訊，也給予鼓勵，還在給我的電子郵件結尾開玩笑地寫著「華生致福爾摩斯」。挖掘出這麼多騙子的資訊對柯利森來說可能讓她情緒得到宣洩，但這場犯罪帶來的影響遠比損失 5000 英鎊來得重大，而且她一直走不出來。

詐騙時，騙子說會派人到她家修復連線的問題。她深信犯罪集團的成員在她外出時曾到她家光顧。光是想到自己的名字

和住址在罪犯手裡,而且罪犯未來還可能會來她住的地方,這使得她待在家裡也無法放鬆。她說想過要搬走,遭到詐騙後的受侵犯感讓她終於下定決心搬到倫敦另一區。同時爆料者聲稱可汗和胡賽因正在著手設立第二個詐騙電話中心。

巴隆妮絲・迪多・哈丁已經離開 TalkTalk,目前任職於醫療服務與發展中心,不願接受本書的採訪。

TalkTalk 表示自己盡到努力保護客戶的責任。在網路攻擊事件後發起了「打擊騙子」的活動,以教育顧客。公司也表示現在積極阻擋每個月超過 9000 萬通的詐騙和騷擾電話。

即使多次詢問,威普羅仍舊沒有任何回應。

TalkTalk 遭駭對英國公司的影響再怎麼強調也不為過。全國上下的總裁看著 TalkTalk 的 CEO 在電視上不斷遭到拷問而眉頭緊皺。為了避免同樣的宿命,他們不僅加強網路安全,也口頭支持這個議題的重要性。

威普羅外洩個資及其伴隨而來的詐騙事件可能是一個較為極端的例子,卻也揭示了一個大的麻煩——全球個資產業的安全性。隨著數據驅動的企業獲利縮減,尋求降低成本意味著很多公司將數據儲存、資料處理以及顧客服務外包出去。

據傳業務流程外包產業光在印度就有將近 1500 億美元的產值,塔塔諮詢服務公司、印孚瑟斯以及威普羅等巨擘競相爭取機會。[13] 為了讓這一切可行,英國顧客的個人資料常被(以

虛擬的方式）轉存至海外的客服中心，威普羅公司的資料外洩也讓大家思考要如何維護個資的安全。

我和一名自稱前威普羅長期員工談過，他很驚訝會有這樣的漏洞。他形容威普羅是一間「過份注重」資訊安全的公司。他認為竊取數據並販賣的行動需要縝密的計畫。若是連這種規模的公司都會發生這種事的話，這表示任何一間公司都有可能會遇到，畢竟對手的意志如此堅定。此外，這些數據雖然量不大卻很有市場。

TalkTalk 事件讓人驚奇的點在於犯罪集團竟然用這麼少的成本賺到這麼多錢。在某些案例中，犯罪集團有的只是受害者的名字、電話號碼和帳號。上百萬筆的資料可以儲存在如同指甲差不多大的記憶卡裡，而駭客就是有辦法點石成金，化這些數據為有利可圖的詐騙，規模大到設立好幾個客服中心。個資有賺頭、受歡迎而且難以保護。

當然，拿得到這些資訊是一回事，有辦法使用又是另一回事。在印度竊取 TalkTalk 客戶紀錄的惡棍很幸運，有一群罪犯剛好在同一個城市，他們樂於購買並利用這些資訊。如果你住的地區沒有這種惡棍或更可能的是，你根本不認識這樣的人呢？我們在工作上難免會接觸到對某處的某人來說有價值的機密資訊。洩漏這樣的資訊並獲利有多容易呢？

拜網路所賜，這的確很簡單。

表面上，Intel Cutout 看似一個正常的網路論壇。有各種主題的討論區，上千名用戶聚在這裡熱烈地討論。唯一不同的是討論的話題：Intel Cutout 對駭客、洩密者、各類數據的交易者來說是天堂。一度，有些人張貼了似乎是臉書資深員工的住址、電子郵件、私人電話號碼，包括創辦人馬克·祖克柏的。

這些資訊通常是免費供大眾使用的，論壇用戶只是指點一下正確的方向，提供可以下載的連結。這類論壇販售公司的內部數據，而瞄準 TalkTalk 顧客的印度詐騙集團也證明了這多有賺頭。

2018 年，科技安全公司 Digital Shadows 記錄了一位名為 cys 的用戶在 Intel Cutout 上的貼文，標題為「出售企業內部權限」。這名用戶還附上一些連結證明他所說為真。「這是一家抵押貸款公司，」這名用戶說。Digital Shadows 無法證實這是否為真，不過這只是在多個網站上發現販售公司權限的其中之一，其他的從銀行到藥商應有盡有。[14]

最初的 Intel Cutout 網站被警方發現了一個編碼上的漏洞而發動攻擊，因此瓦解了。現在網站又起死回生，名稱標註為「Intel Cutout Reloaded」，現在的站主（前一個版本也是由他經營）透過加密訊息匿名和我對談。「這個網站很難纏，」他寫道。「不管怎麼攻擊，我們還是會捲土重來。我希望新版的 Intel Cutout 能比以往更好。」

我詢問有關販賣公司數據的事，包括敏感的客戶資訊。他

堅稱這些數據本來就是公開的,他的網站只是指點明路而已。他還辯稱這個網站:「揭發政府貪腐。這對我們來說是很重要的,人民有權知道國家領袖在背後搞什麼鬼。即使靠自己也能找到這些資訊,我們只是讓過程變得更簡單而已。」

很難判斷這樣的主張是否為真。我看了這個網站的「爆料政府」討論區,這裡完全被娛樂性藥物的廣告洗版,還有一則(極有可能是假的)廣告,內容是提供刺客服務,價格從一萬美元起跳。

再生版的 Intel Cutout 也聲稱就算個資賣出,他和其他負責網站營運的人也沒有因此獲利。「我們是非營利的網站,」他寫道。「想賣什麼都可以,我們並沒有從中獲利。金錢會腐化我們的價值觀。」

這是一個經營惡意數據網站的人說出的驚人言論,因此我說:「你談到價值觀的敗壞,我想很多人會感到困惑,畢竟是你創建了這個竊取資訊的交換平台。」

「我們堅守的價值在於自由言論,」他回答。他表示一旦資訊遭駭,最終不可避免地一定會公開。「如果有人拿到這樣的數據,那數據的源頭一定已經遭到外洩,所以不論如何一定會在某個地方公開。」

再生版的 Intel Cutout 站主或許沒有靠這個網站賺錢,但是有些用戶肯定有。從某些方面來看,再生版的 Intel Cutout 背後運作機制和驅動電子商務的先驅 eBay 很類似。

在像 eBay 這類線上拍賣網站出現之前,賣東西取決於能不能找到實體的市場。eBay 創造了包羅萬象的全球市場渠道,還販售那些以前大家覺得沒有價值的商品。突然間,車庫角落裕隆 Micra 車款的輪圈蓋可以變現了。錢是不多沒錯,但至少可以賣。幾乎什麼都可以標價放上網。

同樣地,以前沒什麼價值的個資現在也有了價值,還可以在 Intel Cutout 這類網站上輕易販售。比如說,密碼清單,若沒有其他資訊,這樣的清單似乎毫無價值,但事實並非如此,按照順序排列的密碼清單,可以讓潛在的駭客輕鬆找出最常用的密碼組合。如果駭客嘗試駭進某人的帳戶,就可以從最常見的密碼開始試,一路照著清單試下去。

Intel Cutout 和其他相似網站販售的商品和 eBay 上賣的商品唯一一個最大的不同點在於——駭客賣的是數據,而非實體商品。因此,我們不太知道要怎麼估算價值。直到現在,我們普遍的認知為:原物料的價格和商品的稀有性有關。旱災時,作物的價格會攀升;產油國限縮供應時,油價也會上漲。黃金之所以昂貴就是因為量少,開採也不易。

數據跟這些商品不同。數據不是有限的,首先,數據幾乎是無止盡的不停產出。根據傳統的稀缺性模式,應該是數據越多,價格就會越低。數據奇怪的地方在於,如果數據的片段和另一個數據片段有關聯,價格就會隨之上揚。數據產出越多,就越有價值。

　　跟簡易的思維實驗一樣，想像一下我要建立一個社交網絡的網站。我想要販售這個網站上的廣告欄位，例如一個廣告賣10英鎊，可是廣告主要確定我的網站至少有兩個人受到廣告吸引，才會付費購買。所以我邀請兩個最好的朋友一同加入網站。其中一個人喜歡起司，另一個喜歡摩托車，這很難勾起廣告主的興趣。不過他們兩個剛好都喜歡爵士樂，因此我至少可以用10塊英鎊的價格把廣告欄位賣給爵士樂的唱片公司。

　　接著這兩個朋友再拉兩個人加入我的網站。新加入的兩人之中，有一人喜歡起司，另一人喜歡摩托車，而且這兩名新成員剛好都喜歡雕花皮鞋。因此現在我可以把廣告欄位賣給起司製造商、摩托車品牌、鞋店，還有爵士樂唱片公司。這樣就能賺進40英鎊。網站的成員加倍，可是當我計算這些數據賺進的總金額，發現我賺的錢是原本的四倍。

　　這就是所謂的「網絡效應」（network effect）。數據片段和數據之間的關聯性是新興資訊經濟的基礎。簡言之，這表示數據的價值不是線性成長，而是指數性增長。

　　如果想知道這是怎麼大規模進行的，看看推特。從本質上來看，公司擁有的是用戶的推文和用戶之間的關聯性，這卻價值280億美元。

　　對大多數人來說，數據的價值很難理解，因為我們生長於原材料之價值與供需相關的體系。這也解釋了為什麼儘管TalkTalk的案例（沒錯，這個案例很極端）揭示了輕易交出

個資所帶來的後果有多嚴重，我們仍舊死性不改。對我們來說，這些數據的片段看起來可能一文不值，因為我們大多沒有意識到靠蒐集這些資訊的公司有多少，這些公司還找出資訊之間的關聯性，一手一手地販賣。一如以往，科技迷遙遙領先我們，駭客也不例外。他們早就看到將竊取來的數據結合起來的好處。舉例來說，想像一下，如果印度的騙子拿到的不只是遭竊的 TalkTalk 顧客姓名、電話號碼、帳號，還有一份電子郵件信箱清單以及 55 歲以上英國人最常用的密碼，會是什麼情況？這就是再生版 Intel Cutout 所經營的市場，全球網路罪犯盡可能取得大量的數據，用千奇百怪的方式把這些數據之間的關聯化為金錢。

當然，再生版的 Intel Cutout 和其他類似網站可能在許多國家中都違法。這些網站讓竊取來的數據成功交易，而且網站負責人絕對一清二楚。你可能會自問，這種網站怎麼會存在？答案是這種網站不會出現在大多數人使用的全球資訊網。再生版的 Intel Cutout 和其他類似網站躲過大多數人的目光，存在於陰暗卻迷人的網域，也就是俗稱的「暗網」。

這是罪犯、藥頭、數據賣買人士的天堂，也是自由戰士、記者、爆料者的重要工具。暗網的存在歸功於線上隱形斗篷的誕生。那些躲在背後的人的所作所為影響了全世界。最令人驚奇的或許是，這個隱形斗篷是由美國軍方設計建造的。

第六章

超越暗網

全球資訊網於 1990 年代蓬勃發展時，有一群人饒富興味地看著。美國政府的軍事與情報專家一直都知道運用軟實力的新科技價值——從 1940 年代建立美國之音電台到冷戰期間走私反蘇聯的手冊可見一斑。[1] 不過，這些專家對於通訊科技的興趣已經超越了政治宣傳的範疇。間諜行動通常仰賴安全傳遞資訊，就像經典的詹姆士·龐德情節一樣——潛入反派基地，複製機密計畫，驚險地逃脫後再把檔案交給頂頭上司。少了瓦爾特 PPK 手槍和座駕奧斯頓馬丁的話，龐德基本上就只是個有犯罪天賦的 FedEx 司機。

有些美國軍方和情報人員用這樣的視角來看待新興的網際網路，認為網際網路有潛力讓這個領域的幹員和指揮官聯繫。但是間諜遇到一個問題——由於網際網路和全球資訊網的運作方式，網際網路初建時就保密的功能來說非常糟糕。

前面有一章提到網際網路和全球資訊網是兩個獨立但相關的科技。網際網路先出現，讓全球電腦能夠像蜘蛛網般彼此

連結。若有任何一台中繼電腦出狀況，還會有其他路徑彼此連通。為了讓這個系統運行，每一台電腦都要有一個獨特的位址。電腦間彼此傳遞資訊就是靠 IP 位址來判斷資訊要往哪裡傳。因此，在這個系統中，負責傳遞訊息的每個人都要看得見電腦的 IP 位址才行。

舉例來說，如果我想瀏覽 BBC（英國廣播公司）的網站，我的電腦就會向網際網路供應商送出申請，其中包含了我的 IP 位址和 BBC 網站伺服器的 IP 位址。網際網路供應商可以看到兩邊的位址，寄送我申請瀏覽 BBC 網站的中繼傳遞電腦也看得到。當 BBC 回傳網頁給我時，也看得到我的 IP 位址，所以才知道要把網頁內容傳送到哪裡。

這就是間諜覺得很有問題的地方。試想一下，如果我是一位 CIA 探員，正在瀏覽一個討論恐怖主義的網站。我完全不希望路人甲、路人乙、路人丙在中間經手我的申請還看到我的位址，這樣我的 CIA 身分可能會暴露。除此之外，我真的、真的不希望恐怖主義網站的站主看到。

美國人想出的方法真的很天才：既能使用現有的網際網路，又能隱身在其中。這個方法很優雅、強健且易於部署，可是將會創造出一個地下世界，反而對於本來應該保護的社會造成幾百萬美元的經濟損失。因此，這對美國政府來說進退維谷，一個單位投注資源在新科技上，結果卻讓同一個政府的另一單位頭痛得不得了。因此，美國軍方即將釋出暗網。

　　首先，他們創造了一個特別的瀏覽器。看起來就跟Chrome 或火狐這種一般的瀏覽器沒有兩樣，但是背後的運作完全不同。如果用這樣的瀏覽器申請造訪某個網站，瀏覽器會用三層的加密包覆。

　　請求端到第一層中介（intermediary，好比說網際網路的提供商）的時候，第一層的加密就會移除。不過，這不會暴露你的 IP 位址或是最終索取的資源為何，只會設定鏈結中的跳轉（hop）。

　　下一個中介可以解開第二層的加密。同樣地，這也不會暴露你所索取的資源，只會設立跳轉。

　　第三層中介會解開最後一層加密，也就是目的地位址，所以請求端的要求能夠到達響應端。不過，重點在於響應端跟最終中介都不知道請求端來自何處。

　　總而言之，鏈結中的第一層知道請求端來自何方，但是不知道目的地位址為何；鏈結中的最後一層知道你的響應端為何，但不知道請求端為何；中介端則是不知道響應端，也不知道請求端為何。每一層都只知道片段，不知道全貌，所以瀏覽器的使用者可以匿名使用網路。

　　這種三層加密的科技稱為「洋蔥路由」（onion routing），由於層層加密像洋蔥一樣而得名 ，是由美國海軍研究實驗室（Naval Research Laboratory，簡稱 NRL）自 1995 年開發的。[2]NRL 在新科技的領域耕耘已久，成就也很卓越，從

核武到全球定位系統（GPS）都有 NRL 的參與。[3] 他們的員工
不一定都來自軍方，也有數學家、物理學家這類的一般民眾。
想出洋蔥路由的團隊也是一樣的背景。他們研發出的這個系統
意味著間諜和其他人可以利用網際網路基礎建設設施，同時避
開適用於每一位網路使用者的監管。

　　然而，還是一樣有麻煩。使用這種三層加密的瀏覽器，反
而會讓管理網路流量的人注意到你。中介電腦及其所有人很容
易就會發現特殊之處，並且格外仔細檢視。就算中介無法立即
破解加密，還是可以慢慢解密，這正是美國軍方不樂見的。

　　簡言之，美國情報員發明了最高品質的數位斗篷來隱身，
但是這個斗篷是耀眼的螢光色，以至於大家都發現了。但如果
每個人都披上螢光色的斗篷呢？那麼就很難發現間諜的蹤跡
了。如果 NRL 讓大眾接受這種螢光色的洋蔥路由，那麼情報
員就可以混在其中不被發現。為了達到這個目的，美國海軍的
科技專家就會需要夥伴一起散布這個消息。諷刺的是，這一切
要感謝美國政府數十年來的眼中釘——約翰‧佩里‧巴洛，也
就是死之華樂團的作詞人、網路自由主義者、電子前哨基金
會（EFF）的共同創辦人。這就是 NRL 尋求散布線上隱形斗篷
相關訊息的團體。聽起來很瘋狂但其實不然，EFF 支持言論自
由、捍衛隱私，NRL 創造出的科技經證實，在保護全球資訊網
上的爆料者和異議分子方面是無價的，更不用說能夠防止一般
網路使用者受到無所不在的網路監控（不僅是商業還是政府方

面）。儘管如此，我們也只能想像早期的會議應該是華盛頓來的 NRL 科學家和舊金山來的 EFF 人士齊聚一堂的畫面。

兩個組織攜手合作，在 2003 年公開 Tor 的編碼，也就是三重加密的洋蔥路由系統變得知名的時期。他們也讓這個編碼受到大眾持續檢視。這個所謂的「開放來源」策略是一項相當關鍵的決定，這能消弭一些無可避免的懷疑，就是美國軍方發明的隱私技術一定會受到某種程度的國家監督。負責監督該軟體的「Tor 專案」積極邀請宅宅們找出編碼中的問題並且提出，確保這個系統受到信任。根據這個專案的計算，約有二百多萬人使用 Tor 瀏覽器，放心造訪網站而不用擔心遭到監視。[4] 包含中國、伊朗等集權政體的人民也用 Tor 造訪政府想要審查的網站；記者則是用 Tor 處理較為敏感的消息來源。

截至目前為止，看似一切美好，但這並不是大多數人聽過的暗網故事。那麼毒品、槍枝、虐待兒童、金融犯罪呢？如果暗網對躲避審查和監視是如此有價值的工具，為什麼暗網還如此聲名狼藉？這是因為 Tor 的開發者在早期實驗時就內建的一個功能。

使用 Tor 瀏覽器不僅能祕密瀏覽 BBC 和 CNN 這種正常的網站，還能讓人造訪只能用 Tor 瀏覽的網站。如果用一般的瀏覽器造訪這些網站，就會出現錯誤訊息，因而無法瀏覽網站內容。由於這些特殊的網站會檢視使用者是否用 Tor 瀏覽，如果不是，就看不到網站內容。大部分的網站都希望被搜尋到，所

以會確保 Google 這類搜尋引擎能夠找得到它們。暗網的站主則相反。這些網站提供的是匿名服務，也就是我們一般聽說用來交易毒品、槍枝、兒童遭性虐照的那種暗網。

如同網際網路和全球資訊網分屬兩個不同的層級，暗網也是。三重加密的洋蔥路由系統讓你能造訪一般的網站同時躲過監視，也讓使用者得以瀏覽暗網。這種一體兩面的設計對支持 Tor 的人來說很頭痛，他們盡所能強調躲避監視的洋蔥路由對公民自由的重要性（例如匿名洩密平台 SecureDrop 靠 Tor 讓全球新聞機構的記者和線人能互相聯繫），[5] 但是媒體（包含我在內）也常常提到暗網是犯罪的溫床。

奇怪的是，事情不一定非得這樣。NRL 完全有可能創造出一個反偵察的洋蔥路由，且不碰能打造出暗網的功能，完全可以只創造出哲基爾（Jekyll），不要變出海德（Hyde）＊。

那 Tor 的開發者為什麼這樣做？

保羅・西弗森是目前仍持續發展的洋蔥路由原始團隊成員之一。他依舊任職於 NRL，但不是純軍事背景那種。檔案照中的他穿著無領襯衫、蓄著鬍鬚，看起來個性活潑。他的電子郵件結語用的是「aloha」，跟我通話時，他給人一種很好親近的感覺，充滿對編碼的熱情。和他交談時，讓人覺得海軍與 EFF 之間的會議似乎也沒那麼詭異了。

＊哲基爾和海德：出自小說《化身博士》（Strange Case of Dr Jekyll and Mr Hyde），用於形容有雙重特質、善惡一體的人和事。

　　我問西弗森為什麼他們會創造出匿名服務的網站，畢竟這種網站很顯然會成為犯罪的領地。他列出一些有利的技術因素，這一點尤其有說服力：如果沒有匿名服務，有時就必須「跳出」Tor，進入公開的網路，這時就更可能再度受到監視。如果用 Tor 隱藏目的地的網址，你就永遠可以保持神祕。然而他又給了更具哲理、更耐人尋味的原因：

　　　　每次新科技出現，遊走在社會邊緣的人通常會比較早開始使用。

　　　　我記得曾經讀過，二十世紀早期底特律的警察因為罪犯擁有一項科技而非常不安。每當警察到達犯罪現場時，罪犯早就逃之夭夭了。他們把這種有效且新型的科技稱為「汽車」，但是警察沒有這種科技。

　　還好他的論點是我們沒有因此禁止使用汽車。

　　西弗森的論點有一個顯而易見的問題，由於其前提為科技總是中立的。要是車子可以遮住車牌，讓監視器拍不到，而且還能自動刪除遺留的 DNA 呢？如果你所創造的科技是為犯罪量身訂做，那麼科技是中立的論點又怎麼站得住腳？更出人意料的是，西弗森和 Tor 的同事還用人性來打賭。他們相信一開始使用這項科技的人可能會用於反社會的行動，但是最終人性還是善良的。

從這個視角切入，暗網簡直就是人類行為的大型實驗。我們得到政府資助的頂級隱形斗篷，讓我們在網路空間不用擔心受罰、充分表達意見，似乎不必害怕會受到批判。我們用這種隱形能力所做的事代表了我們、代表了人類，就像我們把這個能力應用在科技上一樣。有選擇的自由而且不受監督，你的內心深處想要當好人還是壞人？

就像你即將看見的，接下來幾年暗網革命創造了新科技，也激起了道德層面的論證。

多年來，暗網默默地發展。但是在 2011 年中突然躍上全球新聞版面，這全是因為一個象徵極度網路自由、犯罪狂歡、警察腐敗的網站。這個網站讓暗網變得廣為人知。

2011 年 3 月 11 日，一則匿名貼文出現在一個討論比特幣的論壇上：

> 大家好，絲路（Silk Road）開戰（原文誤植，應為「開站」）已經第三週，我對成果感到很開心。買家和賣家都談到了彼此滿意的價格，到今天為止，已經完成了 28 筆交易。[6]

對一個即將成為世界最大的暗網交易市場，這樣的成果並不是那麼起眼，絲路最終會成為每個月有 4 萬筆交易的暗網

平台，還會攻佔世界各大頭條版面。

　　絲路是兩個極新型科技交織而成的突破性暗網網站，而且剛好在絕佳的時間點出現。暗網創立了一個可自由使用的匿名網路發表系統，由於加密的掩護而無法可管；而比特幣似乎為使用者提供了一個同樣隱密的付費方式。正如信用卡導致了網路的爆炸性成長，比特幣也加速了絲路的擴張。

　　我在 2011 年 8 月造訪網站時，這裡已是一個蓬勃發展的非法交易社群，大多為兜售毒品。看起來像是 eBay 或 Amazon 的翻版，只是沒那麼有質感。暗網的網站通常用的是和正常網站一樣的架設法，整體看起來也沒什麼不同。網頁左側是產品清單，分成不同種類的藥品：興奮劑、鎮靜劑、游離藥品。為了報導，我安裝了 Tor 以便探索絲路，也很快開始瀏覽其他暗網網站。正如之前解釋過的，這一點都不簡單，一般的搜索引擎在暗網上無法運作。連到其他暗網網站的連結在論壇的討論串中分享，堪稱網路版的口耳相傳。

　　我在版上潛水，感覺好懷舊，這就是以前全球資訊網的模樣。1990 年代末，我曾在一家網路公司工作，那時 Google 還不為人所知。儘管那時全球資訊網快速擴展，還是讓人有一種靠網頁上的連結就能在一、兩週內，一個一個逛完所有主要網站的感覺。後來幾年，全球資訊網大爆發，現在我完全無法想像沒有搜尋引擎的生活。搜尋引擎就像是我們和網路世界的中介，不太可能靠自己在浩瀚的網路世界中遊走。相較之下，

暗網像一個小型、邀請制的俱樂部，搜尋起來很刺激。

　　儘管如此，我們針對絲路的新聞播出後，我和許多人一樣認為，暗網和比特幣是瘋狂的非主流實驗，注定會失敗，但是我又錯了。

　　與此同時，絲路已經大幅擴展，不只記者會來這裡找消息，其他人也會。

2011 年 6 月，美國的民主黨議員查爾斯・舒默舉辦記者會，抨擊絲路並呼籲當權機關查封絲路。[7] 最終，取締這個網站花了兩年半的時間，以及不同執法部門的參與，但到那時已經覆水難收了。

　　絲路則聲稱自己有存在的必要。絲路的支持者提出毒品所帶來的傷害大多來自兩個來源：一、販毒集團的暴力；二、毒品遭到汙染或是沒有按照準則販售（例如安全劑量）。線上交易化解了第一個問題，由於買方和賣方不會見到面，當然就不會有暴力行為發生。寄送毒品的服務由於包裝仔細，完全看不出內容物為何，也出奇地令人滿意。絲路也提供了毒品遭到汙染或與販售商品不符的解套方式，這全歸功於合法電子商務的一個特點。這個網站的用戶可以留下對賣家的評論及評分，就像 eBay 這樣的網站一樣。用戶可以申訴不好的購物經驗，因此能夠剔除惡質賣家。一登入網站，潛在買家就能點選賣家的檔案，立即檢視賣家的評分星等以及有關產品品質的評論，另外

還有一個隱僻的評分——產品包裝是否夠完善，以避開寄送稽查。網站的論壇上甚至有醫生化名為「X醫生」提供安全建議（結果他竟然是一位和藹的西班牙醫生，專門收治吸毒者）。[8]

當然，絲路所提出的減低損害論點就只是這樣。第一、他們忽略了在販毒鏈前端發生的暴力行為，從罌粟田的奴隸到造船廠的敲詐都是問題。第二、傷害也不只是因為混裝不善或是管理不妥，即使是頂級的海洛因，就算劑量正確還是很可能會毀掉你的生活。

儘管如此，對使用者來說，絲路用上述言論獲得了大眾的支持。除此之外，絲路的領導人——恐怖海盜羅伯茲（Dread Pirate Roberts，簡稱 DPR）充滿個人魅力也是原因之一。

這個名字本身就充滿了神祕的故事感。它取自 1987 年的奇幻電影《公主新娘》（The Princess Bride）中的一個角色。根據電影劇本，恐怖海盜羅伯茲是海盜代代相傳的一種身分——多人共有的不朽之身。

這個名字暗示絲路的使用者，也極可能是暗示執法機關，這個巨大的線上市集並非單靠一個人，而是靠一個不停進化的營運團隊經營。事實上，絲路的確是一名男性所創。此外，他深信自由主義的理想，並且用以捍衛毒品的交易。但隨著生意越做越大，他逐漸捲入充斥暴力、無法無天的毒品交易世界。根據網站的內部人士表示，海盜羅伯茲沒多久就拋棄自由主義的信念，擁抱黑社會冷血的信條。

在該網站發展初期，一位名為 Chronicpain 的絲路用戶就開始幫海盜羅伯茲做事。真實生活中的 Chronicpain 本名為柯蒂斯‧格林，是一位胸膛厚實、笑聲很有感染力的美國人，他似乎很樂於分享自己與這個網站之間的戲劇性故事。他屬於某一群我曾採訪過的特殊網路罪犯——這些人無庸置疑和一些不良企業有關，卻一路順遂，自信心滿滿，絲毫不受到任何影響，最後還靠著這些經歷找到正當工作。

格林說他加入網站是因為他對減少毒品傷害有興趣。他表示自己只提供技術方面的協助，從未獲得查閱帳號的權限。儘管如此，他仍是這個急速擴張犯罪企業的管理人。在 FBI 看來，Chronicpain 是網站營運的資深成員，也將他視為進入絲路的一個潛在入口。

2013 年 1 月的某個早晨，格林打開門，收下一個看似郵差送來的包裹，但是他很快發現包裹裡裝著一公斤的高純度古柯鹼。格林宣稱自己沒有訂購，可是基於他收下非法毒品，FBI 幹員旋即衝了進來，將他帶回審訊。面對沉重的刑期，格林同意要和聯邦政府合作，可是有一個問題——警方訊問得太久，格林離開絲路的職位有一段時間，恐怖海盜羅伯茲已經開始起疑了。同時，某人開始從絲路的客戶基金竊取比特幣。DPR 認為 Chronicpain 背叛他（是背叛沒錯，但不是這個原因），決定將他滅口。對於一個擁護暗網毒品交易為暴力解決方案的人來說，這是一個令人吃驚的轉變。

　　DPR 把殺人任務交給另一位和他關係還不錯的顧問 Nob 安排。Nob 也是這個網站的資深管理員，在 DPR 應付網站上的詐騙者和攻擊者時為他提供諮詢。Nob 聲稱認識黑社會的人。一開始 DPR 要他找人給 Chronicpain 點教訓。但隨著疑心病發作，DPR 認為需要採取更激烈的行動。他寫了一串訊息給 Nob：

　　　　好，可以把嚇嚇他變成直接殺掉他嗎？

　　　　我從未殺過人或要求殺人，但這就是現在該做的。

　　　　多少錢？

　　　　大致的數字？

　　　　10 萬美元以內？[9]

　　Nob 答應找個人來完成任務。但出乎意料的是，Nob 根本就不是個有黑社會人脈的毒販。他其實是美國緝毒署的臥底，是圍捕與滲透絲路的專案小組成員之一。

　　FBI 現在頭痛了。Nob 已經承諾會完成任務，DPR 要求提供照片為證，這下只能靠執法人員偽造格林的死亡了。

　　「他們用了水刑，」格林回憶道。「不過是假的，我猜你大概認為這只是泡泡水，不過我真的很有陰影。即使是假的，你還是要在場了解情況。」他接著說，

基本上，他們拍下殺害我的照片。後來，他們發現沒拍到我的死亡照片，所以我和妻子在家拍攝我假死的照片。我在身上潑了一些湯，看成像嘔吐一樣。整個看起來很逼真，然後我用奇怪的姿勢躺在地上，半睜著雙眼，看上去就像真的死了一樣。這些照片真實得令人反感。

有了格林的加入，FBI 成功將絲路的要員納入麾下。參與這項行動的執法部門眾多，也逐漸接近背後的神祕老闆。然而，圍捕恐怖海盜羅波茲最終還是難逃網路生活的一個基本準則：網路永不遺忘。

對人類來說，時間和關聯性密切相關。一般的事件隨著時間過去，對我們來說就變得沒那麼重要。電腦卻不是這樣思考的，時間不過是就是一個資料欄位而已。對機器來說，多年前做的事或說的話，不管對我們多麼無關緊要，就跟上一分鐘才發生一樣。更重要的是，這些訊息都可以馬上找回來。我們都曾犯錯，都有我們覺得羞愧的時刻，還有想遺忘的過去。但是隨著世界數位化，我們讓過去成為過去的能力減退了，這對絲路背後的男人來說，後果頗為慘烈。

距離終將查封世界最大的暗網網站行動發生前幾年，2011年 1 月一位名為 altoid 的用戶在一個線上毒品論壇貼文，將讀者導向一個有關絲路的部落格。幾乎可以肯定這是網路世界第

一次提到這個絲路。FBI 找到這則貼文，開始搜尋同一名用戶的其他貼文，結果發現了同年稍晚的另一則貼文（諷刺的是，這則貼文是徵求 IT 協助）。這次的貼文附上了電子郵件信箱，altoid 要人寄信到 rossulbricht@gmail.com 與他聯絡。[10]

FBI 祭出搜索令要求 Google 提供登入這個郵箱的 IP 位址，結果發現多次登入的地點皆在舊金山山胡桃街一間網咖（世界最大的暗網網站站長似乎沒有用 Tor 這個暗網軟體登入 Gmail 帳戶）。同時，FBI 又獲得了一條新線索。他們瀏覽了絲路，重刷了頁面好幾次，分析網站的編碼和 Tor 的連線，希望能找到蛛絲馬跡。靠這種刻苦的過程，他們終於找到儲存絲路網站的電腦伺服器所在地。他們申請這個伺服器內容的副本，得到了豐富的資訊。

絲路的站長靠虛擬私人網路（Virtual Private Network，簡稱 VPN）謹慎地登入伺服器，藉此隱藏使用者的真實位置。FBI 傳喚這間 VPN 公司，發現紀錄（儘管絲路站長曾嘗試刪除）顯示登入位置為拉古納街，距離山胡桃街 150 英里，也就是前述登入 Gmail 的地點。

FBI 針對嫌犯的偵查即將收網。

但是拼圖的最後一片，如警察總掛在嘴邊的：「最終還是得靠警方扎實的傳統調查方式」。2013 年 7 月，美國海關攔截了從加拿大寄來的包裹，內容物為偽造的身分文件。收件人為舊金山的羅斯‧烏布利希。恐怖海盜羅伯茲的真面目終於揭

曉。執法機構確認了他的姓名，更重要的是，連住址都有了。

躲在絲路大老闆人設背後的他是二十九歲的烏布利希，一位陽光、聰明又帥氣的年輕人。他在德州的奧斯丁長大，畢業於州立大學的物理系。在一則顯然於絲路創立前錄製的線上影片中，他侃侃而談想要改變世界的渴望。這是他一定會達成的目標，但肯定不會是用大家期望的方式達成。

根據 FBI 在烏布利希逮捕後公開的檔案，於 2011 年 2 月到 2013 年 7 月之間，在絲路上完成約 120 萬筆交易，涉及近一百多萬名用戶。以烏布利希遭逮時比特幣的價值來看，這個網站的營收約為 12 億美元，並賺進 7980 萬美元的佣金。[11] 恐怖海盜羅伯茲身處既龐大又賺錢的毒品帝國中心。

警方開始監控烏布利希於舊金山的住家，發現他會去當地的一間圖書館。突襲逮捕似乎是個簡單的選項，不過為了罪證確鑿，執法機關必須趁烏布利希以「恐怖海盜羅波茲」的身分登入絲路的伺服器時，來個人贓俱獲。不過這有很大的風險，烏布利希對電腦做了變更設定，只要蓋上筆電，內容就會加密。如果烏布利希有幾秒鐘的時間發現自己將遭到逮捕，他就可能會毀掉證據，讓警方幾個月來的努力化為烏有。

2013 年 10 月 1 日，FBI 的臥底探員跟著烏布利希進圖書館，其中一名幹員坐在他對面，看著他打開筆電登入。這時，烏布利希因為兩名閱覽者（其實這兩人也是臥底）大聲爭執而分心。坐在對面的臥底幹員立即扣押烏布利希的筆電，交給另

一位同事，筆電螢幕維持解鎖的狀態，顯示烏布利希登入了恐怖海盜羅伯茲在絲路上的帳號。[12]

2015 年 5 月 29 日，羅斯·烏布利希因散布毒品、參與犯罪組織、駭客行為、洗錢、交易偽造身分文件等罪名遭判處終生監禁。[13] 他的媽媽四處奔走想讓他出獄，聲稱能夠洗清冤屈的證據完全沒有呈堂供證，而且兒子的刑罰不符合比例。最終柯蒂斯·格林服刑兩天，附帶四年的獄後監督（supervised release）釋放。然而，並沒有針對烏布利希買兇殺人的行為判刑。

取締絲路之後還有相當精彩的番外篇。在烏布利希判刑後幾個月，另一個法庭也有庭訊。這次嫌疑人為卡爾·佛斯，他是緝毒局的臥底。他偽裝成 Nob ——在絲路假扮和黑社會有關係的毒販，也是安排「處死」柯蒂斯·格林的人。藉著臥底的身分，佛斯簡直無法無天。不只從網站偷走了 70 萬美元，敲詐烏布利希好幾萬美元，還用另一個線上身分販賣執法機關針對絲路的行動資訊給烏布利希。

除此之外，根據美國司法部：「佛斯承認自己和二十世紀福斯影業簽署了一份 24 萬美元的合約，內容是關於一部描寫政府調查絲路的電影。[14] 他和另一名特勤局幹員肖恩·布里吉斯分別遭判六年有期徒刑。布里吉斯從絲路的金庫偷走了 82 萬美元。[15] 這起跨部門調查行動耗費了數年，取締一個自認為凌駕法律的犯罪網站，這樣的結尾可不太光彩。

　　絲路的故事中有一個令人驚嘆的部分，在我寫這本書時，尚未有任何改編自這場調查的好萊塢電影。但在真實生活中，烏布利希才剛遭到逮捕，絲路的再生版就開始了。

　　原版的絲路遭剿才一個月，絲路 2.0 就上線開始營運了，新的站主保證絲路 2.0 的安全會更新、更進階。事實證明這個保證太過草率，新的站主於 2014 年 11 月遭到逮捕，不過這仍舊阻止不了層出不窮的模仿網站。執法機關已經砍下海德拉＊的其中一顆頭，但是絲路的名氣仍舊讓接替者前仆後繼。

　　雖不能用傳統的搜尋引擎找到，但新市集的連結開始出現在討論暗網的論壇。絲路賺進上百萬佣金無疑也是一種推波助瀾，一堆新的暗網網站競相爭取霸主地位，包括黑市重裝（Black Market Reloaded）、綿羊市場（Sheep Market）、進化（Evolution）、俄羅斯匿名市集（Russian Anonymous Marketplace）等數十個類似網站。這些網站的頁面幾乎和絲路完全一樣，畢竟又不是要比誰的設計華麗，而是要爭一件更重要的事——信任。接下來幾年暗網不斷變形，信任成為網路罪犯與警方之間的攻防戰。

　　許多絲路的原始用戶在心底是信任恐怖海盜羅伯茲的，他充滿自信的領導風範讓用戶覺得網站很安全。絲路存在越久，

＊海德拉（Hydra）：為希臘傳說中的九頭蛇，據說若將其中一個頭砍下，就會又長出兩個新的頭來。

他的論點就越有說服力。然後，烏布利希就被捕了。暗網的使用者不會再信任某一個人的能力（或是人格特質）；使用者開始要求可靠的方法來解決犯罪型暗網網站一直以來面對的基本問題：在惡棍聚集的世界裡，要怎麼建立交易最基本的信任？

這些網站想出的系統再一次借鏡合法的電子商務網站。除了使用者的評論，暗網市集也採用第三方保證系統（在絲路上首次試用）。買家和賣家同意交易後，錢會先付給屬於暗網網站的比特幣錢包，交易完成後才會撥款給賣家。這是 eBay 這類網站提供的「退款保證」（money back guarantee）改版。這讓地下網站手邊有充足的營收，它們可以從託管交易中收取一定的比例。

在暗網蓬勃發展時，交易不僅限於非法藥品和竊取的資訊。由於匿名，暗網成為戀童癖的天堂，不過很少人知道兒童性虐待的規模，直到 2015 年，樸茨茅斯大學的研究團隊著手調查暗網世界的概況才讓大家有所了解。該研究團隊報名成為肩負暗網流量的電腦之一，也就是所謂的「節點」（node）。這種節點沒有所謂的審查程序，只要安裝正確的軟體、等得夠久，就會發現自己成為暗網流量的渠道。當資訊流經研究人員的電腦，他們漸漸拼湊出組成暗網的隱藏網站。

等研究人員整合手邊所有的數據，得出了令人不安的結果。他們表示，80% 以上的暗網流量導向某些網站，而這些網站的名稱讓研究人員懷疑是用於販售性虐內容，而其中大多與

兒童有關。[16] 對首席研究員加瑞斯‧歐文森來說，這樣的發現讓人很不舒服。

　　一開始我們覺得可能會發現的是暗網的使用大
多符合其所聲稱的躲避審查。我們甚至懷疑毒品大概
是至今最熱門的欄位了。我們知道也有一些虐待兒童
的網站但完全沒有預想會得出這樣的結果，用目瞪口
呆形容我們的感受再貼切不過了。

歐文森和他的團隊發現流量連往這類網站有另一個解釋：
舉例來說，執法機關通常會瀏覽這些網站作為調查。除此之
外，反兒虐的支持人士也會故意用流量癱瘓這類網站，這種流
量也會被計入瀏覽網站的流量。不要忘記了，暗網代表的只是
網路的一小部分，以總量來說也是如此，在公開的網路上，一
定也有更多這類網站。由科技公司及歐盟贊助的英國網路觀察
基金會旨在找到並移除這類網路內容，該基金會的學者也致力
於在一般開放的非暗網網站尋找兒童性虐的內容。[17]

　　以這個部分來說，許多暗網網站的站主通常不願意網站上
有兒童性虐的相關題材，他們的理由就只是因為道德。含有這
種內容的網站很快就會被世界各地的執法機關盯上，更不用說
諸多有正義感的駭客了。即使在線上犯罪世界這種道德崩壞的
地方，這些窮凶惡極的人也覺得交易兒童受虐的內容太離譜。

暗網的網站沒有對使用者訂出完善的條款,但是「零兒童色情」是使用者普遍的共識。

然而諷刺的是,兒童性虐的內容越稀有、越狠毒,就越值錢。到底有多值錢很難說,這是記者完全無法調查的領域。許多暗網的連結能連至兒童性虐的照片,但是想要合法調查幾乎不可能。就算是偶然發現這樣的照片也不合法,不論你是刻意搜索還是無意這樣做,只要照片出現在電腦螢幕上就是違法。法律如此嚴苛是有原因的:沒有人想要讓戀童癖者能用「研究」作為藉口掩飾不法。不過,這也提升了風險,因為沒有記者積極參與問責,線上戀童癖就會成為執法機關(有時是為了爭取預算)和政府(有時是為了制訂新法)用來嚇唬人的妖魔鬼怪。

至 2016 年,據估有 4 萬個以上暗網網站,約有 200 萬人使用 Tor 瀏覽器;雖然不是全部,但這當中還是有人用 Tor 瀏覽犯罪性的暗網網站。自前中情局外包職員愛德華・史諾登洩漏美國與英國政府線上監控的規模後,2013 年 1 月,越來越多想奪回數位隱私的人開始使用 Tor。[18]

犯罪型暗網使用者中,毒品仍是最大的誘因。街角的小商店和咖啡廳都能看到比特幣的 ATM,現金很容易就能換成虛擬的貨幣。下載安裝 Tor 瀏覽器只要幾分鐘即可,可以說現在比以往更容易取得毒品。毒品容易取得的傳言在大學校園和嘈雜的夜店散播(當然也是因為記者報導激起大家對暗網毒品交

易的注意）。

10 萬名自願者參與的「全球毒品調查」報告顯示，使用暗網的人數創下新高。每 10 個人當中就有 1 人透過加密的市集購買毒品，而這當中每 20 人就有 1 人在發現暗網的電子商務世界之前從未使用過毒品。[19] 對某些人來說，暗網的興盛是致命的，死亡人數也開始增加。

2014 年雅克和托林・拉克曼這對兄弟到曼徹斯特參加足球比賽時分別為十九歲、二十歲。兄弟倆從小就形影不離，幾年前因為搬離曼島和彼此分開，因此非常期待再一次相聚。為了慶祝，托林還帶了在暗網上買的粉狀搖頭丸。

他們的父親雷在談到兩個兒子時一臉驕傲。他提到兩個兒子玩團的 YouTube 影片，滔滔不絕地說著兒子的音樂天份以及未來可能的發展。當他回想之後發生的事，雷・拉克曼變得沉默。

他在賽後打給托林和雅克，但沒有人接聽。隨著時間過去，他打了一連串家長害怕的電話：警方、兒子可能入住的旅館，然後是醫院。等到兩名警員打電話到家裡，他和妻子已經開始擔心最糟的情況。警方告訴他們，在曼徹斯特附近的旅館找到他們的兒子時，兩人皆已身亡。旅館員工發現房門是鎖上的。看起來兄弟倆死得很突然，根本來不及到門邊，更不用說求援。病理學報告顯示他們攝入藥品致命劑量的五倍或六倍。

等雷・拉克曼終於接受兩個孩子身亡的事實，他也努力理

解這種新型、匿名的科技讓取得興奮劑變得相對容易。他發起了「Anyone's Child」這個慈善活動，呼籲依法管理毒品，而非取締毒品。

警方在調查拉克曼兄弟命案的時候，發現托林從暗網一位名為史東・艾蘭的毒販購買毒品，由於只有假名這條線索，警方對雷說要找出這個毒販的話不太可能。不過，18 個月後史東・艾蘭遭到逮捕。圍繞這起案件的事證點出了在絲路大起大落後，暗網的毒品交易多麼有利可圖。

2016 年 5 月，英國邊境管理局攔截了兩件從荷蘭寄往樸茨茅斯的包裹。看起來像是裝著拼圖的盒子，但是內容物其實是警方調查人員的另一個謎題：1 萬 1000 顆搖頭丸。

警方用沒有傷害性的藥丸取代搖頭丸，便衣刑警負責運送包裹到目的地：離樸茨茅斯港一英里左右，一條寂靜街道上的聯排式洋房。包裹一簽收，逮捕小組就立刻進行逮捕。從後門逃出的二十四歲男子寇特萊・蘭，即為暗網毒販史東・艾蘭的本尊。

在警方揭露萊・蘭的財務狀況後，他靠暗網毒品交易獲得的豐厚利潤也跟著曝光。他在哈洛德百貨的香水櫃位消費好幾百英鎊；比特幣錢包裡還有 30 萬英鎊的積蓄；最近還訂了一台 8 萬英鎊的賓士；在樸茨茅斯的臥室裡有一堆高端品牌的鞋盒，像是 Gucci 和 Louboutin，好幾盒連拆都沒拆。拉克曼兄弟在曼徹斯特的旅館身亡，似乎對寇特・萊・蘭沒有任何影

響，他依舊購買幾乎不穿的設計師品牌鞋款。然而，檢方無法證明是他販賣致死劑量的搖頭丸給拉克曼兄弟，萊‧蘭的律師辯稱，這與兩人的死亡沒有「因果關係」。至於其他指控，萊‧蘭遭判 16 年有期徒刑。[20]

然而這次定罪對其他暗網的毒販沒什麼影響，毒販看見的會是萊‧蘭在哈洛德百貨大肆消費的生活模式，而非刑期。正當萊‧蘭開始服刑，毒販也開始在暗網販賣一種相當熱門的新毒品，但是對現實世界的某些人來說是相當致命的。

吩坦尼（Fentanyl）是合成的類鴉片藥物，在實驗室製成，旨在複製罌粟副產品的效果。它比嗎啡的效果好上百倍，這也代表用藥過量的機率高得可怕，尤其毒販常把吩坦尼混入其他產品中，如搖頭丸。[21] 除此之外，化學家改變了配方以生產數十種不同的吩坦尼，每一種的功效都不同，安全劑量簡直媲美俄羅斯輪盤，完全憑運氣。

吩坦尼在暗網上的熱潮源自於更廣泛的鴉片類藥物濫用問題，尤其在美國，製藥公司推出強效的止痛藥，導致成癮者在處方藥用完後尋求非法來源。英國一樣也無法倖免：儘管與海洛因、嗎啡等毒品相關的死亡數下降，2017 年仍有 75 人因過量服用吩坦尼死亡。[22]

暗網的毒販繼續從中獲利。科技安全公司 Flashpoint 發現吩坦尼這個字在暗網的出現頻率至 2017 年 3 月為止的兩年間增加了二十倍。[23]

　　隨著吩坦尼的銷售增加，有些毒販在這股風潮中獲利後逐漸變得麻木不仁。誰都可以在暗網的市集裡開店，又能隱身在引人注目的銷售宣傳、低廉價格以及搶眼的品牌名稱背後。

　　其中有一個名為 Savage Henry 的小販。在這個時期暗網主要的市集之一，他提供了 China White（吩坦尼的別稱），旁邊附上吸引使用者的評論。Savage Henry 似乎跟其他毒販一樣可靠，很快就吸引到買家。在現實生活中，幕後的操作者是兩名極糟糕的罪犯，他們似乎知道吩坦尼造成他人身亡卻還是繼續。警方突襲羅斯・布倫南和艾隆・葛萊德希爾髒兮兮的公寓時，找到了一本《傻瓜化學》（*Chemistry for Dummies*）。顯然兩人用這本書研究如何混合吩坦尼和其他毒品，如結晶甲安和古柯鹼。

　　檢察官表示，跟布倫南和葛萊德希爾購買吩坦尼的人當中有四人身亡。調查時，警方發現一則 Skype 訊息中布倫南對葛萊德希爾說他知道「有人因我而死」。不過跟拉克曼兄弟案件一樣，無法證明被告和他人身亡有直接關係，所以最後沒有遭到起訴。

　　兩人皆因違法進口與提供毒品遭判有罪。布倫南遭判 13 年有期徒刑；葛萊德希爾則是 3 年 9 個月。[24]

　　如果把拉克曼兄弟這種買家和布倫南、葛萊德希爾這種販售吩坦尼的方式視為暗網的典型那就錯了。對許多使用毒品的人來說，暗網曾經是、現在也是能找到販賣高品質毒品的毒販

所在，讓他們享受歡樂的週末假期。這類網站眾多又競相爭取買家，有許多毒販為了賺錢，販賣這種可能會造成致命後果的危險毒品。最終，一些暗網的市集決定禁賣吩坦尼，可能是出自於道德上的矛盾，但也可能是因為顧客要是死了，他們就無利可圖了。[25]

然而，至 2017 年，世界各國的執法機關都面臨一個嚴重的問題：在絲路衰敗後的四年間，暗網的網站雖繼續交易但似乎都沒有遭受刑罰。

執法機關需要新的策略，如果想摧毀罪犯的地下社會就要正中貫穿本章的議題——信任。暗網的網站已經成功建立，警方有可能摧毀嗎？

巴斯・多倫目前於荷蘭經營一家名為 Keyn 的科技安全公司，致力於用更有效、但對竊賊沒那麼有吸引力的方法來取代設定密碼。他現年三十歲，不過看起來像才剛大學畢業。2014 年絲路被取締之後，他開始在荷蘭國家檢察官辦公室實習，當時外貌應該又更年輕。他本人似乎更像是經營咖啡店的職人或是獨立唱片公司的老闆，而非調查網路犯罪的專家。

多倫在大學讀的是資訊科技，研究所讀的是犯罪學，研究暗網黑市的演變已經有段時間。他見證了暗網的取締，包括原本絲路的搜捕，也注意到一個令人沮喪的趨勢——隨著警方掃蕩，使用者就只是換到另一個最大型的黑市進行交易罷了。多

倫稱這樣的狀況為「水床效應」（waterbed effect）——這邊
受阻，就往另一邊移動。如果多倫和他的同事想破壞暗網所建
立起來的信任，就必須要同時多頭攻擊水床，甚至製造裂縫。

至 2016 年為止，最大型的暗網市集為 AlphaBay。它的
名字取自全球最大的電子商務網站，而且同樣有宏偉的抱負。
AlphaBay 是各種非法商品的巢穴，其成功的關鍵是它結合了
暗網犯罪的兩大動力：毒品及竊取來的資訊。AlphaBay 上滿
是駭來的資料庫、假冒的身分文件和海洛因。而且這個網站也
向估計有 40 萬名的使用者證明其多有韌性，它已經上線兩年，
以暗網界來說算長壽了。[26]

然而 AlphaBay 的好日子已經到頭。一樣也是由於一個小
失誤導致整個網站的衰敗；跟絲路一樣，由於不小心洩露一個
電子郵件信箱讓警方鎖定了目標。

FBI 在 AlphaBay 上試驗性購買商品，希望可以透過溝通
的過程追蹤網站的所有人。作為新用戶，FBI 幹員也收到歡迎
加入的電子郵件，他們進一步探究訊息背後隱藏的數據，發現
了一個電子郵件地址，屬於名為亞歷山大‧卡茲斯的加拿大
人。這個人的生活很高調，有一堆高級轎車、各個帳戶裡都存
有幾百萬美元、移民到泰國的他也在那有許多資產。目標現身
了，FBI 開始收網。

同時，多倫和他在荷蘭的團隊也幸運地找到突破點：有關
另一個暗網 Hansa 的小道消息。Hansa 雖然規模不如 Alpha-

Bay，但是堪稱第二大的候選者之一，而且還躲過執法機關的追緝多年。根據這則消息，荷蘭警方追蹤到 Hansa 的電腦伺服器在德國，且當地警方追查出這個網站的兩名管理員。

到這個階段，一個選擇是逮捕 Hansa 的老闆、關閉網站，盡可能在大家逃離 Hansa 這艘即將沉沒的船時確保資訊的完整性。不過多倫和他的同事採取了更極端的行動。由於握有進入 Hansa 伺服器的權限，且網站的管理人即將遭到逮捕，荷蘭警方可以接手這個網站。

這是前所未有的斬獲。警方曾滲透進犯罪網站，甚至擔任管理職。但是接掌整個網站，就我們所知是完全沒有過的。這項行動合法獲得了准許，但僅限幾週的時間執行。

同時，多倫也意外得知美國當局準備一步步逼近 Alpha-Bay。美方發現這個網站有部分的伺服器位於荷蘭，於是向荷蘭申請批准存取這些伺服器。當多倫得知 AlphaBay 即將關閉的消息，一個絕佳的機會從天而降。

「希望他們在我們控制 Hansa 市集時進行取締，如此一來，使用者就會湧向 Hansa，藉以取代 AlphaBay，」多倫說。簡言之，這就是同時攻擊水床不同部位的絕佳機會。

「刺刀行動」（Bayonet Operation）應運而生，時間開始倒數。美國想要關閉 AlphaBay；德國想要逮捕 Hansa 的管理人。多倫和他的同事要打造一個 Hansa 的翻版，把整個網站移到荷蘭，方便管理。可是這不像複製貼上編碼那麼簡單，

多倫必須拆解整個網站再重組。重組 Hansa 時，團隊絕對不能有任何失誤。如果網站的用戶有一瞬間因為不對勁感到懷疑（例如網站癱瘓），傳言就會像野火一樣蔓延，而錯失圍捕數千名買家與賣家的機會。

事情複雜的地方在於，Hansa 上的交易不斷在進行，因此原版跟警方再造的版本必須無縫接軌。任何小故障都可能會導致不一致或是交易失敗，如此一來用戶就會產生警戒。

多倫努力弄懂並再造網站的編碼，經過緊張兮兮的兩天，他和同事漸漸把整個 Hansa 網站一點一點搬到荷蘭檢察官的伺服器上，但用戶似乎渾然不覺。

7 月 5 日，AlphaBay 的站主卡茲斯在曼谷遭到逮捕。一週後，卡茲斯被發現陳屍於牢房，泰國及美國警方表示死因為自殺。[27] 新聞披露後，恐懼在 AlphaBay 犯罪社群中蔓延開來。不過跟前幾次取締一樣，許多用戶就乾脆換到另一個比較好的網站，當下對大多數用戶來說就是 Hansa 了。

數千名用戶開始湧向 Hansa，完全不知道自己正在由荷蘭當權機關掌控的網站上進行犯罪。由於大量湧入的用戶（根據歐洲刑警組織表示增加了八倍）[28]，多倫必須暫停新會員加入，努力修改網站的編碼以應付湧入的流量。他和團隊不僅經營這個犯罪網站，現在還努力讓網站優化。

剛接手管理員的他們任務繁雜。Hansa 有一個服務台功能，讓用戶可以提出投訴和回報錯誤。為了營造出網站正常運

作的感覺,荷蘭警方的團隊負責回答技術相關問題。「我們有
團隊負責處理用戶提問,」多倫說。「投訴內容包含訂購不成
功、某人沒有付款或是發現 bug,然後我們就得去解決問題,
並且作回覆。」

　　荷蘭當權機關謹慎檢視 Hansa 上每一筆交易,防範被指
控誘捕,甚至在管理網站時不要促成犯罪。

　　在數千名用戶湧入 Hansa 後,全面的數位監控行動就展
開了。登入 Hansa 的用戶名和密碼都被記錄下來,開啟了好
幾個可能的調查方向。比方說,如果用戶在別的地方也使用一
樣的密碼,執法單位就可以用這組密碼登入他們的其他帳戶,
進而可能會暴露用戶的真實身分。除此之外,多倫和他的同事
巧妙地更換了網站的訊息系統。Hansa 提供用戶內建的加密系
統,用戶傳訊息給彼此討論毒品交易或是數據交易時,通訊內
容都會受到 Hansa 的加密。多倫的團隊則是把這項功能關閉。
任何依靠 Hansa 加密系統發送含有住家地址或身分訊息的人
(結果很多用戶皆是如此),都會被警方收集到這些資訊。

　　這起行動在荷蘭警方最終取締之前,進行了三個星期。後
來在荷蘭及美國舉辦的聯合記者會,公布了這項圍捕 Alpha-
Bay 和 Hansa 網站用戶的鉗形攻勢行動。對於被 AlphaBay 關
閉而嚇壞的暗網使用者來說,恐懼是顯而易見的,疑慮開始在
社群中蔓延。如果換到另一個網站,要怎麼確定這不是另一個
執法單位的陷阱?

荷蘭調查人員把蒐集到的情報整理好寄送給世界各地的警察機構。由於許多案件的訴訟仍在進行中,而且其中一些並非完全是基於美國和荷蘭合作取得的證據,因此不太可能計算出遭到定罪的確切數字。但無庸置疑的是,刺刀行動(至少暫時)瓦解了暗網使用者對罪犯市集的信任,這對處理網路犯罪的國際警方來說是一大勝利。但諷刺的是,這可能會讓惡棍尋求使用其他新科技,專家也擔心這樣的新科技是執法單位更難破獲的。[29]

從倫敦市中心搭火車到比格爾斯威德約一個小時,我在這個小鎮的教堂與凱倫碰面。我需要一個安靜的地方採訪,在繁忙的週五夜,當地的教堂是我們唯一的選擇。她很緊張,雖然已經三十幾歲,還是帶著爸爸一同前來赴約。

我明白她的擔憂:兩週前我突然聯絡凱倫,告訴她我有她的密碼、信用卡號碼、銀行資訊、住家地址。我花了點時間說服她我是合法記者,不是騙子。暗網遭到取締後,我一直在調查犯罪的走向,結果我發現了一種新型的安全科技。

刺刀行動後,網路罪犯並未就此關門大吉,相反地,他們還與時並進,擁抱手機革命。一種新型、安全性極高的手機app成為使用過暗網的人下一波交易的渠道。還是有很多暗網網站,不過使用暗網的賣家改變了策略。暗網的網站只用作店面,負責宣傳商品,而真正的交易通常是靠app完成。這是

由於 app 內建一種新型的加密方式，讓惡棍覺得更保險。

在繼續說凱倫的故事之前，是時候先談談這種加密是如何運作的。即使你從未耳聞，但你可能已在使用這種加密了。

用鎖頭和鑰匙的方式來比喻是了解加密的最佳方式。如果我想要寄祕密訊息給你，我就把訊息放進盒子，用鎖頭鎖住，然後寄給你。當然我還是得寄開鎖用的鑰匙給你，而這就是風險所在。不論鎖頭有多堅固，如果鑰匙在途中遭到攔截，加密的通訊就玩完了。此外，就算鑰匙平安送達給你，我也要依靠你保護它的安全，不會遭竊或是受脅迫交出鑰匙。

如何安全交換鑰匙一直讓在意隱私的人很困擾。如同許多關鍵科技的發展歷程，解決問題靠的是新科技以及不同的切入視角。如果寄給你的不是鑰匙，而是打開的鎖呢？在這樣的系統下，你把祕密訊息放在盒子裡，用我的鎖頭上鎖，再寄回給我。任何一個攔截這個箱子的人都打不開鎖頭，因為鑰匙在我手上，我可以確定鑰匙不會搞丟、被複製或是遭竊。同樣地，回覆你的訊息時，換你寄給我一個打開的鎖，我把裝有回覆的盒子鎖上再寄回。你用手上的鑰匙開鎖，這樣就萬無一失，因為從頭到尾鑰匙都在你手上。此外，我可以隨自己喜歡送出許多一樣的鎖頭，因為我知道能開鎖的鑰匙只有一把，而且鑰匙一直在我手裡。如果我願意，我可以在街上發送我的鎖頭，附上我的地址。突然間，每個人都可以安全地寄送訊息給我。

　　精明的讀者應該已經發現這個計畫的漏洞了。如果有人可以攔截上鎖的盒子，難道不能打一隻鑰匙開鎖嗎？在現實世界中，這無疑是個風險。只要時間充足，鎖匠肯定能打出大部分鎖頭的鑰匙，可是在電腦的世界，運作方式不太一樣。

　　在科技的世界，鑰匙跟鎖頭就只是一串數字。我的電腦收到你上鎖的盒子，就會讀取代表鎖頭的數字，並且和代表鑰匙的數字結合。加密軟體會確認結果，如果正確，盒子就會開啟，並且解讀訊息。沒錯，某人可能會攔截上鎖的盒子，拉出鎖頭開始嘗試各種組合以破解鑰匙可能的數字組合。祝他們好運！就算是最基本的加密鑰匙還是有上百位數那麼複雜，組合的可能性太多，就算是功能強大的電腦也需要相當長的時間試完所有的可能。簡言之，等到你破解密碼就太遲了。如果運用得當，這種加密科技簡直是無懈可擊。這種俐落的解決方式稱為「公鑰加密」（public key encryption），這是一個科技上的大躍進，當這項科技向大眾開放使用時，背後的開發者馬上就受到調查。

　　1991 年，一位名為菲爾‧齊默爾曼的美國人創造了可以利用這種以鎖頭為主導的加密程式。本著阿宅自嘲的精神，他將這個程式命名為「良好隱私」（Pretty Good Privacy，簡稱PGP）。當時，這種加密科技因為效果太好，美國政府將之視為武器，受到《武器出口管制法》管控。因此當 PGP 的編碼在國外論壇出現時，美國海關馬上對齊默爾曼進行追捕。

最後這些控訴被撤銷，PGP 變成人人都可免費使用的程式。[30] 但是這個程式很難應付。使用者需要有軟體來創造數位鎖頭和鑰匙的組合。使用者必須把私密金鑰妥善存放，並且四處發送公開的鎖頭碼。為了寄送訊息給他人，必須下載公開的鎖頭碼。總之，就是很費工。科技安全人士熱愛公鑰加密的概念，但是大規模使用卻是一場災難。隨著時間過去，大多數的人不覺得需要加密，因為有一個更方便又安全的方式——靠別人處理。

用 Gmail、臉書、推特和各種服務寄送訊息的人，會有一種加密服務無所不在的感覺。那是因為科技公司保證從發訊端到伺服器都加密，轉寄給收件人的過程也加密，所以中途沒有人可以攔截。當然，科技公司在伺服器上留了訊息的副本，並且嚴加保管，只有出具特定的搜索狀才能取得副本。科技公司營造出一種信任的氛圍，坐擁上百萬則對話的資訊，手握解密的萬能鑰匙。

這樣的信任氛圍在史諾登洩密案後開始瓦解。2013 年，這位前國安局外包員工披露科技公司如何為美國政府祕密且合法地利用，讓數十億使用者中某些人的通訊內容被政府看個精光。[31] 一夕之間，信任一個握有萬能鑰匙的中央管理人缺點盡現。對科技公司來說，這是很致命的結果。一方面，法律顧問告訴公司要遵從政府攔截訊息的祕密命令；但是從公關的角度來看，使用者現在既憤怒又充滿不信任。

　　對部分科技公司來說，要化解這個兩難局面就只能靠徹底抽離，要這麼做就得尋求齊默爾曼開發的公開金鑰加密。科技公司（尤其是現在臉書旗下的 WhatsApp 和蘋果的 iMessage）利用手機的 app 啟用一種系統讓使用者儲存自己的金鑰。使用「端對端加密」，科技公司就不用站在中間，拿著一把萬能鑰匙在執法單位找上門要求時進行解密。從現在開始，可以看到訊息的人就只有發訊者跟收訊者。不論執法機關拿多少搜索狀來，科技公司也無法讀取訊息，只能聳聳肩說幫不上忙。再怎麼樣也只能端出一堆加密的數據。

　　很快地，開創端對端加密 app 的能力就不僅限於大公司了，一堆你可能根本沒聽過的 app 出現了——Wickr、Dust、Signal、Threema、Silent Phone、Telegram 等。這些 app 都在端對端加密上做了些調整。對於那些因暗網遭到入侵而喪氣的網路罪犯來說，這無疑是值得開發的疆域。端對端加密提供了一層遮掩祕密的保護層，又沒有絲路、AlphaBay、Hansa 的致命缺點——在中央管理的掮客。除此之外，對潛在客戶來說，加密的 app 比暗網更好找也更好用。在蘋果的 App Store 或是 Google 的應用程式商店都可以找得到，誰都可以花個幾秒免費下載到智慧型手機上。

　　當然，對多數使用者來說，這些 app 不是犯罪的管道，而是不用擔心受到監控的溝通方式，這也是為什麼這些 app 會在應用程式商店上架。對需要招攬客戶的網路罪犯來說，這

些 app 簡直是及時雨。像 Telegram 這種 app 因為可以群聊，毒品和偷來的金融資訊就能在群組中販售。使用者只要搜尋群組，點下連結即可加入聊天室，通常也不會受到詢問。

　　對罪犯來說，這是絕佳的組合：他們可以在這些公開的群組中宣傳自己的商品，再私下利用加密的功能進行交易。

我就是在這樣的群組上找到凱倫的資訊。有十幾個賣家在販售英國的信用卡資訊，現在一張卡起價約 25 英鎊。但不可思議的是，凱倫的信用卡資訊是一名叫 teaser 的人為了推銷而免費提供的。他提供的不只是偷來的信用卡卡號，還有凱倫完整的數位資訊：全名、電子郵件信箱、手機號碼、住址、信用卡號碼以及安全碼、銀行帳戶、銀行代碼，甚至連她媽媽婚前的姓氏都有。用來驗證她身分的所有資訊都有了，有心人士能夠用這些資訊通過銀行、保險公司、醫療機構等的電話驗證。

　　就我而言，我認為這些資訊是偽造的。在我對暗網做的所有研究中，從未見過如此珍貴的個人資訊免費放送。當我把這些資訊交給凱倫時，她嚇呆了。這些資訊竟然都是真的。

　　在我和 Telegram 聯絡後，他們刪除了提供凱倫個人資訊的群組（不過，為了以防萬一我變更了她的真名）。公司說他們採取了積極作為防止類似事件再次發生。

　　有些安全研究人員認為這種加密 app 可能會取代暗網，成為罪犯的主要銷售工具。如果真為如此，對警方來說，這會

比暗網時代所面臨的挑戰更為嚴峻。一方面，警方容易追蹤到
app 的開發者，因為通常是合法公司（如 Telegram 的總裁保
羅・杜洛夫就是公眾人物，有 Instagram 和 LinkedIn 等社交
媒體的帳號）。另一方面，即使警方帶著搜索狀上門，那些提
供 app 的公司可以聳聳肩表示用戶的通訊是加密的，他們無
權查看。

　　這種加密的通訊科技在暗網於千禧年之際誕生時就已經
開始發展。一開始只是一些阿宅為了言論自由進行的實驗。在
電子前哨基金會這類團體的眼中，暗網科技在對抗審查與監控
來說是很重要的工具，直至今日仍是如此。但一個赤裸裸的事
實是，暗網大部分為組織犯罪所把持。如暗網的發明者之一西
佛森所說，採納新科技的前鋒通常是社會中非主流的人士，有
些甚至是罪犯。

　　下一章要看的是同樣的趨勢怎麼在另一群網路團體——所
謂的「激進駭客」（hacktivists）中重現。這些線上抗爭活動
中所使用的尖端工具最後都納進網路犯罪的麾下。而這些工具
將被用來攻擊現代社會越來越賴以維持運作的網路科技核心。

第七章

網路仇恨機器

位於賽普勒斯西岸的一個美麗小鎮派亞，深受英國僑民的喜愛，因為這裡有充沛的陽光、低廉的花費，而且當地人也是右駕。

2016 年 11 月，丹尼爾‧凱就是從這裡著手摧毀某個國家的全國網路通訊。他用手機鍵入一些指令，之後相隔上千英里遠的手機和筆電開始停止運作，現代社會和經濟賴以維生的通訊戛然而止。同時，凱在行李箱內塞了一萬美元，準備前往英國。

為了瞭解這位三十歲的駭客是如何摧毀幾乎整個國家的網路連線，以及為何還有數十個這樣的人存在，就必須藉由網路酸民（online trolling）、電玩文化、青少年間的背叛、戴著 V 怪客面具抗爭而知名的匿名者（Anonymous）等現象來了解。

匿名者行動源自一個於 2003 年創建的論壇 4chan。不是這個

圈子的人（也就是我們大多數人），看著網站上的內訌、圈內人才懂的笑話、引人注意的圖文（俗稱的謎因梗圖）可能會完全摸不著頭緒。當討論如潮水般湧入伺服器，眨個眼可能就迷失的這種暴風式討論看起來很吸引人。

這個網站上的分類按照主題劃分，但是最受歡迎的是「隨機版」。這個版充斥著粗俗、不可預測且通常很淫穢的內容，因而惡名昭彰，一度因「網路的討厭鬼」封號而聞名。[1] 這裡也是所謂的酸民文化圈。

網路酸民很難一言以蔽之，任何想要替他們下定義的人肯定會受到攻擊。惠特妮・菲利浦斯在她的著作《這就是為什麼我們沒好事》（*This Is Why We Can't Have Nice Things*）中指出，酸民的動機很複雜，他們憎恨被歸類成同個群體。[2] 舉例來說，那些誘使記者報導荒謬假新聞的網路酸民，可能會因為與那些在逝去的青少年悼念網站嘲笑致意者的酸民混為一談而感到憤怒。然而，在酸民圈中，一個相當普遍的想法是想要挑戰 24 小時播放的媒體文化，尤其是新聞報導，在他們的眼中這不過是假正經、沒內涵還挑起社會對立。這樣的觀點開始滲透進像 4chan 這種發展中的反文化線上論壇。

在新興的酸民社群中，關鍵的策略為「摧毀人生」[3]。有時是隨機選擇目標，有時是表面的伸張正義（如懲罰劈腿的女友），再以團隊模式轟炸受害者的線上生活。他們會找出目標對象的住址、公司、任何蒐集到的個人資訊，利用這些資訊製

造混亂。然後在網路上公開極度私人的資訊，寄送讓人不舒服的訊息給目標對象的朋友、家人、同事，並奪走目標對象的社交媒體帳號。對部分的 4chan 用戶來說，目的在於騙取或強迫受害者交出性愛照，之後可以用來勒索或出於好玩在團體中分享。

當然，如果可以匿名的話，這樣的惡意攻擊就容易多了，尤其如果你是個很和善的人，從沒想過在真實世界做這樣可怕的事。戴著面具讓酸民有一定程度的安全感，不用擔心遭到反擊，除此之外，面具也讓惡意的線上身分和真實世界的道德準則脫鉤。

在這樣的背景之下，4chan 在早期就使用匿名身分這個功能，在網站發文的用戶名皆為「匿名」。這也引來了爭議，對手開始稱他們為匿名用戶，就好像這些人同屬一個團體（例如「匿名用戶嘗試接手討論」這樣的統稱）。因此，匿名用戶開始被視為一種只有一個聲音的蜂巢思維 *。[4] 這種思維在發展中也滲透進了抗爭運動的 DNA 中。

隨著匿名用戶的數量成長、攻擊次數增加，媒體開始注意到了這個趨勢。2007 年 7 月，福斯新聞的子公司報導了一則新聞，形容這個團體及其毀滅性的伎倆為「網路仇恨機器」（這是一種引人恐懼的誇張說法，但諷刺的是，4chan 上的酸

＊蜂巢思維：也就是「群體思維」。這是用蜂巢來比喻處於集體中的個人。蜂巢就像是一個整體，彙集了每個個體的思維。

民卻因此樂不可支）[5]。主流新聞會開始報導主要是因為好萊塢演員湯姆‧克魯斯在一段惡名昭彰的影片中，以不自然且胡言亂語的方式談論山達基教。這則影片是 2004 年為了山達基教會所拍攝，非法外洩後，影片經過剪輯於 2008 年 1 月上傳至 YouTube，後來又被媒體廣為流傳。[6] 這對教會來說非常難堪，他們費盡力氣移除這則網路影片，[7] 但是越努力，網路上散布的影片就越多。

4chan 部分用戶形成一個群體「匿名者」，笑看這場媒體風暴，接著迅速集結在一起，準備摧毀一個新目標：這一次，整個機構都會感受到 4chan 的網軍力量。許多 4chan 用戶知道山達基教會堅定地捍衛自己，無懼於採取法律行動對抗攻擊。不過由於人數眾多讓他們有安全感，尤其他們認為自己的身分隱藏在匿名者的大規模行動旗幟背後。對抗山達基的活動包括了一項匿名者團隊已磨練多年的伎倆：分散式阻斷服務攻擊（DDoS）。背後的原理很簡單：一般來說，網頁都儲存在中央電腦，也就是伺服器上。當你造訪網站時，伺服器會寄送相關網頁的副本給你。如果有一定數量的用戶同一時間申請同一個網頁，伺服器會無法應付湧入的流量，進而停止運作，可能導致所有人都無法連上網站。

對技巧較為純熟的網路罪犯來說，DDoS 不太算是駭客行為。造訪網站並不違法，集體造訪通常被認為是「數位靜坐抗爭」。早期的匿名者時期，這就是 DDoS 的用途。

DDoS 不需要太多人就能癱瘓網站，尤其攻擊者能使用特殊的軟體自動地大幅增加申請。很快地，針對山達基網站的攻擊逐漸增加，網站因而被迫關閉。[8] 不過，此項名為「山達基行動」（Op Chanology）的攻擊會躍上新聞版面的主要原因在於，4chan 的蜂巢思維決定把抗爭搬到街頭上。

從 2008 年初期開始，在預先安排好的日期裡，人聲嘈雜的示威群眾聚集在英國、澳洲、美國、加拿大的山達基教會外。數百人一起出現，加上匿名者，反山達基的抗議人數大幅增加。[9] 由於擔心身分被山達基教會識破，大部分抗爭者戴上面具，其中大多數人選擇現在頗為知名的微笑蓋伊·福克斯面具，也就是在 2006 年的電影《V 怪客》中出現的面具（早在抗爭前，這個面具就已經深入 4chan 的文化，成為網站引人注目的謎因梗圖）。這一切為媒體提供了一個絕佳的機會，他們終於有畫面可以拍攝，而不是只能報導山達基教會支持者和匿名者之間隱晦的線上口水戰。然而當記者在抗議現場想要採訪發動者時，卻沒有人知道這場行動的負責人是誰。

對媒體報導來說很有利的還有山達基教會可以預期的強烈反應。山達基教會發言人認為，發起抗議的匿名者不過是一群受到宗教偏執人士策動的「網路恐怖分子」。[10] 不難想像這些抗議人士會受到這樣的強烈譴責，但是他們不知道的是，與山達基的對抗中，他們其實暴露了匿名者本身的弱點。

匿名者這個組織本身被兩個基本卻互相關聯的問題搞得

四分五裂：一為疑神疑鬼，另一為害怕真實身分遭到暴露。這兩個問題源自 4chan 的惡毒毀謗行為，在這個群體中，誰都可能隨時成為被攻擊的目標。人生全毀可能會快速發生在任何一位加入已久的成員身上。你信任的朋友可能下一秒就背叛你。這樣疑神疑鬼的感覺讓匿名變得必要。然而，無法真正認識一個人，反過來助長了恐懼。

這是一種惡性循環，而山達基教會努力不懈地追查批評來源讓匿名者雪上加霜，更疑神疑鬼，使匿名變成一種關鍵且脆弱的資產。匿名者可能認為這是一場與山達基教會的邪惡勢力交戰，但是同時，匿名者本身的弱點也越來越暴露出來。

受到山達基行動成功的鼓舞，匿名者正在尋找下一個大型目標，而且這完全是受到某人的網路傳奇所啟發。

2010 年 11 月，維基解密創辦人朱利安・阿桑奇公開了美國駐各國大使館間的 25 萬份電報往來。[11] 這個數據量頗為龐大而且也很令人尷尬，不只美國對國際事務的真實看法遭到公開，政府間不可告人的醜事也公諸於世。有些人甚至認為，電報遭到公開催生了阿拉伯之春──外洩文件披露突尼西亞總統濫用權力，激起該國的反政府情緒。[12]

這些機密外洩後，一些金融機構，尤其是 PayPal，拒絕處理捐款給維基解密的款項，認為這牴觸了公司的準則。[13] 匿名者開始行動，懲罰那些他們認為對阿桑奇網站不公的人。在所

有的策略當中，DDoS 在攻擊山達基教會的行動中相當成功，但是這一次有點不同，有一個越來越知名的軟體讓每個人都能註冊參加這場線上抗爭。

這個軟體取名自一款電腦遊戲的武器——低軌道離子炮（Low Orbit Ion Canon，簡稱 LOIC），這是一個操作起來相對容易的軟體，可以同時對網頁提出申請。只要輸入想要造訪的網站名稱或是 IP 位址，按下「前往」（或如 LOIC 軟體的行話所寫：「我正在幫雷射槍充電」）。LOIC 會用申請轟炸目標網站，如果加入的人夠多，網站就會被癱瘓。

LOIC 曾經使用在之前的匿名攻擊中，包括反對山達基教會的行動。[14] 但是在報復 PayPal 的行動（稱之為 Op Payback）中，LOIC 的使用已經變得相當普遍，突然間，每個人都是匿名攻擊的網路軍隊成員。因此，有些人把這種行為視為暴動。《衛報》的記者凱羅·考沃德把匿名攻擊與蓋達組織作比較，歸結出匿名者結構鬆散、沒有固定形式與組織，雖有激勵人心的意識型態，卻沒有指揮的中央結構。[15]

對許多參與攻擊的人來說，有一股同樣強大的力量推動著匿名者的發展：電玩世界。

不像以前娛樂只能個人享受，現在的遊戲通常可以在線上和潛在的數千個對手較勁，只要有網路就能彼此連結。這些遊戲的進行方式說明了駭客行動是如何結合在一起的。其中，最關鍵的就是群體心態。每一名玩家都想取得最佳成績，不過臨

時合作或是鬆散的團隊組織才能替大家取得最佳成果。問題在於，該跟誰合作？

加入遊戲時，玩家通常看到的是其他玩家的綽號（或用戶名），有經驗的玩家會迅速發現老手，與一些人組隊，同時攻擊其他人。電玩的群體心態訓練大家能在短時間內為了特定的共同目標團結一致，而這只單靠一個可識別的綽號。正是這樣相同的動力助長了像是匿名者網路攻擊團隊的發展，當成員環伺目標，他們通常會遵循聊天室匿名同伴的領導。

在這種電玩環境中成長的世代身上，匿名者找到了沃土。下載 LOIC 這樣的軟體，然後和一群身分不明的同謀針對某一目標的群體心態自然而然出現。匿名者的行動也取得了成果，即使對抗目標是國際支付公司也一樣。起初，這些攻擊只是癱瘓 PayPal 的部落格，但是到 2010 年 12 月，PayPal 的官方網站受到了攻擊。抗議人士宣稱他們讓整個網站都下線了；PayPal 卻說只是網站速度稍微變慢而已。[16] 不論如何，據報這場行動還是讓 PayPal 損失了 350 萬英鎊，世界各地的新聞媒體都報導了匿名者針對 PayPal 和其他公司攻擊的成果。[17] 該團體的攻擊者似乎一瞬間從自四面八方湧入，創造了一個令人敬畏的新對手。

匿名者的線上聊天室（現已脫離 4chan，獨立營運）加強了這種任何人都能臨時加入的軍隊印象，並且給新進者下載 LOIC 的簡易指示。然而在幕後，真實情況卻有點不同。

像 PayPal 這類的公司最為倚賴網路存取,因此他們砸大錢以確保網站的安全性比山達基教會這樣的機構還高。要癱瘓這樣的網站需要的不只是數百名用戶使用如 LOIC 般的 DDoS 軟體而已。

為了攻擊這麼大的目標,匿名者需要協助,提供協助的來源卻指出了一個很有問題的新方向:俗稱的「激進駭客主義」和傳統根深蒂固的網路犯罪相結合。根據安全研究人員的說法,匿名者的核心有幾位成員有權限進入上萬台受到病毒感染的電腦網絡。[18] 這些電腦的持有者大多不知道自己的電腦遭到感染。他們可能是點了某一封惡意電子郵件,或可能瀏覽了某個網站把病毒下載到自己的電腦上。因此,這些電腦在不知不覺中(違法地)被納入全球電腦軍隊的麾下。此即為所謂的「殭屍網路」,這些受到病毒感染的電腦會用來作為加強版的 LOIC,湧進防護較為堅強的網站,用申請讓網站癱瘓。

殭屍網路的擁有者加入了匿名者的戰爭,若沒有他們的協助,攻擊 PayPal 的行動絕對不會成功,正如帕米・奧爾森在《我們是匿名者》(*We Are Anonymous*)一書中所描述的一樣,而且至今仍沒有人提出比本書對匿名者行動更為精闢的見解。[19] 事實上,匿名者是沒有領導人的「民兵」這樣的概念根本不正確。強力攻擊其實大多受到一小群人所主導,靠的是一群硬核網路罪犯。匿名者的追隨者在慶祝攻擊的成功與合作時,大多並不清楚這個事實,而且在眾人的鼓譟之下,記者也

沒有善盡報導的責任。然而，不僅僅是匿名者的支持者和媒體對於低級別的 LOIC 用戶過度關注。當世界各國的檢察官追查下載使用這個軟體的人，造成很大的震撼，因為許多匿名者不相信只是使用 LOIC 對某一個網站拋出申請是違法的行為，而那些認為這種行為違法的人也不覺得警察會追查。這些想法在匿名者的聊天室裡醞釀，新成員也因此受到鼓勵參與攻擊。[20]

　　事實上，包括英國和美國在內的一些國家認定發動 DDoS 攻擊是一種犯罪。LOIC 軟體的一項特性有助於懲罰這些違法者，卻被支持匿名者的人士刻意忽略。若輕率使用，LOIC 會洩露使用者的 IP 位址，因而能用來追蹤使用者的真實地址。數十人在全球遭到逮捕。一名二十一歲的美國學生在檢察官成功證明他參與匿名者攻擊，造成山達基教會 2 萬美元的損失後，遭判服刑一年。[21] 他後來表示自己下載 LOIC 後就忘了這回事，結果軟體自行運作了好幾天。

　　最終，如同許多草根運動一樣，匿名者也由於無法持續而感到苦惱。意識高漲能在短時間內讓廣大民眾團結一致，例如佔領運動；然而當看法太過紛歧，為了讓各方滿意可能會造成失焦，導致整合起來的能量消散。匿名者也是如此，它通常是一個惡毒、沒有特定形式的社群，雖奮力複製報復 PayPal 行動和山達基行動的成功模式，但總以失敗收場。

　　隨著這場行動演變為內訌和陰謀，一個新形成的小團體追求策略上的徹底轉變。他們不僅利用了解媒體、不對稱的匿名

者游擊戰，還萃取出組成電腦駭客的各種人格特質。

艾隆‧巴爾有一個簡單的計畫：讓匿名者不再匿名。

　　身為一間新成立的資安公司 HBGary Federal 的老闆，巴爾瞄準美國政府組織，爭取簽訂有關網路安全的合約。鑒於匿名者攻佔了世界各地的新聞頭條版面，他想出一個靠揭發匿名者核心成員身分以獲取知名度的計畫。他會靠線上聊天慢慢滲透進這個團體，小心記錄下他們的使用者名稱、他們出現和離開聊天室的時間，以及任何他們分享的自身資訊。他再將這些資料和臉書的個人檔案比對，有時候可以藉此找到更多個人資訊，最終揭開這些人的真實身分。

　　經過幾個月的努力，在 2011 年 2 月，巴爾已經拼湊出一份檔案，並且安排好和 FBI 的會議。為了公開，他安排了一場會議將宣布自己的發現，可是在宣布前他先告知了幾家特定媒體他的研究。後續的報導推斷巴爾可能握有匿名者的資訊，進而能逮捕他們（不過他也說他不會把細節交給警方）。[22] 他的誇大其辭吸引了匿名者當中最有危險性的成員。

　　整體而言，匿名者無法被定義為駭客團體，因為匿名者大部分的行動是以數位靜坐為基礎，如擊垮 PayPay 和其他公司的類似行動。許多匿名者不認為自己是駭客，有些還會在媒體幫他們貼上駭客標籤時感到疑惑。然而，在匿名者中也有些人具備高超的技能，其中有一位即是名為 Sabu 的駭客。他

第一次出現為千禧年之際,據報他參加了數次以美國外交政策為目標的攻擊。[23] 在那之後他就悄無聲息,但隨著匿名者行動在 2010 年末逐漸聲勢高漲,他再次現身。加入匿名者聊天室後他就把注意力放在另外兩位技巧高超的駭客——Tflow 和 Kayla 身上。

Tflow 和 Sabu 不僅都是有實力的駭客,他們還有更多共同點:兩人都極力維護自己的隱私和安全,從不洩漏個人資訊以防真實身分暴露。Kayla 也不例外。她的個人資訊看似很公開,描述自己為十幾歲的女孩,爸爸教會她駭客技巧,她在美容院打工。[24] 她堅稱 Kayla 是本名,看似樂於分享生活的細節,在聊天中穿插使用青少年喜愛的表情符號和卡通式的俚語。不過,以駭客技能來看,Kayla 是個危險人物,她熱衷於檢視網站找出漏洞,並利用漏洞駭進網站。[25]

放任他們自由發展(或更精確的說是用他人的電腦自由發展),Kayla、Tflow、Sabu 應該會是最厲害的網路罪犯集團,但是他們絕對無法吸引國際關注。因此,他們需要第四名成員的加入,以增添欠缺的元素。

Topiary 這個名字取自於邪典電影導演肖恩・卡魯斯一部晦澀難懂且未完成的電影。[26] 光是這個決定就讓人能一窺他的性格:受文化薰陶、喜好引用冷僻的譬喻、有意為之的與眾不同。和其他幾個成員不一樣,Topiary 並非技巧高超的駭客,但他的才能會讓所有人成為關注的焦點。

　　和許多匿名者一樣，Topiary 在 4chan 發跡，他在這裡寫小說、找食譜、為了好玩上傳他錄下的惡作劇電話。他很快就轉為在網路上直播惡作劇電話，按聽眾的建議行事。匿名者的人數越來越多，於是創建了一個聊天室讓媒體可以加入並提問。這對記者來說並不是很舒服的經驗，他們雖然努力卻很難以理解這股竄起的數位勢力所使用的語言，而且又常常被誤導的資訊捉弄。不過這個專為記者開設的聊天室比匿名者本身的聊天室寬容多了。

　　Topiary 加入匿名者後，他發現自己在公開競技場的利基——他的惡作劇電話讓他獲得了瞎扯的才能（至少是在網路空間）。他了解這個社群、它的迷因梗和與生俱來的風格。他很幽默、反應快、點子又多，很快他就進入這裡應該沒有卻特有的資深階級。

　　很難形容這樣的晉升有多麼令人印象深刻。在匿名者的鼎盛時期，Topiary 所在的聊天室不停有各種令人疑惑的言論迸發。大一點的聊天室可能同時會有上百名成員瘋狂鍵入文字。為了脫穎而出並建立自己的聲譽就需要持續受到關注，還要掌握群體的動態和抓住大家的注意力。Topiary 簡直是大師等級。

　　匿名者的成員早就知道公關的價值。除了抓住眾人目光的新聞發布，後來該組織以精美的影片搭配大型攻擊行動。Topiary 受邀進入一個特別的聊天室協助起草文字稿，其中包括準備駭進網站後張貼在入口頁的諷刺訊息。根據美國調查人

員表示，Topiary 很快就擔任類似發言人的角色，和 Kayla 等人一起工作。[27]

　　也就是這時他們耳聞艾隆・巴爾要揭開匿名者成員的面具。因為對他的發言感到火大，Topiary、Sabu 和其他成員開始行動，在 HBGary Federal 的網頁上尋找漏洞。以一間在安全領域耕耘的公司來說，不可思議的是竟然有如此大的破綻。

　　那是 2011 年 2 月舉辦超級盃的星期天。美國和全球數百萬的人都準備好要看比賽。離艾隆・巴爾和 FBI 的會議還有一天，他計畫要發表揭開匿名者的真實身分。然而他不知道，等超級盃開打，一個更戲劇化的事件也即將展開。巴爾即將成為全球知名「身敗名裂」的演練對象，最終連整間公司也跟著陪葬。

　　Sabu 和他的夥伴找到駭進 HBGary Federal 系統的漏洞，一部分要歸功於之前討論過的 TalkTalk 駭客所使用的低階 SQL 注入攻擊*。駭客找出巴爾和他的同事加密的密碼，想辦法破解。最終成功進入公司的電子郵件信箱，也找到了一些極為敏感的資訊。檔案似乎顯示 HBGary Federal 討論過用造謠和攻擊網站的基礎建設來抹黑維基解密。HBGary Federal 不只想找出匿名者的真實身分，似乎還參與了抹黑的行動。由於巴爾用同一組密碼登入不同的帳號，Sabu、Tflow 等人才挖

---

* SQL 注入（SQL injection）：指透過注入惡意的程式碼的方式，破壞原本程式碼的語意，來達到攻擊的效果。

出了這些祕辛。[28] 接下來發生的是令人害怕的駭客抗爭，用的是最無情的策略。取得能毀滅 HBGary Federal 的資訊後，Topiary 在聊天室裡找上巴爾。巴爾的用戶名為 CogAnon，假扮自己為匿名者的支持者。接下來幾分鐘，Topiary 一邊玩弄他的獵物，提示接下來可能會發生的事，一邊在不同聊天室和 Sabu、Kayla、Tflow 嘲弄巴爾。

巴爾用假名和 Topiary 聊天後，一股恐懼感席捲而來。他發現自己登入不了電子郵件和推特帳戶。突然間，這位執行長發現自己無法掌控公司的 IT，在他努力奪回主控時發現自己不停遭到攻擊包圍。HBGary 預期在公開揭露匿名者的身分計畫後一定會遭到攻擊，但沒有預料到攻擊會如此猛烈。再回到聊天室，Topiary 進一步讓巴爾更為不安：「今晚有事會發生。你今晚都有空嗎？」如同奧爾森在《我們是匿名者》所寫的：「他希望巴爾能坐在前排見證自己的職業生涯畫下句點。」[29]

超級盃一開賽，Topiary 和他的團隊便開始行動。風暴從四面八方席捲而來。巴爾的推特帳號被惡搞，檔案照上塗滿了「黑鬼」一詞；駭客用他的帳號推文道：「怎樣！狗娘養的！我是一間鳥公司的執行長，我是享受媒體關注的賤貨。」[30]HBGary Federal 的網站也一團亂，網站上分享了一個連結能用來下載上萬封巴爾收發的信件，其中也有同事的信件。[31] 巴爾的手機號碼和社會安全碼也遭到公開。[32] 在他瘋狂想奪回公司的主控時，謾罵和嘲弄的訊息不斷湧入他的手機。他遭駭的推特帳戶

公開了自己的居住地址,據說不過兩天巴爾就為了安全和妻子、兩個孩子搬走。[33]

在這之前,他登入聊天室,一部分是想看看是否能和駭客團隊談談,縮減傷害。Topiary 的回應很直白,他引用巴爾曾貼過的迷因梗:「引火自焚。你玩完了。」

不出幾個星期,巴爾宣布離開 HBGary Federal。[34] 公司很快就成為無恥交易的代名詞,不久後就關門大吉了。

HBGary Federal 的毀滅為後來的 LulzSec 一系列攻擊揭開了序幕(lulz 在 4chan 指嘲笑,基本上是針對該團體認為值得尋開心的人)。雖然 LulzSec 成員有些改變,但是核心成員仍是 Sabu、Tflow、Kayla、Topiary。媒體管理很重要,Topiary 很清楚要怎麼拓展觀眾:一步一步放出捉弄的相關資訊。一次又一次地可以聽到他詼諧、嘲諷的聲音。Topiary 不僅是該組織的公關,根據美國調查人員表示,隨著目標的規模和數量增加,他還負責收割並統整偷來的敏感資訊。[35]

2011 年一整年攻擊的目標源源不絕:美國福斯電視網在 5 月遭駭,7 萬 3000 名《X 音素》參賽者的檔案與姓名遭到公開。[36]LulzSec 亦在 5 月駭入美國公共電視網的網站,用來發布一則怪誕的故事——遭到謀殺的饒舌音樂人圖帕克現蹤紐西蘭。[37]索尼影視娛樂 6 月時遭駭,LulzSec 聲稱握有超過一百萬人(索尼宣稱僅有 3 萬 7500 人)的個資,包括密碼、

電子郵件和地址。[38] 這群駭客攻擊電玩公司、英國國民健保署、亞利桑那州警，甚至還用 DDoS 攻擊 CIA，迫使 CIA 不得不中斷連線數小時。[39]

　　LulzSec 的駭客行動既頻繁又多元，很難列出一份完整的攻擊對象名單，每一份官方文件似乎都有點不同。部分原因是因為隨著時間過去，LulzSec 的成員不用每次都自己動手。他們名氣大到可以收到追隨者通風報信有什麼安全漏洞，有幾次還是別人主動提供駭來的資訊。[40]

　　無論是如何取得這些數據，大規模且有策略地外洩資料正是讓 LulzSec 與匿名者有所區別的關鍵，也讓他們聞名全球。他們不只攻占網站，還駭入、竊取敏感個資，在網路張貼竊取來的部分（有時是大量）資訊供大眾檢視。和以往的駭客團體不同，LulzSec 的成員，特別是 Sabu 和 Topiary 會在推特上回覆提問。駭客行動通常見不得光，但是 LulzSec 卻在眾目睽睽之下行事，媒體也樂見其成。「我們有點像搖滾樂團，」Topiary 在一次私人對話中說道，這則對話後來在網路上遭到公開。[41]

　　然而，這個團體內部其實關係很緊張。對 Tflow 來說，目標在於披露他們駭進的團體有什麼安全漏洞；對 Sabu 來說，通常是有政治動機的；對 Topiary 來說，就只是為了嘲弄他人。這三種不同的取向讓他們的前進方向有所不同，但也可能是因此讓他們成功。他們的個人特質恰好反映了我前面提過的

駭客 DNA ——Tflow 代表的是早期 MIT 的嚴謹、權威特質；
Sabu 似乎體現了巴洛和 EFF 所冀望的崇高、自由精神；Topi-
ary 象徵的是德克薩斯人死牛崇拜的顛覆性精神。或許這就是
LulzSec 迅速崛起的祕密。

　　不過引用一句經典科幻片《銀翼殺手》的台詞：「燃燒的
亮度跟壽命成反比。」LulzSec 即將走向終點，而它的衰敗則
結合了內鬨、背叛、安樂椅偵探*這些因素。

記者珍妮佛・艾米克替某個網站採訪替代性宗教時，剛好也參
加了 2008 年匿名者在舊金山山達基教會的抗議。她受到這種
熱情的感染，很快就不再只是寫報導的旁觀者，而是成為匿名
者的積極支持者。

　　艾米克當時是一位年約三十五歲的媽媽，完全不符合
4chan 用戶的典型，但她沉浸在狂熱的匿名者世界裡。隨著這
場運動在攻擊山達基教會、PayPal 等機構之後發生變化，艾米
克開始發現一些警訊。她擔心抗爭者誤以為使用 LOIC 軟體做
DDoS 攻擊很安全，實際上這可能會讓他們暴露身分並遭到逮
捕。她發現了暴民政治的跡象。她擔心年輕人會因此捲入犯罪
性的駭客行動。壓垮艾米克的最後一根稻草來自於匿名者成員
洩漏了索尼影視娛樂高層的資訊，包括地址、小孩的姓名，甚

* 安樂椅偵探：偵探小說所塑造的一種偵探類型，他們不在外奔波勞碌，只需坐
在舒適的安樂椅，聽著、看著別人提供的線索，就能憑著推理，破解謎團。

至是小孩就讀的學校等細節。

「這激怒了我，」她說道，聲稱此舉標誌著匿名者團體氛圍產生很大的變化。「自此事態開始升溫，什麼都變成了攻擊對象。」

艾米克說她決定對匿名者的領導人物「以牙還牙」，讓他們不再匿名，也就是巴爾之前嘗試採取的策略，但是對艾米克來說，沒有像巴爾的結果那麼毀滅性。她認為有一個人集合了她討厭的一切於一身——Sabu。

為了蒐集所需的證據，艾米克找出一個她認為是匿名者的弱點，也就是一位能夠進入 LulzSec 聊天的成員。她用假身分誘使這個人洩漏團隊的線上聊天紀錄。在 LulzSec 的對話中她發現 Sabu 無意間提到一個網站。這讓艾米克找到了一個臉書的頁面——她看到了 Sabu 的真面目，一位經驗豐富、菁英駭客的臉。赫克托·澤維爾·蒙斯格爾是一位二十九歲的無業青年，住在紐約住宅區，負責看顧幾個年紀較小的家族成員。

2011 年 3 月，艾米克以她的資安公司 Backtrace 名義公開她的發現。[42] 問題在於她也猜測了 LulzSec 其他關鍵成員的真實身分，卻搞錯其中幾個。她的研究不過是眾多聲稱成功找出匿名者成員身分的其中之一。包括 LulzSec 在內，多數人都不太在意她的發現，駭客行動也持續進行，但是 FBI 沒有忽略她的發現。有關 Sabu 的發現艾米克是正確的，事實上，執法機關也開始準備圍捕 LulzSec 的科技首腦——Sabu。

直到 2011 年 6 月 7 日，FBI 才終於出現在蒙斯格爾位於紐約雅各布‧里斯社區六樓的家。根據法院文件所述，面對警方，這位躲過追緝超過十年又公開嘲弄政府的超級駭客立即配合調查。[43]FBI 打算以信用卡詐騙等罪名起訴他。面臨可能的牢獄之災，以及可能沒有辦法繼續照顧年幼的親人，蒙斯格爾只好乖乖配合。

FBI 不希望他停止駭客行動，反而要求他在監控期間繼續和 LulzSec 聯手，藉此一網打盡所有成員。因此在 FBI 訊問以及短暫出庭後，Sabu 就回到電腦前，重回 LulzSec 的行列，並用祖母過世為藉口解釋自己為何短暫消失（後來改口說是祖母的忌日）。團隊成員突然起了疑心，但這時結局已經抵定。他們陷得太深，又背負了太多罪名，沒有任何停下來的理由。

同時，不是只有艾米克、FBI 在追蹤 LulzSec 的蹤跡。

英國的倫敦警察廳（Metropolitan Police，簡稱 MET）也於 2011 年追查好幾股網路犯罪的勢力。硬要以危險性排名的話，LulzSec 大概不會是 MET 的首要目標。在 LulzSec 宣布用 DDoS 攻擊重案調查局（Serious Organised Crime Agency，簡稱 SOCA）後，情況有了改變。攻擊媒體公司是一回事，但是英國政府有法定義務維持各部門正常運作，攻擊 SOCA 的網站雖沒有大幅擾亂警方業務，也並非無傷大雅的小事。

追緝 LulzSec 的任務落到較新成立的警察中央網路犯罪組

（Police Central e-Crime Unit，簡稱 PCEU），當時的負責人查理·麥克莫迪形容這個單位為「網路版的除暴安良」，作為向 1970 年代有關蘇格蘭警場*飛虎隊的警察劇《除暴安良》（The Sweeney）致敬。人如其名，小組的警官急切想掃蕩毫無準備的罪犯，提到對 LulzSec 的攻擊，SOCA 只花了幾個小時就找到人了。

調查火力集中在埃塞克斯郡威克福德的郊區住家，在這裡找到了十九歲的萊恩·克萊里。他是匿名者成員中負責處理遭到「殭屍網路」感染的電腦。[44]

調查克萊里的線索和其他數位鑑識證據，帶 MET 找到了下一個目標：Topiary。結果發現他住在謝德蘭群島的其中一座小島，位於蘇格蘭的最北端。與這裡相關的新聞極為罕見，如果有的話，通常和「強風吹襲」放在一起。小島總人口 2 萬 3000 人，主要經濟活動為漁業，尤其是鯡魚和鯖魚。[45] 這完全不太可能是世界聞名的駭客團體所在地。從倫敦到這裡相當麻煩，PCEU 負責進行逮捕，但是交通問題遠比想像中還令人頭痛。

一般來說，每天都有往返謝德蘭群島的渡輪。MET 卻選了最糟的時間到謝德蘭群島——偏偏是睽違 25 年在這裡舉辦高船競賽的那一週。所有渡輪停駛，因此警方得想別的辦法。

* 蘇格蘭警場：英國倫敦警察廳的代稱，主要負責重大案件的偵查、重要人物的安保工作。

232

　　他們一度討論尋求英國海軍船艦的協助，讓直升機把小組成員送到島上。

　　時間開始倒數。因為國際調查的性質，PCEU 警官只有有限的時間能逮捕並起訴 Topiary，而且商用客機太過罕見。最後，只剩一種選擇：用約 9000 英鎊租下一台私人飛機，對通常是搭地鐵通勤的警員來說太奢侈了。三人的警方小組有點難為情地登上豪華機艙，偷偷摸摸地自拍傳給倫敦的同事，同事諷刺地在照片的機艙內部加上「PCEU 航空」標誌。

　　7 月 27 日，他們敲了敲勒威克附近一輛靜止的露營車，見到了真實世界的 Topiary。傑克・戴維斯是一名有禮貌又輕聲細語的十八歲男孩，和家人在十年前搬到這裡。

　　LulzSec 成員一個接一個遭到圍捕，他們的真實姓名和住址遭到披露後，大眾再次意識到一些世界前幾大的公司遭到這些青少年數位竊盜，有些案件甚至是他們在房間裡犯下的。當時有些記者被派去採訪這些嫌疑犯，我也是其中之一。

　　結果，Tflow 的真名為穆斯塔法・阿爾—巴薩姆，是一名十六歲的青年，住在南倫敦街區的一間公寓。我抵達後，他的家人告訴我他人在學校，而且也不想多談。等警方找上阿爾—巴薩姆時，他們比我好運多了，在他的夾克口袋發現一張紙，上面列出在 LulzSec 成立之前曾攻擊的對象，甚至有哪一個成員扮演什麼角色的簡便指南。

　　但是所有人都比不上 Kayla 令人吃驚。她在線上世界的身

分是十六歲的學生，聊天室的視窗是粉紅色的，對話中夾雜閃亮亮的表情符號。因此當我站在北英格蘭梅克斯博洛一幢半獨立式別墅門前，看著一位體格壯碩的二十五歲男性，有點害羞地倚著廚房窗台洗著碗並拒絕我的訪談時，我真的很難不驚訝。萊恩・艾克羅德曾在英國陸軍服役，現在無業，這就是 Kayla 的真實身分。[46]

或許 Kayla 是男人也沒什麼好驚訝的。首先，匿名者有一套關於網路生活的準則，雖然諷刺，卻透露出根深蒂固的臆測。第 29 條寫道：「所有的女孩都是男的，所有的孩子都是 FBI 臥底」（另外，第 30 條寫道：「網路上沒有女孩」）。

的確，大多科技安全會議的與會者都是男性，因違反英國《電腦濫用法案》遭到定罪的人士也大多是男性：從 2007 到 2017 年，265 位違法者中有 222 位為男性。[47] 但也有人認為對科技安全和駭客技術來說，沒有非男性不可。以男性為主的這個特徵是惡性循環，大多數女性發現這個環境不是那麼歡迎她們，沒有什麼值得追隨的女性先驅。

對於像艾克羅德的駭客而言，創造出一個詳細描述的線上女性形象的確是讓人分散注意力的好策略。他的對手馬上就會推測他的線上人設是假的，因而不再深入探究有關他真實身分的線索。更深層來說，儘管這裡的文化比較不顧他人、以異性戀、男性為主（在這裡「男同性戀」這個詞被廣泛使用，也不覺得是一種侮辱），匿名者和類似的團體其實是性別流動

（gender-fluid）的環境。例如，洩漏外交電報和其他資料給維基解密的人，出生時為布萊德利・曼寧，後來變性成為雀爾喜・曼寧。洩露聊天紀錄給珍妮佛・艾米克（揭發 Sabu 身分的調查員）的人也變性過。

在克莉絲緹娜・鄧巴─赫斯特的《駭客大不同》（*Hacking Diversity*）一書中，她引用了一位名為薩力克斯（Salix）的駭客所說的：「對我來說『駭客』一詞指的是任何一位想推翻體制的人。就跟我的性別和性取向一樣──推翻體制看看我屬於何方。」[48]

然而，除了他們精心營造的網路身分之外，LulzSec 的成員第一次見面是在法庭。化名為 Topiary 的傑克・戴維斯，遭判刑兩年，他在一所少年觀護所服刑。化名為 Tflow 的穆斯塔法・阿爾─巴薩姆，獲判緩刑 20 個月、無償工作 200 小時。化名為 Kayla 的萊恩・艾克羅德，判刑 30 個月。萊恩・克萊里判刑 32 個月，[49] 他也遭控持有兒童性虐相關資訊。[50] 他以亞斯伯格症候群作為部分辯護理由，指出自己罹患自閉症。這在高調的網路犯罪案件中算常見：英國駭客蓋瑞・麥金農被控駭進敏感的軍事系統時，爭取引渡回美國靠的也是亞斯伯格症的診斷。[51]

不過「自閉的駭客」這樣的陳腔濫調就跟駭客文化許多面向一樣根本不正確，也和巴斯大學有趣的研究結果一致。英國國家犯罪調查局發現網路罪犯身上的自閉特質，引起許多相關

研究開始調查兩者之間的關聯。[52] 研究人員在電腦論壇招募了290 名精通科技的人士，詢問他們是否參與過網路犯罪，也用問卷評估他們是否符合自閉症光譜量表上的特質。

「曾有網路犯罪經驗的人經評估在光譜的最高分區，也就是有自閉的特質，」首席研究員馬克・布魯斯南說。這可能會讓你覺得自閉症和網路駭客之間的連結是真實存在。其實並不然。自閉症是一種臨床診斷，有自閉症的特質並不代表就有自閉症。

布魯斯南研究的所有人當中有 25 人診斷為自閉症。「如果有自閉症的診斷，就不太可能會網路犯罪，」布魯斯南說。「自閉症患者通常都很誠實又值得信任。自閉症的定義部分為傾向一致性、死板、遵守規則。」很顯然，不用有自閉症就可以當駭客。但是駭客大部分所做的事可能會吸引位於自閉症光譜高端的人：重複、極度專心、獨力完成。

對克萊里和 LulzSec 的英國成員來說，要等到 2013 年 5月，這些人才會被判刑。同時，這個集團的實際領袖蒙斯格爾（也就是 Sabu）和 FBI 之間的祕密合作也浮出水面。LulzSec的「搖滾巨星」成員被迫面對自己遭到最信賴的人背叛。

傑克・戴維斯本人安靜又認真，很少罵髒話。很難把他真實生活中的個性和線上的 Topiary 人設聯想在一起，網上的他用一連串的猥褻謾罵行動協助摧毀了艾隆・巴爾的公司 HBGary

Federal。不過,他加入駭客的世界原因很好了解。謝德蘭群島上,這位聰明又好奇的年輕人最終參加了編織課、學習吹牧羊哨。網路上有個更寬廣的世界等著他,戴維斯找到了能讓他施展拳腳的舞台。

戴維斯承認自己和 LulzSec 的所作所為是錯的。但他指出他們的駭客行動大多是低階的,而且要是攻擊對象有更好的安全防護,攻擊就不會成功。現在回過頭看,他似乎認為 LulzSec 是一種實驗藝術的表演。沒錯,他們的攻擊像是一場表演,目的不是賺錢,而是為了好玩。如戴維斯所說,如果這個集團是受到金錢驅使,他們會用進入的渠道和取得的數據做更具破壞力的用途。然而他們的嘲弄只是為了博取大眾的關注,當然這也是他們被逮的主要因素。

戴維斯對蒙斯格爾的背叛沒什麼不滿,但對於 FBI 在逮捕蒙斯格爾之後還讓 LulzSec 繼續駭客行動的決定很有意見。

「FBI 驅使我們駭進更多目標,因此遭到攻擊的數量也隨之增加,」他說。

> 這一切都是 FBI 操作的,他們才應該為這些駭客行動負責。就算我們拉住赫克托‧蒙斯格爾,說「我們不想做」,他還是會逼我們做,甚至我們說的話也開始因為蒙斯格爾和 FBI 的合作而變得比較有起訴的價值。

FBI 拒絕評論他的看法。

很難確切知道有多少駭客行動在蒙斯格爾與 FBI 合作的計畫下發生，LulzSec 洩漏的數據可能早在蒙斯格爾遭到逮捕之前就已經取得。然而，他和聯邦政府合作時，LulzSec 繼續誇耀自己的勝利：美國參議院的內部文件被公開，多間大型電玩公司遭到攻擊，CIA 網站因為 DDoS 攻擊被迫離線，最終或許也是最不光彩的攻擊為 LulzSec 駭進《太陽報》的網站，張貼一則假新聞聲稱新聞集團（原稱 News Corporation，現稱 News Corp）的老闆魯柏特·梅鐸身亡。這一切都發生在 FBI 監控蒙斯格爾的行動期間。至於蒙斯格爾，他堅持 FBI 沒有指揮 LulzSec 要攻擊誰。他告訴我這個團體愈來愈猖獗，部分原因是他個人因為自身情況激起的憤怒。

2014 年 5 月，蒙斯格爾遭到判刑。在先前認罪答辯時，他已經在監獄裡待了七個月並且獲判假釋一年。司法部表示他參與了「特別合作」讓政府能夠「找出、鎖定、逮捕其他八位共犯」，且由於他將資訊偷偷傳給 FBI，防止或縮減了三百多起的網路攻擊。[53] 他目前在美國科技安全公司任職。「我已經過了想要為某個目標犧牲的時期，」他在信中寫道。「生活很美好，我沒什麼好抱怨的，我很後悔我的所作所為，但是我不對結果感到後悔。」

和蒙斯格爾一樣，其他 LulzSec 的核心成員現在也在網路安全領域找到有成就感的工作。戴維斯現在是顧問（他說他最

近和艾隆・巴爾喝酒，說他是「很棒的傢伙。」巴爾目前仍在美國的科技公司工作。）阿爾—巴薩姆創立一家科技企業，賣給了臉書後，現在正在倫敦大學學院攻讀博士學位。[54] 根據艾克羅德的社交媒體檔案，他現在做的是網路安全的教育訓練和諮詢。

有些人看到那些曾經以網路犯罪為樂的人現在卻在網路安全產業工作覺得忿忿不平，不過許多人覺得雇用這些人也很合理。然而有一個問題：幫銀行、政府、執法機關（有些最有賺頭的合約）做科技安全工作通常需要證照或是經過審核，因此曾因駭客行為遭到定罪就會被屏除在外了。

就科技產業來說，他們努力讓年輕人遠離 LulzSec 的老路。公司開始施行「漏洞回報」獎勵計畫——如果駭客做對的事，告知公司安全性的漏洞，而非販售或是濫用安全漏洞就能獲利。這樣的計畫很激勵人心。2019 年，據悉一名達人等級的漏洞回報獵人四年來因此賺進 100 萬美元。[55] 但是不管合法的駭客行為變得多吸引人，總是有一些人想輕輕鬆鬆賺進鈔票，而且還是靠非法的手段。

隨著 LulzSec 成為歷史，匿名者分裂成好幾個區域性的團隊，他們使用的策略讓網路罪犯找到了出路。用 DDoS 攻擊 PayPal 和 CIA 等已顯示出這種方法的力量有多大。DDoS 攻擊曾被用於政治激進主義和失控的惡作劇，但現在將被用在更直接的回報——賺錢。

八歲的哈利正在對我展示他的個人波音 767。這是個絕佳的設計：頭等艙的座椅全都可以平躺，還有個人洗手間。商務艙乘客有工作時可使用的桌椅。

除此之外，令人驚豔的是哈利（我姪兒）從零開始打造這架飛機只花了不到兩個小時。當然你是不可能有這樣的座位。哈利的飛機只存在於《Minecraft》（當個創世神）的電腦世界中。

如果你的孩子熱愛玩遊戲或是你本身就是瘋狂的玩家，你大概就會知道這款超熱門的電腦遊戲。在遊戲中，玩家的分身在螢幕上用 3D 磚塊打造出個人專屬的世界，精心設計一切，從巨無霸客機到火箭都可以。結果證明這個遊戲的開發商為瑞典的遊戲公司 Mojang，於 2014 年被微軟收購。這是個精明的投資，因為兩年內，Mojang 表示這款遊戲的銷售量就突破了一億大關。[56]

對哈利和其他玩家來說，這是個很有吸引力的數位世界，他可以沉浸其中並且盡情享受。然而對駭客來說，《Minecraft》成為跨國攻擊的動力，也對數十萬名玩家造成影響。背後的故事顯示出匿名者之類的團體所使用的數位靜坐策略，現已轉變為修正版的網路勒索。

在 LulzSec 遭到定罪後，這個團體的搖滾巨星風格引起了一股仿效風潮。

再怎麼虛張聲勢，這些後起之輩大多沒有 Sabu、Kayla、

Tflow 的高超技巧。不過有一個策略不需要那麼高超的技巧——DDoS 攻擊。只要有夠多電腦感染病毒，任何人都能發揮像匿名者一般聞名國際的威力。

DDoS 的租賃服務開始四處出現，大部分是靠當初協助匿名者攻擊的「殭屍網路」。這種服務通常以合法網站的測試工具作為掩飾，也就是俗稱的「施壓」——網站的站主可以用來測試網站夠不夠堅固。不過檯面下，這些雇用來做 DDoS 攻擊的不法槍口會按價格攻擊任何一個人。只要有充足的比特幣和夠大型的 DDoS 攻擊，企業的網站可能會在某個時間點停擺，蒙受巨大的損失。此外，如果處理得當，這些攻擊根本不可能查得到真實來源。

最高調的那幾個社團中有一位前成員談到匿名的情況，就表示曾有一個生意人在地下論壇找上他，想要讓對手的網站掛點。

> 他問我有關 DDoS 的攻擊。他說他經營一間規模頗大的公司，他的競爭對手之一也在同個產業，他希望我們讓對手的公司垮台，這樣他的公司就能趁機稱霸。
>
> 他付了錢，我拿到了 IP 位址。

這名駭客聲稱他遵照指示，讓對手的網站當機。最讓人驚

訝的是,我問他攻擊的是哪個網站時,他回答:「不知道,我看不懂,全都是韓文。」

驅使匿名者採取 DDoS 攻擊的意識形態已不復存在,現在情況已經不同了。相同的策略被完全不知道攻擊目標的駭客用來生財。可是 DDoS 的雇用生意有一個問題——規模大小。打造大規模的殭屍網路不容易,尤其在科技安全產業奮力回擊駭客後變得難上加難。網路罪犯很幸運,在打造傳統的殭屍網路變得更加困難時,網路發展出一個新的弱點——世界各地數以百萬計的人開始將設備接到電腦上。

網路攝影機、麥克風、電視、恆溫器、寶寶監視器、冰箱甚至是性愛玩具,大部分都可以連上網路。對駭客來說,這在俗稱的「攻擊面」上創造了爆炸性的增長。簡單來說,上百萬台新裝置意味著上百萬個新的潛在入口。「物聯網」(Internet of Things)誕生,新型網路戰的舞台也已經抵定,而微軟首當其衝。

為了解一個成功的建築遊戲怎麼會變成全球駭客攻擊的競技場,你得先弄清楚《Minecraft》是怎麼運作的,以及為什麼對許多人來說很有利可圖。這款遊戲可以在手機、筆電或是遊戲機上玩,可是許多玩家遲早會想要把精心打造的數位世界搬到電腦伺服器上。這讓他們可以邀請朋友一起享受,這也代表他們的線上世界能妥善地存放在線上,就算手機掉到馬桶也不會消失。這些電腦伺服器不是由遊戲開發商微軟和

Mojang 營運，而是由許多小型公司負責。這些公司可以在玩家進入伺服器時要求付費，也可以賣裝備給玩家，如寵物或螢幕上的角色所使用的服裝。

你或許覺得這一切聽起來又怪又深奧。我也這麼覺得，直到我問了《Minecraft》的頂尖伺服器公司能賺多少錢，我才發現這一點也不難懂。

「一個月約 150 萬美元，」負責保護《Minecraft》伺服器不受攻擊的 ProxyPipe 公司副總裁羅伯·科爾賀說。

科爾賀說《Minecraft》的生意很大。這全靠這些電腦伺服器的運作與維持。沒有伺服器就沒有錢。如果你想讓敵對的《Minecraft》伺服器公司玩完，或是更甚者向他們勒索，那你就需要攻擊對手的《Minecraft》伺服器。最好的方法就是用 DDoS 攻擊。

據科爾賀所說，隨著這個遊戲越來越受歡迎，《Minecraft》變成 DDoS 攻擊的戰場，伺服器定期遭到攻擊。一旦伺服器當掉，使用的玩家通常很快就會失去耐心（年輕玩家本來就沒有什麼耐心），因而轉用另一家伺服器，夾帶著可觀的收益一起離開。他本身也經營過《Minecraft》的伺服器，親眼目擊過攻擊行動，科爾賀創立了能保護其他伺服器公司的事業。他的公司很成功，然而在 2016 年的某一天，科賀爾的防護軟體遭到襲擊——這是一個強力的新型武器，可能就此永遠改變 DDoS 攻擊的面貌。

　　這類攻擊的規模是根據有多少垃圾申請瞄準受害者而定，傳輸速率為每秒幾十億位元（Gbps）。直到現在，科爾賀表示 40 到 50Gbps 的攻擊流量被視為相當嚴重的程度。但是突然間，他發現攻擊量達到 300Gbps。「這無疑是獨佔鰲頭，」他說。

　　除此之外，這些攻擊似乎挑選了一個能導致最大損害的時間點進行。伺服器被攻擊後將關閉一段時間，然後恢復使用，等用戶再次登入《Minecraft》後，攻擊就會再次摧毀伺服器。被連續踢出好幾次讓使用者不再相信這個伺服器，轉而尋求其他家公司提供的服務。

　　攻擊伺服器的垃圾申請一定其來有自。在傳統的 DDoS 攻擊中，通常是由感染病毒成為殭屍網路的電腦發動攻擊。但是科爾賀開始研究後，他發現了不尋常之處。垃圾申請不是從筆電或家用電腦發出。每一個申請都來自不同的 IP 位址，就是裝置連接到網路的入口。科爾賀的軟體可以記錄下這些用來轟炸他客戶伺服器的 IP 位址。於是，作為實驗，科爾賀複製了其中一個用來攻擊《Minecraft》伺服器的 IP，貼到自己的網路瀏覽器後按下「前往」。一則網路直播影片出現在螢幕上。

　　「是網路攝影機，」他說。

　　湧進《Minecraft》伺服器的海量垃圾申請不是來自傳統受到感染的殭屍網路電腦，而是來自所有連上電腦的新裝置。像是監視器、智慧電視、無線網路路由器──世界各地的裝置

都遭到感染，被迫發送大量的惡意流量至《Minecraft》的伺服器。[57]

科技安全研究人員開始探究在這麼大規模的攻擊發生後到底是怎麼一回事，結果發現了令人擔憂的事實。這些裝置價格低廉，畢竟只是想要一台網路攝影機查看牛棚的情況（有些農場主人會這麼做），誰會砸大錢買一個高品質的網路攝影機。因此，這些裝置大多都有安全漏洞。因為覺得沒什麼風險（誰會想駭進牛棚裡的網路攝影機？），裝置的持有者不會費神改變裝置的預設密碼。這表示不僅這些裝置連上網路，任何一個地方的任何一個人都能直接連上、控制這些裝置，並變更裝置的軟體。

某人在某地開發了專門攻擊這類裝置的病毒。這個病毒名為「Mirai 蠕蟲」，取名自一部日本動漫。它會在裝置間傳播，尋找有漏洞的裝置，但是有一些例外——例如 Mirai 刻意避開和美國國防部有關的 IP 位址（很顯然，某人從蓋瑞‧麥金農身上學到教訓）。[58] 這個病毒有 62 個預設的使用名和密碼，通常是裝置在離開工廠時就已經內建（例如「admin」和「password」）。[59] 靠這些密碼病毒就能大搖大擺直接侵入沒有妥善配置的裝置。

2016 年 8 月 1 日，首次嘗試進入網路的 Mirai 像野火般蔓延。根據一支國際研究團隊，Mirai 不到 10 分鐘就感染 1 萬 1000 部裝置，在 24 小時內繼續侵入超過 6 萬 5000 部裝

置。[60] 最終感染了全球 60 萬部裝置，也就是當初攻擊 PayPal 的殭屍網路數量的二十幾倍。諷刺的是，監視器為常見的感染目標。遭到病毒感染的機器大多位於巴西、哥倫比亞、越南，不過機器被迫攻擊的目標遍布全球，其中遭到最為猛烈攻擊的為美國、法國和英國。[61]

到底始作俑者為誰？是誰站在如此猛烈又毫無節制的攻擊背後？

科爾賀表示，隨著這隻蠕蟲躍上新聞、資安研究者開始進行追蹤時，《Minecraft》伺服器公司在遭受攻擊後立刻收到了訊息，表示要為他們提供「DDoS 緩解」系統以解決問題。這看起來很像傳統黑手黨風格的收取保護費機制，一家近來忙得不可開交的業主接到一則巧合的「保險」提議，以防範未來的攻擊。

這個案子收到的提議來自一家名為 ProTraf Solutions 的公司。這間公司和 ProxyPipe 是競爭對手，科爾賀開始發現他的客戶漸漸流失。他估計這些攻擊讓他損失了高達 50 萬元的營收，除此之外，他還花了許多時間在研究與解決問題。一些《Minecraft》的伺服器業者歸結出反正都要付費避免遭受 DDoS 的攻擊，不如就接受 ProTraf 的及時提議，價格也滿不錯的。事實上，ProTraf 能夠提供如此優惠的價格是因為——該公司的老闆就是最初打造並釋出 Mirai 病毒的人。

十九歲的帕拉斯‧賈哈和十八歲的約書亞‧懷特約於

2013 年成立 ProTraf Solutions。懷特曾提供過 DDoS 的雇用服務。他化名為 LiteSpeed，寫出新型且極有效率的軟體用來自動攻擊網站。[62]

賈哈和科爾賀認識彼此，根據認識賈哈的人表示，創造出 Mirai 的動力有一部分來自於用計摧毀宿敵科爾賀的公司。賈哈也清楚這麼做有讓大家轉投 ProTraf 的附加價值，他的合法生意當時急需金援。

隨著他們的殭屍網路越來越強大，賈哈和懷特開始用出租換現金，收費高達 3000 美元。[63] 賈哈也盡全力讓調查人員找不到線索，在某個時間點駭進凡爾賽的一個法國家用電腦，以這裡做為 Mirai 的中繼站。法國的網路調查菁英小隊突襲這棟房子，逮捕一名十九歲的嫌犯，卻發現他們被帶進死胡同。[64] 或許是因為這樣的詭計，賈哈在線上聊天時自詡為「無法碰觸的駭客之神」。看起來或許是這樣，但是在 2016 年 9 月，他和懷特惹錯對象了。

身兼安全研究人員及記者的布萊恩・克雷布斯經營一個名為「克雷布斯論安全」（Krebs on Security）的部落格，公開研究 Mirai 這個集團，而且越來越接近真正的駭客。大概是出自於報復心態，Mirai 蠕蟲以有史以來的最大值的流量 623Gbps 攻擊克雷布斯的網站。[65] 克雷布斯展開追捕，最終發現賈哈和懷特為病毒的開發者。[66]FBI 也緊追在後，於 2017 年 1 月逮捕二人，兩人獲判五年緩刑以及 2500 小時的社區服

務。兩人也被要求支付 12 萬 7000 美元的賠償金。[67]

如果你覺得這只是一場僅限於《Minecraft》的圈內網路惡鬥，不妨再思考一下。賈哈和懷特的 Mirai 病毒不只感染了數十萬無辜者的設備，這還只不過是個開端。

在當權機關逼近賈哈的 DDoS 出租計畫時，他做了一個嘗試讓調查斷線的舉動。這個舉措在後來被檢察官稱為「Mirai 集團最具摧毀性且最為關鍵的行動」。[68]2016 年 9 月 30 日，賈哈釋出 Mirai 的病毒碼。現在任何人都可以下載並擁有變更程式的主控權。接下來幾年，有一群人群起效尤，造成了災難性的後果。研究人員在全球日益增加的攻擊中一共發現了 33 種不同的版本。[69]

其中一個使用這項武器的即為丹尼爾·凱，警方形容他為「英國逮捕的網路罪犯中犯行最重大的」。[70]

三十歲的凱據報在暗網上以駭客身分兜售他的技能。2015 年，賴比瑞亞一家名為 Cellcom 的電信公司的資深員工找上他。根據英國警方，凱簽訂了每個月一萬美元的合約專責攻擊 Cellcom 在賴比瑞亞的電信競爭對手 Lonestar。因為 Mirai 編碼釋出，凱的攻擊力度也大大提升了。2016 年 9 月開始，他用自己的 Mirai 殭屍網路轟炸 Lonestar，該公司最終成為在各種版本的 Mirai 中，受到攻擊最為猛烈的目標。[71] 根據國家犯罪調查局（NCA）的說法，「2016 年 11 月，凱的

248

殭屍網路流量實在太高，導致賴比瑞亞的網路全面癱瘓。」[72]

其他人（尤其是布萊恩・克雷布斯）[73] 對這場攻擊的強度爭相提出看法，但是這場攻擊對 Lonestar 的確造成了重大影響。據 NCA 表示，這場攻擊「因為客戶斷線，導致數千萬美元的營收損失」。「Lonestar 採取行動以防止此類攻擊耗費了將近 60 萬美元」。[74] 這只不過是凱的駭客行動其中之一，他也承認攻擊德國電信公司（Deutsche Telekom），影響了100 萬名德國客戶。[75]

2019 年 1 月，凱遭判 32 個月的有期徒刑。與此同時，Mirai 仍在繼續進化，部分原因是全球便宜且防護不佳的裝置數量並未下降。自從匿名者團體的抗爭後，Mirai 成為廣泛應用 DDoS 的一部分。根據 2017 年一個學術團體的估計，每年有約 1000 萬起 DDoS 攻擊，也就是一天 3 萬起。[76] 大多數領頭的科技安全公司報告說，攻擊的規模仍在持續擴展。不只是像《Minecraft》這樣的電玩公司在接收端，任何一間靠網路做薄利多銷生意的公司都是容易遭到攻擊的對象，而且這種類型的產業占全球經濟一大部分且持續成長。

匿名者在高調攻擊中改良的工具現在也為網路罪犯使用，並藉此獲利，這對網路基礎建設有嚴重的影響。不過組織化的駭客集團攻擊的不只是提供線上服務的公司，如下一章要談的，攻擊的對象現在擴展到整個國家賴以維生的電網。

第八章

被強制關燈的城市

2017 年末,幾間英國主要能源公司員工收到一封出色的求職信。求職者在信中吹噓曾有「在工業設備製造端工作30 多年的經驗」,不過這名求職者目前關注的重點很清楚:「核電廠的資深機械工程師與空調通風工程師」。

這名求職者聲稱參與了英國最舊的其中一間核電廠蘇格蘭杜恩雷(Dounreay)的除役工作。這座電廠的拆除工作進行到一半,而這名求職者自稱參與這項計畫,也用專業術語詳細描述了他在計畫中所擔任的角色。

看了本書的前幾章,你應該不難發現這份履歷是假的,還附帶著病毒。這是駭客計畫中的一部分,目標鎖定提供英國的能源服務公司,包括核子反應爐的供應商,至少有四間公司會倒大霉。根據調查人員的說法,駭客不僅竊取了國家能源產業的敏感資訊,他們還進一步擾亂部分的英國電網。

鎖定英國能源網絡或許是不可避免的。前幾年,網路罪犯發現他們的工具可以用來關閉電廠,讓整座城市陷入黑暗。電

腦駭客行動已經進入安全研究人員所謂的「動能戰」（kinetic warfare），也就是用數位工具來破壞並損害重要設施，而能源產業即為重點所在。大家普遍認為網路戰最毀滅性的第一砲由美國射出，這個明確的目標在於削弱宿敵伊朗在核能層面的國家野心。

2010 年 6 月謝爾蓋・烏拉森本來應該在朋友於郊區舉辦的婚禮熱鬧慶祝，但是卻一直偷偷溜出會場接電話。

> 其他賓客當然在開心慶祝、盡情跳舞喝酒，但是我卻一直在講電話，幫德黑蘭附近的一個傢伙解決緊急的技術問題以及提供心理建設。
> 盛裝出席、手拿香檳的女孩不斷從我身邊經過……好奇我到底在婚禮旁的樹林裡用奇怪的語言說什麼。[1]

「德黑蘭附近的傢伙」是烏拉森的客戶，才剛告訴這位二十八歲的科技奇才一些消息，所以他根本無心眼前的盛會。這則消息和一個電腦病毒有關，他越深究就越覺得耐人尋味，也越棘手。

烏拉森當時在白俄羅斯的一間防毒軟體公司 VirusBlokAda 工作。你大概沒聽過這間公司，VirusBlokAda 的規模很小，

跟大型的全球防毒軟體公司如諾頓、邁克菲、卡巴斯基（烏拉森目前任職的公司）根本無法相比。諷刺的是，就是因為不主流才讓 VirusBlokAda 置身這起大型網路安全事件的風暴中心。VirusBlokAda 有一些客戶在伊朗，而大型國際公司大多不提供這個國家軟體服務，部分是因為制裁的關係，[2] 就算沒有限制，大多數公司認為和德黑蘭政權有貿易往來太有爭議，不願冒這個風險。

對 VirusBlokAda 來說卻不是如此。這間公司的防毒軟體為伊朗多間公司所用，其中一些客戶因為遭受攻擊而與烏拉森聯絡。一開始，攻擊帶來的影響比帶來的損害更為惱人。電腦感染病毒後會出現惡名昭彰的「藍白當機畫面」，使用微軟 Windows 作業系統的電腦會完全癱瘓，螢幕變成藍色並顯示錯誤訊息（因此才稱之為藍白當機），不斷要求重開機以修復問題。然而烏拉森檢視這隻病毒後發現了一些令人擔心的問題。首先，病毒能感染剛安裝的全新 Windows 軟體，這表示這隻病毒和其他惡意軟體不同，感染的不是後來才安裝在電腦上的軟體（如 Word 或 Flash Player）。病毒嘗試感染的是最根本的 Windows 作業系統。不僅如此，病毒還發現更新過的最新版 Windows 中沒人發現的漏洞（跟之前的病毒不一樣，例如 WannaCry 攻擊的是舊版的過時系統）。

烏拉森遇到的是罕見且大受歡迎的「零日」（zero day）攻擊。這是駭客對新型、無人知曉的軟體漏洞俗稱。會稱為「零

日」是因為一旦合法的網路安全公司發現病毒，時間就開始計時，直到公司修復漏洞並關閉駭客進入的通道。如果時鐘一直停留在零，受害者就只能束手無策，駭客也能藉此機會長驅直入。

要找到零日並不容易，各類安全研究人員不論是出於善意或惡意，都不停在軟體上尋找弱點。發現其他人都忽略的事很弔詭，也很有利可圖。零日漏洞很有市場，因為在被發現前可以盡情利用發現的漏洞，也有代理公司向研究人員徵求並購買新的零日漏洞，其中一家公司即為 Zerodium。它為新的漏洞提供 2000 美元到 200 萬美元不等的報酬。Zerodium 說他們的交易光明正大，用研究零日漏洞來幫助政府部門。[3] 而且它的百萬美元獎勵也不是遙不可及。2017 年 9 月，該公司網站發布了一則 100 萬美元的獎金公告，表示任何人只要成功在暗網軟體 Tor 找到之前未公開的漏洞即可領取。Zerodium 在網站的「常見問題」中，為此舉辯稱：

　　Tor 網絡和瀏覽器的優點在於能讓合法使用者更有隱私、更安全地使用網路，但是在許多案例中，我們卻看到 Tor 被有心人士用於走私毒品或虐待兒童。我們提供賞金給發現 Tor 瀏覽器零日漏洞的人以協助政府部門打擊犯罪，讓世界變得更美好、更安全。[4]

或許這間公司真的美夢成真。在公開這筆賞金計畫後一年，Zerodium 的推特發布了一則警告，表示舊版的 Tor「有一個嚴重的漏洞」。[5] 不過，這則推特沒有透漏是否因為賞金才曝光這個漏洞（公司總裁查歐克・貝克拉的住址標示為華盛頓哥倫比亞特區，以公司的業務既敏感又機密為由，拒絕接受本書採訪）。

回到白俄羅斯明斯克實驗室的謝爾蓋・烏拉森正在思索這隻病毒：有人要不是花了大把時間在這隻病毒上，就是花大錢請人用不為人知的方式駭進 Windows。（烏拉森當時還不知道，但最終人們發現這個病毒包含不只一個，而是四個零日攻擊，而一位頂尖的研究人員形容這是「非凡且獨特的」）。[6]

烏拉森和他的團隊努力不懈：

> 我們開始和病毒實驗室的同事進一步分析。在找出幕後主使的過程中討論非常激烈，研究人員也罵了很多髒話，因為沒有標準的處理模式，我們只能慢慢摸索。
>
> 我們不斷地腦力激盪、制定計畫，開創不同的思路。隨著一步步進展，我們卻逐漸發現處理的是多令人不安的事。[7]

除了弄清楚病毒是怎麼影響最開始的受害者，烏拉森和他

的團隊也好奇病毒是怎麼散布的。如同我們在本書看到的，對病毒的製造者來說，最關鍵的阻礙在於如何讓受害者啟動惡意程式，通常是用計騙取受害者點選連結或是檔案。

在烏拉森的仔細觀察下，他發現這隻病毒根本不用靠受害者啟動。他們發現了一個新穎且有效的技能。插上 USB 就會有一個小小的標示出現在電腦螢幕上。駭客設法把部分病毒碼藏在製造出這個小小圖示的軟體裡。只要插上 USB，檢視 USB 內容就會導致病毒感染，根本不用點選任何東西。[8] 從這裡開始，病毒會試著散布到同一個網絡中的所有電腦。

這樣的策略前所未見，對烏拉森和 VirusBlokAda 來說，這簡直是爆炸性的新聞。2010 年 6 月 17 日，該公司網站發布一則告示，警告這隻新出現的病毒「有造成流行的風險，應該要加到極度危險的分類」。[9] 這隻利用微軟軟體的病毒相關消息公開後，微軟馬上就採取了應對行動。VirusBlokAda 在編碼中找到一串字元，因而將這隻病毒命名為「震網」（Stuxnet）。

VirusBlokAda 的公告為科技安全社群採納，大家開始清除這個編碼。一名研究人員成功清除編碼時發現了「Siemens」（西門子）、「Wincc」、「Step7」這些詞。[10] 對外行人來說，這些詞沒有任何意義，但是對能源部門的專家來說，這令人感到相當憂心。德國公司西門子製作控制工廠和電廠設備的軟體；Wincc 和 Step7 是那些深奧的、特定產業用的套裝軟體

名。這些詞彙的出現並不是隨機的，如果病毒找到受害者電腦上特定的西門子軟體就會火力全開。訊息很明確：震網不是那種想竊取信用卡號碼或啟動 DDoS 攻擊的一般病毒。創造這個病毒的人嘗試擾亂硬體機制，在工廠這樣的環境中，這可能非常危險，甚至會危及生命。

其他人也發現烏拉森早就發現的──病毒已經在伊朗扎根。隨著震網散布，賽門鐵克的分析人員追蹤 3 萬 8000 台感染的電腦後，發現其中三分之二都是伊朗的 IP 位址。他們同樣也發現，這隻病毒旨在攻擊西門子的軟體，綜合以上情況總結：「震網的目的很可能是攻擊伊朗境內特定的工業控制系統，如氣體管線或發電廠」。[11]

拼圖越來越完整，但這需要工業控制系統（Industrial Control Systems，簡稱 ICS）的專家來解開圍繞震網的謎題。

拉夫・蘭納以自己命名的公司位於德國漢堡。和多數科技安全研究人員不同，他對電廠科技有深入的了解。為了效果，他必須使用產業中的真實設備──明確地說，就是連結電力公司電腦和工廠硬體的控制單元。蘭納知道這隻病毒目標在於透過西門子的軟體攻擊控制單元，於是他開始用真實的設備測試震網。還沒有人確切知道震網可能會對設備有什麼影響。蘭納認為，一旦病毒發現連到正確的工具組，就會發揮作用並且顯現出它的真實目標。

可是當他開始試驗病毒時，卻什麼也沒發生。為了「喚醒」病毒，蘭納和團隊必須不斷更換測試用的工業控制組設定，作為誘餌。病毒只有在碰上正確的配置才會火力全開，試著對設備發出一系列的新指令。

蘭納和團隊解開震網謎團的另一部分，有了驚人的發現：震網不是針對隨便一間電廠的科技，而是專注集中在某一個特定對象，一旦找到符合的配置就會開始行動。[12]

蘭納認為震網是網路版的導引武器，只瞄準世界上唯一一家電廠。

伊朗是世界第四大原油蘊藏國。[13] 因此在震網攻擊時，大家赫然驚覺伊朗竟然只進口而不出口石油。

把原油精煉成汽車所用的汽油需要煉油廠，因為制裁和投資不足，伊朗沒有能力達到市民對石油的需求，甚至在 2009 年還必須分區供給石油。[14] 這讓伊朗（自從 1950 年代開始）更希望能發展核能以符合國內的能源需求。國家領導人堅持國內的核能計畫目的為能源供給，可是這樣的保證無法削減美國政府和同盟對伊朗祕密發展核武科技的擔憂。

事態越演越烈，據悉 2002 年伊朗在納塔茲設立了一個新的核能發展計畫，距離首府德黑蘭以南約 100 英里。伊朗是《核武禁擴條約》的締約國之一，同意受到國際原子能總署（International Atomic Energy Agency，簡稱 IAEA）的監督，

伊朗卻沒有告知 IAEA 有關納塔茲的計畫。[15]

納塔茲基地的目的在於濃縮鈾，也就是藉由在金屬圓筒內高速旋轉提煉出富含鈾的氣體，從而分離出更有用、較重的鈾氣體。鈾濃縮的程度按百分比來分：核電廠使用的鈾不需要太過濃縮；核武級的鈾則要濃縮至 85% 或更高。當 IAEA 的調查員終於進入納塔茲的設施時，結果發現鈾離子濃縮高達 70%，引發伊朗可能在組裝核彈原料的恐懼。[16] 調查過程中，IAEA 的署長聲稱伊朗「試圖掩飾他們大部分的行動」。[17]

納塔茲的反應爐有一點讓人特別擔心：這裡的主要設備蓋得很深。若像某些人所擔心的，納塔茲基地是用來發展武器級的原料，如果伊朗的對手想要阻止，就算孤注一擲炸了這個基地也無法奏效（不管怎麼看，以空中戰來說，飛到納塔茲太危險，也太容易暴露行蹤了）。

結果納塔茲反而是第一個遭到純網路戰策略攻擊的核能設備。用這種方式攻擊並不容易：和本書描述的許多目標不同，電廠的濃縮機器沒有連上網。要攻擊的話，駭客得跳過安全研究人員所稱的「實體隔離」（air gap），想方設法找出實體的方式運送病毒到設施裡，並且進入電腦，這裡才是病毒能大肆破壞的部分。一旦進入目標，病毒必須「胡搞瞎搞」，在沒有指引或是真人微調的情況下自行完成任務。

震網設計者想出的解決方式很妙：他們創造出一個能廣為散布的病毒，藉此增加感染納塔茲內部電腦設備的機會，但要

真的進入設施才能造成嚴重的損害。這就像是地毯式轟炸行動四處丟炸彈，只有在擊中某棟特定建築物時才會爆炸。

這也解釋了烏拉森、蘭納和其他研究人員發現的：這隻病毒的設定是在電腦間傳播，但只有在發現那一個特定的西門子工業設置，也就是納塔茲核電廠所使用的設置時才會真正發動攻擊。

至少，理論上是如此。實際上，情況卻有點混亂。

最終，超過 10 萬台電腦遭到震網的無差別感染。[18] 由於完整的惡意軟體從未真正啟動，大多數電腦持有者不覺得有什麼負面影響。然而，他們的數位資產還是遭到病毒的感染。如聯絡烏拉森的伊朗公司所發現，震網就算沒有打算攻擊卻還是造成了附帶損害，讓部分電腦出現藍白當機畫面。

除了實際帶來的負面後果，不論病毒的開發者如何限縮並集中病毒的影響，釋出自動傳播的網路武器也有道德上的爭議。尤其當武器靠的是「零日」漏洞，不告知大眾漏洞所在以提升防護力預做準備，反而緊握在手中並為一國的網路軍隊所濫用。

如金・澤特針對震網所寫的《零日倒數》（*Countdown to Zero Day*），書中提到：「政府藉由讓大家都蒙受風險的方式來攻擊少數的主要目標——就像扣著全國民眾都可以施打的疫苗讓少部分特殊人士感染病毒」。[19]

震網的設計者顯然計算過優劣，最後做出有利自己的選

擇。一旦設計出自己的武器,他們要做的就是讓目標附近的電腦受到感染。如此一來,病毒會在電腦間傳播,直到確認是納塔茲電廠的配置才會啟動惡意碼。

震網於 2009 年 6 月 23 日開始感染納塔茲相關企業。[20]第一批受害者為伊朗境內五家提供國家核能產業服務的公司。只要這些公司其中一名工程師帶著感染的 USB 或是筆電進納塔茲並且連接,震網就能跨過實體隔離並開始行動。進到納塔茲內部後,震網就會照蘭納和他在德國的團隊所觀察的一樣:仔細核對找到的電腦配置,尋找西門子的軟體,確認工業設備中正確的設定。

震網的編碼尋找的是控制離心機旋轉的裝置,而離心機能分離鈾氣體。這些離心機的設計很過時,這是由於伊朗被排除在現代的核能社群之外,無法取得最新的科技。因此,離心機極為敏感,一位資深的伊朗核能官員表示,在過去離心機會因為機器中存在細菌而自行解體。[21]震網瞄準的即為這些精心設置的旋轉圓筒,先定時加速再突然停止內部的轉子。

離心機的轉速應為每分鐘 6 萬 3000 圈。速度有任何突然或巨大的變化都會讓微調的部件彎曲或斷裂,最終造成致命的損害,導致離心機無法使用,鈾濃縮霎時停止。[22]然而,震網的部分編碼能夠改寫輸出,讓工廠的員工誤以為一切正常、轉子的轉速也穩定,因此他們不會發現警訊。

震網慢慢地進行祕密行動。2009 年末到 2010 年初,

IAEA 調查員注意到納塔茲上百個圓筒已經遭到汰換,超過正常應該磨損的量。[23] 伊朗不只耗盡離心機,還用光了珍貴的濃縮鈾氣體,以期找出問題所在。

不論是誰發動了這次攻擊,整個過程連一顆子彈都沒用就破壞了伊朗核能基礎建設的其中一個關鍵部分,而且他們肯定瞄準目標一段時間了。安全研究人員深入探究編碼後,發現攻擊納塔茲的各種震網版本存在多年。

這些版本顯示駭客嘗試過更摧毀性的策略,如讓離心機超壓。不過他們也發現了另一個特徵:前幾個版本的震網病毒沒有自動散布的功能。舊版的病毒必須直接安裝在一定會帶進設施的電腦上。這暗示病毒必須靠獲得授權的人「走進」納塔茲。跟後來的版本相比,震網的前身必須更完美吻合精煉廠裡的設定才能啟動攻擊。這一切顯示出在某一階段,駭客曾經更靠近目標,近到了解廠區內的大量細節,這或許是因為在內部有眼線。如蘭納注意到的:「提供所需情資的人可能連當地工程主管喜歡的披薩配料都知道」。[24]

攻擊者怎麼知道得如此詳細?這讓故事的走向從單純的網路攻擊轉為更傳統的間諜密技。震網現蹤後幾年,有報導指出,在震網早期發展時,荷蘭情報單位安插一名間諜在伊朗工作(荷蘭政府並未對此做出任何評論)。根據記者表示,該名間諜成立幌子公司,為納塔茲提供機電方面的協助。基地負責人就此掉進陷阱,間諜帶著病毒走進去、插上電腦,然後就如

歷史記載的那樣。[25] 但似乎在某個階段，攻擊納塔茲的人失去了珍貴的線人，因此才有後來的自散播病毒功能，藉此進入任何一個相關的公司，祕密散布病毒直到進入廠區。

到底是誰策畫了這起駭客行動？隨著越來越多曾經是祕密的行動被洩漏，大家對美國起了疑心。大多數人相信美國準備靠高科技的部署讓德黑蘭的核能野心止步。記者越探究就發現不乏美國政府來源確認並吹噓自己擊敗了宿敵。當然，這些消息來源全都不願意公開自己的身分，美國政府從未公開承認在攻擊伊朗核能產業中所扮演的角色。然而，多虧了寄送給媒體的匿名簡報，震網出現的真相逐漸浮出水面。

這個想法似乎從小布希執政時開始浮現。研究人員深入探究震網病毒，發現早在 2005 年就有病毒被編寫的跡象，只比納塔茲廠區開始興建晚了幾年。[26]《華盛頓郵報》等媒體報導美國和以色列一起開發病毒，並將此計畫命名為「奧運」（Olympic Games）。歐巴馬執政時計畫仍持續進行，有些人聲稱，由於以色列長期以來對伊朗在這個區域的勢力感到擔憂，歐巴馬甚至加快這個計畫的進度。

如澤特寫道：

透過外交渠道取得的進展相當有限，制裁也沒有達到預期的效果。有人擔心美國若沒有快速取得成

果，以色列可能會自行介入。綜合所有因素，歐巴馬不只決定重新授權數位破壞計畫，還加速其進行。[27]

和美國一樣，以色列政府從未公開就此事發表看法。

2010 年 11 月，安全研究人員公開更多有關震網的研究，像是其目標及影響，納塔茲的工程師停止廠區的離心機運作六天。[28] 或許他們終於弄清楚製作得如此精巧的病毒已經潛伏在電腦裡多年，巧妙地毀壞他們的設備以確保離心機無法正常運作。事實上，震網的效果太過隱密，其對伊朗核濃縮的影響有多可靠產生了一些爭論。有一些證據顯示，在發現震網病毒後，產量反而提升了，儘管有些人爭辯這樣的增幅只在有限的設備中，而且沒有病毒的話，伊朗可能會發展得更超前、擁有更多離心機，因此有更多濃縮鈾。[29]

實際上，這次行動的目的似乎一直都是削減伊朗的能力，而非摧毀。如蘭納所說：「攻擊者一直都有斷後路的機會，卻選擇不斷重複打斷計畫。」[30]

等震網變得越來越厲害，開發的工程師面臨的挑戰跟歷史悠久的諜報行動一樣：滲透行動能讓他們破壞敵方計畫的關鍵部分，但如果這麼做，也會暴露震網的存在，進而被擋在門外。二戰期間英國情報長用恩尼格碼破解納粹軍隊的通信時，面臨了類似的情境。如果英國積極使用新的情報，德國就會發現同盟國已經解碼，進而轉用新的加密法。最終，震網的設計者似

乎採取了跟英國當時一樣的決定：用祕密武器逐步破壞，而不是顯而易見的大動作。

然而逐步破壞的策略無法持續。大略的趨勢已經抵定——電廠現在成為網路攻擊的另一個目標。沒多久，駭客的電網武器就用在大規模的衝突中。這一次，沒有什麼所謂巧妙、偷偷的性能調整，這次的任務不是削減，而是摧毀。

2015 年 12 月 23 日，烏克蘭的溫度降至個位數。年度低溫襲擊了烏克蘭，在接近下午四點時，超過 100 座城市、小鎮和鄉村電力完全中斷。

這裡時不時就停電，但是這次不一樣。這次不是因為樹木傾倒或是積雪壓垮了電纜。電廠之所以停擺是由於多年來精心策畫的駭客行動。根據追查的調查人員表示，這是組織犯罪集團和國家主義駭客再次異界交流導致。

2007 年，一款名為 BlackEnergy 的惡意軟體出現在網路犯罪的地下論壇。[31] 從許多方面看來，這是一個相當標準的犯罪軟體。透過垃圾信件傳播，它會感染受害者的電腦，然後默默讓遭感染的電腦對某一個網站發出垃圾申請——本書一再提到的經典 DDoS 攻擊。

不過 BlackEnergy 的設計者沒有止步於此。這隻病毒演變為多功能的駭客工具，可以控制整台電腦。安全研究人員發現不斷進化的 BlackEnergy 版本皆出自同一人之手的徵兆，包括

新的迭代夾帶了科幻電影《沙丘》的資訊，不管編碼者是誰，他一定是這部電影的鐵粉。[32] 最終，BlackEnergy 被更為邪惡的人所用，他們的目標不只是感染電腦以採取 DDoS 攻擊。這群人把 BlackEnergy 用在衝突更為頻仍的地區。

2014 年 2 月，烏克蘭民眾推翻親俄羅斯的總統維克托·亞努科維奇，俄羅斯聯邦軍隊進駐烏克蘭，佔領南方一個以俄羅斯語為主的城鎮克里米亞，這裡一直是兩國角力的區域。[33] 就此開啟了武裝衝突的緊張時期。

但是根據安全研究人員表示，戰事靠的不僅是實體的武器。自 2014 年 5 月，BlackEnergy 蠕蟲就開始登陸寄給烏克蘭目標的檔案。烏克蘭六間鐵路公司的員工收到了一封電子郵件，夾帶一個「安全建議」附件，看起來是安全性薄弱的密碼列表；地方官員收到一份 PowePoint 簡報，列出協助恐怖份子的嫌疑人資訊；新聞人員收到烏克蘭抗爭者的相關密報檔案。所有訊息，以及這場行動寄出的所有文件都藏有 BlackEnergy 病毒。[34]

這隻病毒利用科技界俗稱的「巨集指令」（macro）——有點像內建在如微軟的 Word 檔或是 PowerPoint 簡報內的電腦編碼，通常是用來自動化一些重複性的任務。在詢問是否執行巨集指令時，如果使用者點選「是」，電腦就會遭到藏在巨集編碼中的惡意軟體感染，但受害者不會注意到正在讀的檔案有任何不同。

這就是駭客用來闖入烏克蘭電網的伎倆。

2015 年中期，烏克蘭三大能源公司的員工收到了帶有病毒的電子郵件，這三間公司都擁有配送電力至全國住宅和公司的變電所。駭客的伎倆成功了。有些收件者執行了巨集指令，遭到 BlackEnergy 感染。[35] 網路攻擊者現在進入了國家最關鍵的基礎建設之一，他們將在接下來的四個月做好準備，讓變電所同時發生故障。對駭客來說有利的是，在伊朗核能設備攻擊中遇到的一個主要障礙，而他們在這裡不會遇到。

由於工業設備和網路之間的「實體隔離」，使得納塔茲廠區很難攻擊。但隨著電力網絡的演進，實體隔離越來越小。電力網絡上線讓能源部門的網路安全專家憂心忡忡。英國網路安全公司 Darktrace 的工業安全專家安德魯・特松契夫說：「這是由商業因素驅動的。」這種日益增長的上線趨勢有兩股主要的動力：一是保養，工程師能從遠端連線修理並監控遠程設備，這意味著越來越少員工負責越來越多設備。二是數據，也就是現今許多公司的命脈。「為了提高效率與競爭力，數據是必需的，」特松契夫說。「大家都為數據感到著迷：他們需要遙測、分析電力是如何產生的、電網是如何運作的。這表示你得打開系統間的通道。」

每一個通道都可能為潛在的攻擊開啟一條新的渠道。

儘管如此，光是駭進電力公司員工的電腦還不足以讓駭客立即導致國家的供電失靈。烏克蘭這類公司的確有防止低階

駭客攻擊的策略。他們的電腦系統分為兩個層面：資訊科技（IT）以及營運科技（OT）。IT 層面和任何一間公司都很類似：有使用微軟 Windows 作業系統這類普通的電腦，電腦裡都是 Word、Excel 這類普通的程式。就是我們都會使用的那些科技，對瞄準烏克蘭的攻擊者來說，這表示他們可以藉此使用巨集指令的伎倆。

然而，OT 電腦就完全不同了。它們有專門的軟體可以控制複雜的大型機器，而這些機器用於產生和控制數百萬家庭的電力供給。大多數人都沒有使用過這些系統的經驗。它們通常是為每一個電力站特別設置的：光是了解系統的配置對駭客來說就很有挑戰了，更不用說發起攻擊了。現有的自動駭客軟體毫無用武之地，特松契夫表示：「因為系統是特製的，攻擊必須客製化。這是最頂級的挑戰。要成功得靠相當足夠的資金，還要很有才能。」

烏克蘭的電力公司運氣很差，2015 年成功駭入的駭客似乎資金充裕，也很有才能。一滲透進 IT 系統，他們就發現很有用的東西：普通的日常辦公電腦與功能強大且客製的 OT 機械之間的連結。

他們開始仔細規劃網絡並做好攻擊的準備。

駭客環伺電力網絡多年，部分原因或許是出自於好奇，但也可能是因為想尋找可以販售或利用的工業機密。然而，如一個有

趣的實驗所顯示,近來安全研究人員注意到這類攻擊能源產業的步驟出現了一個改變。

2018 年 7 月,以色列網路安全公司 Cybereason 設立一個假的電力傳輸站。[36] 基於和一間大型美國公司的對話,他們找到大型電力公司使用的 OT 軟體。像真實電力變電所設置的一樣,他們把公司的電腦連上仿造的設備。而且還連上網路,提供工程師遠端遙控操作時登入的頁面。為了給駭客機會,他們故意把系統的密碼設得沒那麼安全。

當然,Cybereason 根本不會連結到真的電力站,更不會有一整列穿著工作服的員工了。但是,任何在網路上試探的駭客如果遇到了 Cybereason 的測試,就有可能相信自己駭進一個位於美國東北且在運作中的真實電網。不過,假電力站被發現並遭到攻擊的速度之快令人咋舌。

「才放上網就被細細檢視,」Cybereason 的資安技術長伊斯利·巴拉克說。「他們花了五或十分鐘尋找登入資訊。」

不過兩天,這個假冒的設置就被駭了。這間公司對於攻擊來自何方有相當中立的見解:用來入侵的軟體在名為 xDedic 的暗網犯罪論壇很氾濫。明確地說,這個軟體做的是讓駭客能遠端進入並且控制部分 Cybereason 偽造的電力設備 IT 層面。

接下來幾天,Cybereason 的研究人員在駭客開始行動時在一旁靜靜看著。他們看到的是平凡的網路犯罪。駭客用新發現的受害者電腦來產生加密貨幣(前面提過的「加密劫持」),

也用這台電腦發動 DDoS 攻擊其他網站。沒有什麼特別不尋常的地方。

突然間出現了轉變。Cybereason 發現了一個新的使用者登入。基於和暗網犯罪論壇的關聯，Cybereason 推斷原本的駭客把權限賣給其他人，儘管公司沒有看到實際的交易發生。新的駭客對原本入侵者那種平凡但有賺頭的網路犯罪沒有興趣。研究人員看著，發現新的駭客唯一的目標浮現：找到有網路連接的 IT 與控制電力站的 OT 電腦之間的連結（如果是真實的設備，就會這麼做）。

幾週內，駭客找到一個弱點，發現連接 IT 層面和 OT 層面的電腦。然後，他們停止動作。

Cybereason 的研究人員不清楚原因，但巴拉克認為：「攻擊者可能意識到這是個陷阱。不管我們怎麼努力，電力設施中還是有某些部分是我們無法在實驗室裡重現的。」

Cybereason 創造了所謂的「誘捕系統」。這是一個實驗，得出了網路罪犯駭進能源產業的方式，可是永遠不會知道在真實世界會有怎樣的效果。不過，烏克蘭正在經歷的是極其真實的體驗。

駭客使用和 Cybereason 觀察到的類似技巧，逐步深入烏克蘭的三大配電商。他們找到一個理想的方式來破壞數千個家庭的電力供給。

電網中有斷路器，跟家裡用的很像，一旦啟動就會在電

路中出現缺口，停止電流。跟家用的不同之處在於，電力站的斷路器很大。為了阻斷配電商供應電流給客戶，以造成停電，駭客必須打開這些斷路器。遍布在烏克蘭的斷路器距離電力站好幾英里，靠三間電力公司的人機介面（Human-Machine Interface，簡稱 HMI）遠端控制。此即為 IT 層面和控制機械的 OT 層面之間的關聯。

駭客駭進電廠員工的電腦時取得了進入 HMI 電腦的權限。現在駭客已經掌控了各地的斷路器，可以在想要的時間關掉電力供給。

2015 年 12 月 23 日，準備就緒。下午 3 點 35 分，日落前約一個小時，駭客開始行動，在半小時內攻擊了三大電力公司。[37] 據報導，Prykarpattyaoblenergo 電力公司的員工看見其中一台電腦螢幕上的滑鼠朝 HMI 控制的方向自己滑動。[38] 幽靈之手打開了一個個斷路器，切斷數十萬的家戶用電。

工程師立即嘗試關掉斷路器以恢復電力，但是駭客總是快了那麼一步，準備好一連串精心計畫的第一步，這亦顯示出此次攻擊的複雜性。

駭客知道斷路器與電力公司的電腦靠一個特別的機櫃——乙太網路裝置連接（把從斷路器發出的訊號轉化成流量，因此能用網路傳輸）。在開始攻擊後不久，駭客對這些箱子發出假更新。一收到更新，乙太網路裝置就進行安裝，於是立即失去功用。因此當電力站的工程師嘗試聯絡乙太網路裝置機櫃

以關閉斷路器並恢復電力時，機櫃不接受指令。[39] 無法遠端操控以關閉斷路器，電力站必須派工程師到現場恢復電力，因此停電持續了好幾個小時。

可是當電力站員工拿起電話想請求協助，卻遭到駭客的另一波攻擊——網路罪犯切斷了電話線。

重要的基礎建設如電力公司和塔臺有獨立且可靠的電力供應，以防任何突發狀況發生，此即為不斷電系統（Uninterruptible Power Supply，簡稱 UPS）。停電時，備用電供應就會啟動。烏克蘭電力配置的情況是電話系統和 UPS 連接，所以停電時還是能夠撥話。駭客發現了這點，先一步癱瘓了 UPS。電力公司的工程師現在連撥通電話都沒辦法，遑論奪回設備的主控權。

現在，烏克蘭的氣溫已經降到攝氏 6 度。由於停電，超過 100 座城市、小鎮和鄉村陷入了黑暗，還有 186 個地區部分停電。約有 22 萬 5000 人無電可用。就算擔憂的民眾想打給電力公司通報現況及問題也不會成功。因為駭客的另一個策略：利用電腦軟體撥電話癱瘓其中一間電力公司的客服中心，所以總機持續忙線中。[40]

接著還有最後一個極盡羞辱的策略。駭客知道過一段時間，電力站的工程師會重啟電腦系統，試著讓一切回歸正軌，於是他們準備了一個讓人一點都不愉快的驚喜。他們改寫電腦程序，只要重開機，就會執行一個名為 KillDisk 的程式，如名

字所述,這個軟體會把電腦清得一乾二淨,讓電腦無法使用。電力站員工按下重啟按鈕,期待能終結這場惡夢、回歸正軌,結果卻刪除了每一台重啟電腦的資料。[41]

電力站持續三小時無法正常運作,而且還要花好幾個小時重新接上電力供給。全國上下一片漆黑,電熱系統完全停擺。人民開始使用蠟燭和毛毯,仍舊不知道停電的原因。

隨著對烏克蘭電力站的攻擊規模逐漸明朗,新聞報導大停電是由於駭客攻擊,一波波擔憂在科技安全產業及部分能源產業間蔓延開來,這次攻擊還可以用能源產業對網路犯罪沒有價值來當藉口。一個晚上沒電可能聽起來沒那麼糟,但值得擔心的是這種駭客攻擊所帶來的警訊。這種攻擊前所未見,也揭示出駭客可以隨意破壞國家電網的事實。

在攻擊曝光後,駭客不但沒有撤退,反而是在將近一年後,用更強大的武器再次攻擊烏克蘭的電力站。

和 BlackEnergy 一樣,Crash Override 目的在於摧毀電力站,讓烏克蘭陷入黑暗中。但是這一次,軟體可以自動控制病毒。這是一種跟震網一樣可以不靠人類操控,在電力站「胡搞瞎搞」的病毒。這次病毒攻擊的是一個電力站,不像前一次攻擊三個電力站。不過這也完全沒有放鬆警戒的本錢:據《Wired》雜誌報導,這次感染的是傳送電力的主要電力站,傳送 200 兆瓦的電力,比 2015 年那時攻擊三個配電所的總

和還高。[42]

烏克蘭事件不僅顯示出某些電力網絡有多容易遭受攻擊。在領土紛爭激烈的地區使用網路戰的新策略,讓其他深陷在衝突的地區也感到害怕。

「戰爭即將開始。在這裡你可以盡情使壞又不會遭到報復或起訴,」關注網路犯罪的北約大使肯尼斯·吉爾斯在一篇有關這次攻擊的延伸閱讀文章中對《Wired》記者安迪·格林伯格說。「烏克蘭不是法國或德國。很多美國人根本不知道烏克蘭在哪,所以這裡最適合做測試。」[43]

軍事圈或情報圈的人早就知道未來網路戰術就是俗稱的「戰力加乘因子」──能在烏克蘭這種國家使用,提升傳統戰力的策略。但問題在於,至少就目前而言,全球政治、外交、法律領域都在努力理解這樣的策略如何融入傳統戰事及其相關的交戰規則。令人擔憂的是,在數位的無人地帶,新技術會不顧附帶損害或未來將承擔的後果,不斷受到測試並且精進。

有些人把烏克蘭 2015 年和 2016 年的駭客事件歸咎於俄羅斯政府。雖然沒有直接提到大停電,一則簡短的聲明在 2016 年的攻擊後由烏克蘭總統彼得·波羅申科的辦公室發出,聲稱國家「調查一系列事件後發現,與俄羅斯利用國安機構進行網路戰攻擊我國有直接或間接的相關性」。[44] 更精確地說,研究人員發現與俄國相關的間接證據:例如,一開始的 BlackEnergy 病毒附上了用俄文寫的說明頁。[45] 美國網路安

全公司火眼聲稱追查到攻擊者策略的一個關鍵特點時,發現一場俄羅斯的駭客會議中曾經簡報過。[46] 自動撥出的海量電話讓 2015 年遭受攻擊的其中一個電力站客服中心癱瘓,據傳也是來自於俄羅斯。[47] 安全研究人員也明確指出,在所有國家中,只有俄羅斯對烏克蘭積怨已久。除了俄羅斯,還有誰會想破壞這個國家的電網?

英國政府似乎不是那麼肯定。2018 年 10 月,英國國家網路安全中心發出有關俄羅斯網路攻擊的新聞稿,其中列出該中心聲稱隸屬於俄羅斯軍情單位的駭客團體。可以確定的是其中包括 BlackEnergy 和 Sandworm,這也是普遍認為發動烏克蘭攻擊的團體。然而,此份新聞稿並未直接把這些團體和 2015 年、2016 年的電網攻擊連在一起。[48]

有些英國安全研究人員卻堅信俄羅斯駭客不只攻擊發電站,還鎖定英國,滲透了一堆在維持國家能源網路中扮演關鍵角色的公司。他們聲稱這些攻擊讓駭客更靠近英國核能基礎建設的核心,令人擔憂。

2018 年 2 月,一間提供國家石油與天然氣設備與服務的英國公司找上科技安全公司 Secureworks。

Secureworks 很快就發現受害者的網路遭駭,很可能被用來寄送令人信服的釣魚郵件,與本章一開始所描述的情況很類似,貌似來自一名核能產業的員工。這間公司不僅是駭客的目

標，也可能被用來誘捕更多受害者。

接著，越來越多目標浮現。4月時，調查人員發現另一家提供石油與天然氣產業服務的公司受到同一場行動的影響，這次的發現也幫助 Secureworks 找到另外兩名受害者。這兩名受害者皆為英國能源產業（包括核能設備）的重要供應商（Secureworks 以維護他們的客戶隱私為由，拒絕提供受害者的名字）。

這些公司都受到同一個惡意軟體攻擊，這對 Secureworks 的研究人員來說很常見。他們和其他科技安全公司一樣，自2010年後就開始追蹤，看著這個軟體不停發展並且突然出現在許多與能源產業有關的公司中。因為這個軟體一直以來都是同樣的使用方式，而且目前的版本未曾在地下的網路犯罪論壇中販售，研究人員相信這個軟體受到某一個集團的控制。現在，同一個集團狠狠攻擊英國。他們的伎倆之一在於駭進美國一間名為 CFE Media 的出版商，這間出版社專門出版給工程師使用的讀物。他們的計畫是感染這間公司供下載的線上雜誌檔案。

這就是俗稱的「水坑攻擊」（watering-hole attack），不是追著單一獵物跑，而是在他們喝的水裡下毒。「你攻擊的是一整個社群的利益，」Secureworks 的資安研究員拉菲‧皮寧說。因為這個策略，駭客不會知道誰被感染，但是被感染的人很可能有助於他們達成目標。

這個策略成功了。2016 年夏天,《諮詢指定工程師》
(Consulting-Specifying Engineer)雜誌網站的訪客因電腦
沒有受到防護,不知不覺把自己 Windows 的使用者名稱和密
碼傳給由駭客運作的伺服器。[49] 這些資訊可以用來登入工程師
工作用的電腦,讓駭客獲得朝能源產業前進的跳板。

CFE Media 拒絕應本書要求對此事件做出評論。

Secureworks 開始看到其他更高階的駭客操作,包括使用
只有世界上資源最豐富的駭客才能使用的策略。這個策略利
用電腦軟體常有的更新執行。不論是 iTunes、Flash Player 或
Java,總是有東西得更新。為了駭進目標,攻擊者攔截這些更
新的請求並劫持,發出布滿病毒的更新檔。為了成功,駭客必
須進入受害者和網路之間的網路路由器。藉路由器連上網路的
公司跟一般的家用網路路由器一樣,如果駭進去,就可以找到
更新請求,並且利用。

這種攔截的策略一開始是史諾登公開的,也就是 2013 年
從美國情報契約員工轉為爆料者的史諾登。他詳細說明美國國
家網路安全中心以「量子注入」(Quantum Insert)為名掩護
的行動。這樣的策略需要強勁的線上火力。這些駭客實際上在
和全球最先進的軟體公司比賽,看誰能先傳送更新包。要贏就
得靠世界最頂級的技能、速度和資源。

「這大多是國家級的團隊才做得到,」Secureworks 的科
技總監唐‧史密斯說。「你需要一個大型的『管道』(快速連

至駭進的路由器）。你嘗試讓路由器發出的回覆比合法的更新更快。」

目前越來越清楚顯示出英國能源市場的公司受到有豐富資源的攻擊者入侵。在 Secureworks 深入探究攻擊的目標為何時，更感到擔憂。他們發現駭客竊取的檔案中的敏感資訊不只和受害者公司本身有關，還和這些公司提供服務的英國能源產業有關。

在一般的駭客事件中，科技安全公司有時會刻意讓攻擊在一定的時間內繼續進行。這麼做是因為這有助於追查駭客的策略，充分了解駭客多深入受害者，並且蒐集有助於在未來找出攻擊者身分的資訊。但這次不同。受害者和英國重要的能源基礎建設有關，Secureworks 感到惴惴不安，於是迅速阻止攻擊。可是駭客不會乖乖束手就擒。

「他們知道我們在有系統地驅逐他們，」史密斯回憶道。「他們不想放掉握在手中的。在某個時刻，我們看到駭客上傳前一晚才編好的全新惡意軟體。一攻一守之間變成了貓捉老鼠的遊戲。

最終 Secureworks 獲勝。這次，他們發現了四家提供英國石油、天然氣、核能產業服務的公司遭到同一個惡意軟體攻擊，可是研究人員擔心這不過是駭客行動的冰山一角。

跟調查烏克蘭攻擊事件的人員一樣，Secureworks 發現指向俄羅斯的相關證據。他們認為自己發現的病毒為某一個駭客

集團的工具，旨在「蒐集能源產業（尤其是歐洲）的情資，幫助俄國政府和公司做決策，並且取得進入能源相關工業控制系統的權限。[50]

俄國政府沒有對本書透過倫敦大使館以及直接對其外交部提出採訪的要求做出回應。

Secureworks 的研究人員很清楚這些駭客目的不在於發動像烏克蘭那樣的毀滅性攻擊。英國的電網沒有即將被切斷的可能。他們認為自己看見的是間諜的演練。當然，總有一天這些情報會在攻擊中使用。

Secureworks 的資安研究人員皮寧說：

> 間諜行動大概分為兩個小組，一支蒐集資訊以協助政治層級做出政策與決定；另一支可能是試水溫，想在情況較為有利時，在英國嘗試烏克蘭式的攻擊。

駭客策略發展已久。從簡單的惡作劇或賺錢（或是結合兩者）開始，過去幾年來，駭客對我們的生活有更大、更顯著的影響。現在，駭客不只威脅我們賴以維生的基礎建設，還操弄我們的所見所聞。犯罪性的駭客行為與影響力管理相結合，而且這個趨勢已醞釀多年。

第九章

化數據為武器

「就」是用全球新聞作為武器的一種感知管理。這是宣傳戰的全新領域。」這是傑克・戴維斯，也就是 Topiary ——LulzSec 駭客團體的一位創始成員所說。如前面所提過，戴維斯和他的駭客夥伴在匿名者行動中組成了一個小派別，在 2011 年大肆行動，闖入了英國的重案調查局、索尼影視公司、英國國民健保署等。

雖然他們的技巧不如本書提過的其他駭客高超，戴維斯和 LulzSec 對網路犯罪的演變卻有關鍵的貢獻：從單純的賺錢、間諜行動轉變為資訊戰的一種。並非單純地將偷來的資料放上網，駭客開始學習資訊編輯以作為武器。他們挑選出最有破壞力的細節，再策略性地釋出資訊，造成攻擊目標最大的損害。不過他們不因此滿足，現在他們還拉攏記者，確保能製造出最具摧毀性的頭條。

他們或許沒有意識到，然而 LulzSec 這類的駭客團體播下的種子促成後來的發展。他們證明攻擊的時間點、策略性地洩

露資訊，以及最重要的——善加利用新聞媒體，在創造全球知名度與對受害者的損害程度方面多有用。

以上為我在 2018 年採訪戴維斯的訪談內容，那已是LulzSec 遭到取締、戴維斯獲判有罪的多年後。這總結了網路犯罪這個領域在 LulzSec 的鼎盛時期後不斷發展的歷程，雖然聽起來很糟卻十分合理。他們及其他人的駭客手法深深滲透了網路犯罪社群，導致比戴維斯和同夥造成的公司災難更為嚴重的事態。

本章看的是好幾起事件，包含事件背後的策略與動機。這些駭客行動完全不同，但卻有一個共通點：靠數據外洩蓄意破壞目標，而且往往是成功的。各種策略的結合也顯示出，駭客行動、網路酸民、新聞、極度有技巧地利用竊取的資訊全都匯流在一起。

控制媒體

在加入 LulzSec 之前，戴維斯生長於蘇格蘭的謝德蘭群島，他和許多聰明卻害羞的年輕人一樣，想靠幽默風趣變得受歡迎。他早期剛加入線上論壇時靠的是打惡作劇電話給全球聽眾聽。「我覺得這就像拿起麥克風，演出另一個角色一樣，」他回憶道。「有一種獲得自由的感覺。這是我唯一的管道。我不喜歡泡酒吧或是喝個爛醉，我把精力放在這種表演上。」

他繼續在匿名者的聊天室小試身手，學習如何在抗爭成

形後讓他的聲音被聽見。抗爭衍生出的團體 LulzSec 出現後，戴維斯利用自身能力聚集群眾，讓大眾注意到 LulzSec 越來越大膽的操作。有時候他會像馬戲團團長一樣預告即將發生的駭客行動；有時候則是倒數下一波資料外洩的時間。[1] 媒體很快地受到吸引，於是象徵性的關係就此展開，媒體的關注餵養了 LulzSec，相對地，LulzSec 也採取更無法無天的駭客行動提供媒體報導的素材。這樣的關係在 2011 年 7 月 19 日達到高峰，LulzSec 駭進了《太陽報》，把首頁新聞換成魯柏特・梅鐸身亡的消息——梅鐸即為《太陽報》母公司新聞集團的老闆。[2]

這個惡意的玩笑裡還隱藏著另一個玩笑：這篇報導聲稱梅鐸在「聞名的自家植栽造景（topiary）花園」發現身亡（來自戴維斯的駭客名 topiary）。但是這場惡作劇還有更深層的意義。戴維斯計畫用針對《太陽報》的駭客行動把梅鐸的另一個帝國——天空新聞弄得天翻地覆。

我們把假新聞放在首頁。天空新聞在晚上 10 點 45 分即時報導「明日新聞」時，播報員會發現一連進新聞頁面就會直接導向我們的推特帳號，所以播報員會說「糟糕，網站看起來不一樣」。我們想要盡可能的荒唐又離譜。

令人驚訝的是戴維斯和他的同夥十分了解天空新聞——雖

是一個有影響力的頻道，但對組成匿名者的駭客來說或許不是非看不可的頻道。夜間新聞的報紙回顧播出時間連天空新聞的忠實觀眾都可能不太記得。戴維斯和同夥不僅完全清楚這個鮮為人知的新聞時段何時播出，他們還冒著坐牢的風險來劫持這個新聞。

或許他們對媒體的計畫不是沒有來由的。戴維斯和同夥在24小時新聞播放以及不停有快報的年代中成長，所以他對如何操弄資訊串流有濃厚的興趣。

> 這是來自麥克斯·海德倫（1980年代的虛擬主播）的啟發，他奪走電視訊號，製作出一些不該在電視上出現的東西，並顛覆現實。十七歲或十八歲時，滿腦子想著《駭客任務》和《1984》的你可能覺得：「這太棒了，我們可以把網路搞得天翻地覆，讓網站不如預期般運作」。

了解新聞媒體有助於操縱媒體，這在網路找碴中盛行已久。2007年一起惡名昭彰的事件中，網路酸民注意到一則有關尚比亞孩童吸俗稱 Jenkem 的發酵糞尿混合物，結果變得飄飄然的舊新聞。這是一則很詭異的新聞，有些酸民顯然覺得這個新聞很離譜，於是他們刻意散播美國當地學校受到 Jenkem 威脅的謠言。出奇的是，儘管沒有證據，佛羅里達警方相信了

這個謠言，有些當地新聞甚至也開始報導 Jenkem 對孩童造成的危險。[3]

在惠特妮・菲利浦斯有關網路找碴的著作《這就是為什麼我們沒好事》中形容這個策略即為「媒體大唬爛」：

> 藉由報導新聞（或可能根本不是新聞），新聞媒體給酸民想要的，也就是曝光和搞笑，而參與的媒體也得到自己想要的新聞和能賣給廣告商的欄位。如此一來，兩方都能藉此獲益。[4]

Jenkem 惡作劇以及 LulzSec 對梅鐸公司的操作，諸如此類的事件都傳遞給酸民和駭客一個清楚的訊息——挑戰大型媒體並贏得勝利很有趣；控制新聞的來源、看到自己捏造的報導成為頭條新聞，則使人感到享有權力。

這在 2011 年 2 月變成了毀滅性的情況，前面提過，LulzSec 駭進美國科技安全公司 HBGary Federal，曝光這間公司見不得光的交易而成為新聞頭條。HBGary Federal 徹底崩解，公司的總裁被迫辭職，顯而易見的是，如果駭客知道怎麼利用媒體，就能讓一個組織分崩離析。

策略性洩密

2015 年 7 月 19 日，前面提過揭露 Mirai 集團的科技安全記者

布萊恩‧克雷布斯在網站發布了一則獨家新聞。標題寫道:「偷情網站艾許莉‧麥迪遜(Ashley Madison)遭駭」。[5]

克雷布斯寫道:以 Impact Team 為名的駭客或駭客集團聲稱已經複製了這個約會網站的使用者數據、財務紀錄「以及其他限閱資訊」。很快這就成為全球新聞,部分是因為攻擊目標本身具有令人難以抗拒的荒淫特質。艾許莉‧麥迪遜是提供偷情約炮的網站。母公司為 Avid Life Media,旗下還有其他網站,包括 Cougar Life (專為年長女性尋找年輕力壯男性所用)以及 Established Men(媒合年輕正妹和成功男士)。[6]該公司總裁諾爾‧彼得爾曼似乎想大肆宣傳網站所引發的道德抨擊,不停上節目捍衛自己的事業,結果成為知名人物。

Impact Team 釋出部分竊取來的資料(以下我稱 Impact Team 為駭客團隊,但是也可能是個人),一項對這間公司運作的驚人指控可能就是他們駭入的動機。Avid Life Media 的網站提供完全消除使用者檔案的服務,要價 19 美元,出軌的人可能覺得這對掩飾行蹤來說十分划算。Impact Team 聲稱,這間公司其實保留了使用者的資訊,包括真實姓名以及地址。

布萊恩‧克雷布斯的線上報告公開了駭客簡明易懂的威脅聲明:

> 讓艾許莉‧麥迪遜和 Established Men 永遠從
> 線上世界消失,不然我們就公開所有客戶的紀錄,

包括檔案中私密的性幻想敘述和信用卡交易、真實姓名、地址，以及員工檔案和電子郵件。其他網站或許可以留在網路上……

網站有超過 3700 萬名會員，大部分來自美加，為數眾多的人會有相當難熬的一天，有錢有權的人也不例外。[7]

這則聲明也傳遞一則明確的訊息給這個網站的使用者，也就是覺得自己無故捲入紛爭的人。「很抱歉就是因為他們出軌所以才會被曝光。」

這起駭客行動和其背後因素有一些有趣的層面。克雷布斯從未透露 Impact Team 的宣言從何而來。之前沒有人聽過這個團體，之後也沒有人以這個名字發起攻擊。不管幕後主使為何，他們都很有一套：他們完全抹去了之前駭客之所以被發現的細微跡證。同時，艾許莉・麥迪遜和 Established Men 頑固地不肯下線。或許 Avid Life Media 認為駭客只是隨口說說。如果真是如此想的，那這個算盤錯得離譜。將近一個月後的 8 月 16 日，Impact Team 失去了耐心，在網路上一舉公開 3000 萬筆紀錄供人自由查閱。

這次他們一樣有話對資訊遭到公開的人說：「找到你自己了嗎？是 Avid Life Media 讓你失望、對你說謊。起訴他們、申請賠償吧！然後好好生活。學個教訓，好好彌補犯下的錯。

現在很丟臉，但是總有一天會沒事的。」[8]

媒體抓住機會，大肆報導一番。這個數據庫很龐大且難使用，但是只要下載並且格式化，如駭客所說，數據庫的確有使用者的真實姓名和電子郵件。此外，還有極私密的性取向和性偏好資訊。一場餵食秀展開了。記者仔細搜尋政府、警方、軍方的電子郵件地址。這些外洩的資訊也包括了 IP 紀錄，所以可以追蹤到會員登入時使用的電腦，如此一來可能連工作地點都洩漏了。

最後整個資料庫都放上網，誰都可以在世界上任何一個地方輸入、查證某個電子郵件是否出現在艾許莉·麥迪遜的資料庫裡。甚至有一家澳洲廣播電台 Nova FM 推出 call-in 節目，聽眾只要撥電話進來並且提供伴侶的電子郵件，就能在直播的情況下知道這個電子郵件是否在檔案裡。[9]似乎只接了一通 call-in 電話後這個噱頭就叫停了，主持人赫然察覺告知一名女性聽眾她老公的名字在外洩的資料庫中不是很恰當。「噢，我不知道這樣做到底對不對，」一名主持人在聽眾憤怒地掛上電話後這麼說。「這讓我很不舒服。」

然而，就許多人而言，有超過 3000 萬人被公開「外遇」、「出軌」，所以就算發生什麼也應該承受。問題在於許多頭條都是錯誤的，有少數人很可能會因此喪命。

其實誰都可以用別人的電子郵件輕鬆註冊（例如惡作劇）艾許莉·麥迪遜跟它的姊妹站。這些網站不會寄送電子郵件確

認這個電子郵件的所有者是否真的想註冊。這意味著任何一個人都可以在毫不知情的情況下被註冊，他們的電子郵件地址會儲存在艾許莉・麥迪遜的資料庫，不要說使用，這些人根本連聽都沒聽過這個網站。

我會知道這些是因為兩個月前，我下載了另一個約炮網站遭到外洩的 400 萬人檔案。Adult Friend Finder 聲稱自己是「世界上最大的性愛與換偶社群」。[10]2015 年早期，由於對暗網的研究，我在一個名為 Hell 的論壇上發現一位匿名使用者，他從這個網站竊取了數百萬份的檔案。我半信半疑地下載了一串試算表，突然間看到了幾百萬人的性醜聞，以及他們的電子郵件以及用戶名。我把這些資訊存在加密的 USB 裡以策安全。

我還是不確定這些資訊的真實性，於是我開始寄信給名單中的人，這顯然很棘手；我怕寄出的郵件會被收件人的伴侶或配偶讀取，他們不會樂意發現另一半使用像 Adult Friend Finder 這樣的網站。然而，我還是設法確認了這些資料是真實的，而且很多用戶對於資訊外洩感到吃驚。有些人表示他們被告知資訊已刪除，結果卻遭到外洩並遭眾人檢視。（在我的報導播出後，網站承諾會全面調查並且採取「妥善」措施以保護客戶。）[11] 但是在我聯絡這些使用者後，卻發現有些人是因為朋友開玩笑才被註冊，因為 Adult Friend Finder 用的註冊系統和艾許莉・麥迪遜一樣，也就是說，任何人的電子郵件都

可能在不知情的情況下出現在這個資料庫中。

先聲明，在我踢爆這起事件時，報導中稱這些資訊遭到外洩的人為 Adult Friend Finder 的「用戶」及「會員」，現在重新審視我覺得這是一個錯誤。但是在我報導的 Adult Friend Finder 和艾許莉・麥迪遜遭駭的新聞中有一個極大的差異。在後者，不只有上百萬人遭報導誤稱為「用戶」及「會員」，而且因為駭客把偷來的資訊放上網，只要用網路簡易搜尋，就能檢視個人資訊（遭竊的 Adult Friend Finder 資訊只能在暗網搜尋）。

在艾許莉・麥迪遜資料庫中的每個人可以說是都被誤認為「用戶」，也因此導致了極為嚴重的後果。不管那些名字出現在資料庫裡的人是否真的使用過艾許莉・麥迪遜，光是名字出現在名單上的羞恥感，或者是擔心可能會出現在名單上的恐懼，就能讓生命殞落。一名紐奧良的浸信會牧師即因此自殺。據家人所說，他在遺言中提到自己的名字出現在艾許莉・麥迪遜外洩的名單上。[12] 一名聖安東尼奧的警長也自殺了。他在工作上遇到嚴重的問題，當他電腦被沒收時，雖然和這起駭客事件無關，他的電子郵件也沒有出現在名單上，但是據家人表示他擔心艾許莉・麥迪遜外洩的資訊可以定他的罪。[13] 加拿大警方也表示有兩起自殺案件和艾許莉・麥迪遜遭駭事件有關，但是沒有其他相關細節。

或許最令人難過的是，有一個簡便的方式可驗證到底資料

庫中哪些人頻繁使用艾許莉‧麥迪遜。和其他交友網站一樣，艾許莉‧麥迪遜以自由瀏覽、付費傳訊的方式運作。遭洩的資料記錄了誰在何時付費，因此分析這些付款紀錄就能找出真正使用這個網站的用戶。結果這個數字遠比新聞頭條說的低多了。據我的分析，資料庫中有 120 萬筆英國的紀錄，我發現這當中只有 1 萬 2000 筆有付費紀錄。[14] 這個分析花了我三天和這個巨大的資料庫奮戰。等到我完成分析，幾千萬「用戶」這種誤導的頭條已經成為大眾接受的事實。

同時，正當 Avid Life Media 還在這場全球關注的風暴中暈頭轉向時，駭客已經準備好給這間公司沉重的一擊。8 月 20 日，在「用戶」資料庫遭洩後幾天，駭客公開了 Avid Life Media 的公司電子郵件，以及更多公司檔案。這些透露出這間公司內部運作的驚人資訊。Avid Life Media 發明了「聊天機器人」，一個會和新加入的活躍用戶聊天的全自動軟體，大概是為了讓用戶付錢繼續聊天而誕生。有些新聞估計這些所謂的女性人形機器人（fembot）的數量為 7 萬。[15]

如果是真的，這些指控即為公司對客戶輕蔑的看法，這些客戶幾乎不可能在這個網站上找到人約會（部分原因為這些遭駭的資訊顯示出大多數用戶為男性：總會員數 3700 萬，其中 3000 萬人為男性）。[16] 八天後，Avid Life Media 的總裁諾爾‧彼得爾曼辭職。

不可思議的是，這些公司沒有因為遭駭而倒閉，儘管已經

轉手，這些網站仍在營運中。所以駭客只達成了部分目標。但深入檢視後發現，攻擊艾許莉‧麥迪遜的駭客其公開竊取資訊的方式有些驚人之處，特別是從 LulzSec 這類團體的洩密策略經驗來看。

駭客先公布了「用戶」資料庫，然後過了幾天才洩漏公司的電子郵件，也就是較不受矚目的部份。我覺得很奇怪，我認為大多數記者對公司的電子郵件比較有興趣。在評估一則報導的價值時，記者通常會先看所謂的「機構失靈」（institutional failure）。簡單來說，一個壞人做了壞事可能就值得報導，但是一個應該要是好人的人做了壞事就一定是新聞了。在這樣的情境下，比起公司的電子郵件，艾許莉‧麥迪遜的用戶資料庫就沒有什麼新聞價值了。資料庫展示的顯然是壞人（「偷情的人」）做壞事（婚外情），而電子郵件則是該為此事負責的人（大型國際公司的高階主管）卻據稱做了壞事（用假的「機器人」帳號濫竽充數）。

艾許莉‧麥迪遜的駭客思維不一般。他們不必像記者一樣在意公司是否失職。他們希望在最短的時間內靠盡可能多的頭條，對公司造成最大的損害。他們握著的是大部分記者毫不感興趣也不符合道德守則的選項：公布極為敏感的用戶資訊。

駭客所做的一連串決定可能和記者不同，但是他們卻掌握了新聞媒體一個關鍵的策略。與其一次丟出所有資訊（之前的駭客經常這麼做），他們一批批地釋出越來越有摧毀性的資

訊。如一位有經驗的記者對我說：「有些駭客一定是厲害的新聞編輯。他們能夠過濾並評估一堆資訊，挑出必要的，在正確的時機點揭露。」

簡言之：駭客訂好了議程，媒體只能跟隨。

策略性地洩密及利用媒體

在艾許莉・麥迪遜名聲掃地前好幾個月，和平守護者駭進了索尼影視娛樂的電腦系統。

遭駭的過程以及聲稱和北韓政府之間的關聯在前面的章節已經談過了，現在是時候思考一下從另一個視角來看待這起事件——駭客怎麼精心策畫資訊的外洩。[17] 和平守護者花了三個月從娛樂巨擘手中竊取了約 3800 萬份的檔案，然後才現身、開始用病毒抹去索尼員工電腦裡的資料。[18] 一開始先放出一些尚未公開的影片，但這只是牛刀小試。2014 年 11 月等一切公開後，和平守護者據報掌握了所有資訊，從個人電子郵件到員工的社會安全碼以及病歷，甚至連名人用來入住飯店的假名都有。[19]

跟攻擊艾許莉・麥迪遜的駭客一樣，和平守護者準備謹慎地一步一步拋出竊取來的大量數據以期最大程度的損害。但是和 Impact Team 不同，他們不只是等待新聞媒體報導，他們積極地四處推銷。

你好，我是和平守護者的老大。

幾天前，我們說過《安妮》、《怒火特攻隊》、《我想念我自己》這幾部索尼影視娛樂的影片都是我們散布的，只要在網路搜索一下就能找到了。

這次，我們準備把索尼影視娛樂的數據放到網路上，數據的總量不到100TB。

這封電子郵件於 11 月 29 日星期六早上寄到凱文·魯斯的個人電子信箱，當時他是 Fusion.net 這個新聞網站的資深編輯。電子郵件附上一個網站連結，可以下載所有數據，連檔案的密碼都附上。魯斯不是唯一一個收到信的人，高客網（Gawker）、BuzzFeed、Verge 等網站的編輯都收到了。[20] 這些新創的線上出版品對某些人來說可能很不熟悉，但是這些網站都有一個共通點：出版快速，且擅長用有趣的新聞吸引大眾目光。

記者在點進連結後發現這簡直是公司敏感資訊的金礦。裡面有索尼員工薪水的試算表，包括高級主管的薪資、當年遭到開除的員工名單以及開除的原因。當記者探究這些數據，毀滅性的報導揭開了序幕。「遭駭的檔案顯示好萊塢男女演員薪資大不同」就是魯斯寫的新聞標題之一。[21]

靠鎖定個別記者，提供第一手獨家消息，駭客確定這些外洩的資訊絕對會在重要刊物出現。只要有人報導，其他人就

很難不跟進。這還只是開始。駭客分八次散布這些資訊（艾許莉・麥迪遜遭駭時只有兩次），每一次公布的資訊都比前一次更有破壞力。駭客把竊取來的資訊分成幾組，他們肯定只要一公開，記者和部落客就會深入探究，挖掘出個別的新聞。

12月8日，最具破壞力的資訊遭到公開：5000封由艾咪・帕斯卡寄出的電子郵件——帕斯卡是索尼影視娛樂的聯合主席，也是電影圈最有力的人物之一。她是一位樂愛溝通的人，用智慧型手機不分日夜傳送訊息。在一則對話中，她形容安潔莉娜・裘莉為「被寵壞的孩子」。她還開玩笑說了歐巴馬可能會喜歡的電影類型，包括《自由之心》、《白宮第一管家》，兩部電影皆和非裔美國人的經歷有關。[22]

在駭客採取真正的行動前兩週，也就是駭客暴露行動後，帕斯卡嘗試解決如噩夢般的情況：一為公司電腦系統遭到駭客入侵；另一為公司高度敏感機密資訊不停外洩。現在她被迫以個人身分加入戰場，由於一封封沒做好安全防護的電子郵件，不得不出面道歉。

這個作法顯示出比任何人，駭客的新聞管理變得越來越精確。身為索尼影視的聯合主席、在好萊塢擁有豐沛人脈的帕斯卡，在限縮駭客所造成的損害上扮演關鍵的角色，她努力讓公司內外的人士都安心。她一心想粉飾太平，駭客知道她站在暗門上，於是決定在12月8日讓她墮入深淵。

有人挺身而出譴責報導這些遭駭的資訊。艾倫・索金寫了

許多熱門的電視劇劇本，包括《白宮風雲》、《新聞急先鋒》，他大聲疾呼媒體現在做的正中駭客的下懷——挑出有趣的資訊簡直就是在幫駭客鋪路、替駭客公開資訊。「閉上雙眼就可以想像駭客坐在一個房間，檢閱文件、找出最致命的檔案，」他在《紐約時報》中寫道，「而隔壁房的美國記者也在做一樣的事。」[23]

他呼籲好萊塢團結起來，不過據傳其他大型影視公司拒絕幫助索尼。在娛樂影視這個狗咬狗的世界裡，大家覺得索尼是對手，根本不值得同情。

同時，新聞業者也以報導這些資訊符合公眾利益為由捍衛自己。維基解密在 2015 年 4 月公開了完整的索尼檔案供大眾檢索，並表示這些檔案「讓人能一窺神祕的大型跨國公司內部之運作」，這間公司「在檯面下極具影響力，而且還和白宮有關係……能夠影響法律和政策，和美國軍事工業複合體也有關係。」[24]

但是對其他人來說，沒有這麼崇高。維基解密公開這些資訊時，高客網的態度已經下了結論：「我們藉此機會津津有味地挖掘索尼的數位垃圾」。[25]

索尼的律師聯絡各家媒體希望能阻止他們使用這些外洩的資訊。彭博社報導索尼告知：「我們來函告知貴公司知悉索尼影視娛樂不同意貴公司持有、檢視、複製、散布、出版、上傳、下載或使用遭竊之資訊」。這則訊息警告媒體業者可能會

因為「對索尼影視娛樂及其他人」造成損害，負法律責任。[26]

艾許莉‧麥迪遜的所有者 Avid Life Media 也採取了類似的法律行動。集團律師發出「侵權移除通知」給公開遭竊資訊的網站，宣稱遭外洩的資訊內容為公司的智慧財產，因此媒體若使用這些資訊則為侵權。[27] 這樣用法律作為威脅的手法對艾許莉‧麥迪遜遭駭事件來說效果有限，對索尼也沒什麼用。各家媒體仍爭相取得外洩資訊。

幾天後，駭客帶著更多外洩的資訊回歸，這一次用的策略頗有 LulzSec 戴維斯，也就是 Topiary 搏關注的風格，駭客承諾會送上一份「聖誕禮物」。駭客再一次實現了承諾。12 月 16 日，駭客公開索尼聯合主席以及執行長麥可‧林頓上千封的電子郵件。「這正是好萊塢每個人都在等的爆料，」娛樂新聞網站 Deadline 興高采烈地報導。[28] 最後，林頓的電子郵件內容被一則新的事件蓋過：隔天，索尼取消了《名嘴出任務》的戲院放映，駭客說這部電影就是他們憤怒的根源（因為這部電影對北韓領導人金正恩的敘述）。這次駭客的行動讓帕斯卡丟了工作，索尼據估也花了 1500 萬美元修復駭客造成的損害[29]（索尼沒有應本書要求做出任何回覆）。

我們無從得知激進駭客的行動，例如 Topiary 擅長的創造話題是否對這次駭進索尼跟艾許莉‧麥迪遜的駭客有直接影響，但是很難不注意到洩漏資訊的手法有多類似。雖然索尼的案件中出現了直接勒索公司付遮羞費的策略。但從新聞輪播的

管理角度來看，索尼駭客的行動安排得十分明智。首先，他們在網路上公開尚未上映的電影，提升大眾對駭客的關注。接著，他們一點一滴增加跟公司有關的爆炸性內容。先提供消息給規模較小、較渴望得到消息的媒體。接著開始擴展，慢慢把索尼兩位最資深的員工拉進戰場，再摧毀兩人。和之前駭完即丟的策略不同，現在駭客採取的是經過算計、為達目的不擇手段的計謀。

一定要用更廣的視度來看索尼和艾許莉·麥迪遜資訊遭洩以及新聞媒體的角色。接下來幾年，一些跡象出現了——傳統新聞業在眾聲喧嘩的環境中為了爭取大眾的關注，越來越願意報導駭客提供的訊息，而且訊息來源不只是匿名，而是完全不透明。

外洩資料的全球布局

2016 年 4 月 3 日，《衛報》的網站刊登了一則大新聞。這則新聞宣稱：普丁的一位密友在竊取俄羅斯銀行的金錢並藏匿於境外避稅天堂的計畫中扮演關鍵角色（普丁的發言人對《衛報》表示這則新聞「明顯是花錢雇用駭客所為」）。[30] 之後又馬上爆出更多相關新聞，指出這起計畫中，有錢有權的人把錢運走，躲過稅務機關的查緝。其實這些資訊都是從一間原本默默無聞的巴拿馬法律事務所莫薩克·馮賽卡（Mossack Fonseca）所外洩，所以《衛報》稱其為「巴拿馬文件」。

《衛報》第一篇報導就很大膽，但是時間抓得不好。新聞在週日晚上 6 點 50 分刊登，可以說是公開新聞的最糟時間，由於公開的時間太晚，無法引領週末的話題，而且有可能在週一早上因為大量新聞湧入而遭到遺忘。《衛報》無法完全掌控公開的時間點，因為它只是同時間在追同一個外洩資訊的全球媒體公司之一。

結果莫薩克・馮賽卡服務的客戶從安道爾（Andorra）到辛巴威都有，是全球服務版圖的中心。根據外洩的資訊，這間法律事務所有 1 萬 4000 名客戶，大多人認為其服務的內容很不道德。它協助中共中央政治局的委員偷偷搬移資產；幫助受到制裁的人在避稅天堂開設公司；據歐洲刑警組織估計，他們在外洩檔案中找到 3469 人和記錄在案的嫌疑犯一致。[31]

利用海外避稅天堂不代表就一定違法，但是巴拿馬文件中所描述的事件對世界各地的既得利益者帶來嚴重的影響。冰島總理在巴拿馬文件揭露後辭職，因為他沒有申報和一間國家銀行之間的利益關係；[32] 西班牙工業部長離職並承認錯誤，也解釋了自己擔任巴哈馬公司董事的職務；[33] 英國幾名保守黨的金主稅務也遭到揭露，導致首相大衛・卡麥隆被批評為偽善，因為他曾呼籲打擊避稅。[34]

莫薩克・馮賽卡在 2018 年 3 月關門大吉，引述因為受到資訊外洩「不可逆的損害」。[35] 巴拿馬文件的新聞遠不止於貪腐的調查。該文件的揭露，以及如何協調和散布到世界各地的

方式都是整起事件中令人最引人注目的部份。

　　一直以調查性報導聞名的《南德意志報》揭露了資訊。公司內有多名記者收到了匿名訊息，聲稱握有莫薩克·馮賽卡的資訊。[36] 有些人懷疑是內部人員所外洩，但是告密者的身分至今仍舊不明。後來他告訴記者他只是為了伸張正義。

　　隨著資料出現，《南德意志報》的記者發現他們手握事關全球的機密資訊，總共約有 1150 萬份文件。他們不只需要梳理這些資料的協助，為了發揮最大的影響力，也要盡可能讓新聞出現在世界各地的媒體，讓各地的記者追蹤各自的新聞。

　　《南德意志報》尋求位於華府的國際調查記者同盟（International Consortium of Investigative Journalists，簡稱 ICIJ）協助。ICIJ 協助分流這些資訊，派給不同的國家，就像數位資訊交流中心一樣。ICIJ 有兩點特別令人驚艷的地方：第一、他們試著把資訊發包到各地，包括俄羅斯（在外洩的資料中佔有重要的一席之地），但祕密進行。第二、努力協調世界各地的記者團隊以觀察資訊保密的情況。曾和記者打過交道的人都可以證明，要讓記者同時抵達一場記者會得要耗費多大的功夫。

　　ICIJ 居中扮演關鍵的角色，協調全球 100 家媒體（包括英國的 BBC 和《衛報》）、涵蓋 25 種語言，靠屬害的軟體協助分析龐大的資料庫以找出線索。[37] 從這刻起，任何一個地方的任何一個人只要知道哪間公司有嚴重的過失，只要打電話到當

地的 ICIJ，如果通報確有全球報導的價值，就會被發布至全球分部。這就是 Interflora* 版的資料外洩全球布局。

18 個月後，另一個大型的資料外洩出現了。

巴拿馬文件後緊接著的是天堂文件（Paradise Papers），於 2017 年 11 月 5 日揭露。這起新的資料外洩詳細描述了離岸顧問公司毅柏律師事務所（Appleby）和其他公司的內部作業。BBC 和《衛報》再次成為 ICIJ 協調的 96 個機構中其中之一，一起和其他世界各地的機構揭露這起事件。

外洩的資訊和其他相關資訊顯示：女王的私人房地產有好幾百萬英鎊用於投資開曼群島的基金；賽車手路易斯・漢米爾頓逃稅，沒有如實申報私人飛機的稅賦；蘋果在愛爾蘭修訂稅則後把部分公司遷至澤西島。[38] 相關人士全都強烈否認有不法行為，並強調一切依法行事（如女王個人資產的投資是因為他人建議）。毅柏律師事務所表示協助客戶的事務全都合理、合法（再次重申：利用海外避稅天堂不一定違法）。跟莫薩克・馮賽卡不同，這間公司努力跨越難關，在我寫這本書時，這間公司仍在經營。

這次的資料外洩一開始也是找上《南德意志報》的同一個記者團隊，爾後才透過 ICIJ 發包。但是這一次有點不同。莫

* Interflora：一間跨國公司，專營花卉，在此用以比喻為全球布局的概念。

薩克‧馮賽卡的情況是記者直接和宣稱的匿名告密者接觸，告密者也為自己的行動提供了表面的動機。但是在毅柏這起案件中，告密者的相關資訊很少。「為了保護線人，《南德意志報》採取了含糊帶過的政策，不對消息來源做出任何評論，」BBC的新聞網站如此寫道。[39]

新聞公開後，毅柏宣稱自己是 2016 年網路攻擊的受害者。一則聲明寫道：「本公司並非資訊外洩的目標，卻是嚴重犯罪行為的目標」。「這是違法入侵電腦的行為。我們的系統遭到入侵，這個人運用了專業的駭客技巧手法。」[40] 毅柏控告BBC 和《衛報》違反保密原則，但最後三方達成協議，沒有鬧上法庭。[41]

BBC 和其他媒體報導了有關毅柏業務的天堂文件，全都直言不諱自己不知道消息來源。他們表示自己努力查證這些資訊，但是還是不清楚資訊的來源。如果屬實，這顯示出疑似的電腦駭客可以從金融公司竊取敏感資訊，再交由世界上最知名的媒體公開，而且還不用告訴記者太多身分資訊或動機。真的是享有很大的權力。

從某些方面來看，這沒什麼好稀奇的：記者很常使用匿名消息來源。沒有人希望告密者只能在身分公開的情況下揭露重要資訊，祕密交付裝滿檔案的「牛皮紙袋」是全球獨家新聞的基礎。資訊揭露是否符合公眾利益是主要的考量，從記者的角度來看，避稅是否符合道德準則是莫薩克‧馮賽卡和毅柏律師

事務所值得遭大眾檢視的考量。

「匿名來源」卻可能有完全不同的解讀。有時候記者知道來源的身分，卻不對大眾公開，也就是記者可以嘗試驗證告密者的身分，概略猜測他們的動機，但情況不總是如此。以天堂文件為例，有時記者對消息來源的身分一無所知。對某些告密者來說，用這種方式洩密在現在受到高度監控的社會中變得很重要，因為把自己的身分告訴記者風險太高。

就算洩密者告訴記者自己的身分和動機，記者又可以相信告密者所說的嗎？以索尼的案件為例，駭客的身分以及為什麼採取行動都是假的（他們對記者說他們是代表索尼備受委屈的員工，但是 FBI 的證據卻指出他們是北韓的政府駭客）。[42] 再重申一次，這不是什麼新鮮事，殘酷的是政府、企業等總是有辦法用假身分和偽裝來洩漏資訊，藉此隱藏真正的消息來源和動機。

簡言之，消息來源匿名、消息來源「不明」、消息來源不實在新聞界行之有年。唯一不同的是能力，拜網路所賜，告密者可以略過媒體，直接洩漏給大眾，且媒體絕對會繼續跟進這些外洩的資訊。我們也在駭客團體如 LulzSec 見識過一樣的操作，他們常直接在網路上公開資訊，再告訴記者等人資訊所在。更創新的是極有策略地公開消息，如艾許莉‧麥迪遜的案子，資訊分兩批放在網路上供大眾檢視。

現在我們看到各種策略的結合──駭客有計畫地在網路上

公開資訊，但同時也用假身分直接找上記者，就跟索尼的案子一樣；或是匿名丟一堆資訊給有能力策略性公開這些資訊的記者，就像天堂文件的情況一樣。這些手段的風險在於記者有受到操縱的可能。舉例來說，如果天堂文件外洩事件是由駭進毅柏的對手所為呢？揭發避稅比不小心幫別人潑髒水來得更重要嗎？這些問題一直存在，但是在資訊容易取得且無法追蹤來源，又帶來嚴重的後果時，這些問題就浮上檯面了。

為了回答這些問題，理想的情況下，記者要能夠評估誰在掌控他們以及為什麼掌控他們。例如在 Adult Friend Finder 資料外洩的事件中，我發現駭客的動機為報復。他聲稱一個朋友在 Adult Friend Finder 工作但是沒有收到薪水，於是他外洩資訊懲罰公司。我不欣賞這樣的動機，但是這至少讓我對告密者有一點了解。我無法完全確定他說的為真，當然也無法肯定他不是想傷害 Adult Friend Finder 的對手公司。但是綜合考量後，我認為公開公司沒有保護好敏感資訊比落入駭客惡意動機的陷阱更為重要。

上述利用高超策略公開資訊的問題在於記者沒有能力質疑消息來源及其背後的動機。不是記者追著消息來源跑（資訊在網路上公開的話），就是告密者算準了時機丟資訊給媒體，這樣的話，又有什麼誘因能促使記者質疑告密者的真正動機或身分呢？

上述的資料外洩案例從許多方面來看沒有那麼相似。激進

駭客駭進公司的唯一目的為摧毀，這和告密者把避稅的相關資訊交給合法的全球媒體網絡有極大的不同。但是這兩者之間有一個巨大的灰色地帶。

這個時代誰都可以把偷來的大量資料交給記者，駭客切割好資料再有策略地公開。他們可以直接聯繫世界各地的記者，要求記者報導，或是免除中間人直接對大眾公開。他們也可以謊稱自己的身分。這是一個灰色地帶，相關的記者要認真地反問自己，可以的話也應該謹慎對待消息來源。

更複雜的是，另一個議題：資料是否為真？

竄改資料

2016年10月5日，大衛·沙特收到一則看起來很緊急的訊息。「有人取得你的密碼，」看似來自 Google 的電子郵件寫道，要沙特點擊連結變更 Gmail 的密碼。

這是教科書式的網路釣魚。這次的目標是一位高調的記者，很愛批評俄羅斯政府，讓俄羅斯政府很頭痛。在他的著作《破曉前的黑暗》（*Darkness at Dawn*）中，沙特調查後蘇聯的俄羅斯貪腐與裙帶關係。後來他被俄國驅逐出境。

沙特點擊了連結，輸入密碼。可是他輸入密碼的網站並不屬於 Google，反倒是，他把密碼告訴了駭客，接著駭客就進入他的電子郵件信箱盡情掃蕩。不到三個星期，電子郵箱裡的文件全都被支持俄羅斯的駭客團體放上網，聲稱沙特參與提供

普丁政府的假情報活動。乍看之下像是經典的駭完即丟操作，但是進一步檢視，就會發現遭洩的檔案有點奇怪。有些以原本的形式公開，但其中有一個檔案遭到精細的修改，造成大大的不同。

沙特和一個加拿大的研究團隊公民實驗室（Citizen Lab）合作，以釐清事情的真相。[43] 在把外洩的版本和原版比對之後，他們發現沙特的原版資料被做了一些更動，這些細微的更動讓檔案變得很有問題。在駭客入侵前的原始檔案中，沙特提到一個自由電台（Radio Liberty）的計畫，這是一個由美國政府所資助用以提倡民主的行動。[44] 沙特也寫過有關於自由電台的俄羅斯調查報導專案，據他所說這個專案的目的在於「提供俄羅斯人民客觀資訊」，一部分靠的是在自由電台的網站上發布文章。

但是在遭駭跟最終公開之間，沙特的檔案遭到竄改，談到自由電台的部分遭到移除。這代表這個專案並非出自於某個可辨識的媒體，讓「俄羅斯調查性報導專案」看起來更像是栽贓全俄羅斯媒體的陰險操作。

「我們相信駭客移除自由電台的關聯性，目的在於營造一種範圍較廣的顛覆性運動，而非僅限於一家新聞機構，」公民實驗室在標題為「經過竄改的洩密」報告中寫道。[45]

沙特蒐集了這份專案出版的 14 篇文章，但是在經過竄改的檔案中卻是 24 篇。新增的文章中有好幾篇都是猛力批評普

丁政府的阿列克謝‧納瓦爾尼所寫。研究人員認為這樣的舉措是為了抹黑納瓦爾尼，因為這樣就會讓閱讀這份檔案的讀者把他和美國在俄羅斯資助的資訊操作聯想在一起。「不斷把納瓦爾尼的報導加進檔案裡，經竄改過的檔案營造出一種『外國』贊助他的假象，」研究人員寫道。[46]

最令人讚嘆的是竄改的部分有多精細。沙特曾經在檔案其他地方提到過「14」篇文章，但是在駭客發表之前先就先遭變更為「24」，跟添加後的數量符合。沙特說這些文章全都在 2016 年的 9 月 30 日前出版，可是在竄改過的版本中改為 10 月 20 日，讓駭客新加入的文章出版日也能涵蓋其中。不管是誰竄改的，他一定付出很大的心力盡力讓沙特這個版本看起來跟真的一樣。駭客似乎希望非常謹慎地完成工作，確保沒有不一致的部分，不會讓人起疑心。

10 月 22 日，遭駭的檔案出現在一個支持俄羅斯的駭客團體 CyberBerkut 的網站上，完整地公開經過竄改的報告。公民實驗室總結：「他們公開文件是為了要證明美國嘗試支持俄羅斯的『顏色革命』。在 CyberBerkut 的敘述中，大衛‧沙特是主導出版批評俄國政府文章的媒介。」[47]

隨後俄國各家媒體都報導了這些外洩的檔案，包括至少一家國營媒體俄羅斯新聞社（RIA Novosti）。[48]

這裡談的篡改外洩資料和本章其他案子有一個關鍵的不同之處。負責處理沙特遭竄改資料的媒體似乎根本沒興趣去求

證：例如沙特說沒有任何媒體找他評論 CyberBerkut 上刊載的外洩資料，或許是因為遭竄改的檔案說的正好是媒體想讓讀者聽的。每一位處理遭洩資料的記者都應該從這起案件中學習，資訊遭到竄改不是不可行的，有時候很難察覺。這是千真萬確的，就像在索尼的案件中，駭客試著引導記者的注意力以報導資訊外洩的某些層面。

對記者來說，網路匿名所創造出的可能性讓確認資料的真偽變得更為重要（跟 BBC、《衛報》等媒體嘗試驗證境外公司遭外洩的資料一樣）。如果遭竊的資料在網路上公開，主流媒體只能在有限的時間做出反應並確認真偽。俗話說：當真相還在穿鞋，謊言已經跑遍半個地球了。在社群媒體氾濫、隨時隨地能取得資訊的世界中，各家媒體競相爭取搶先曝光的情況下，這句俗諺變得更為真切。

駭客充分了解新聞媒體的壓力和生態。過去十年來，駭客不只學會了要怎麼取得機密資料，也知道要怎麼篩選資料以引發最大的損害，還有怎麼把媒體拉進來。2016 年，全世界都見證了另一場竊取資料、洩漏資料並且影響記者的行動。這一次，目標比約會網站、電影公司、境外諮詢公司龐大多了。駭客準備在地球上最強大的國家，掀起最猛烈的政治戰。

第十章

操弄選舉

經過幾個月的猜測，唐納‧約翰‧川普於 2015 年 6 月 16 日宣布競選美國總統。川普走下金色手扶梯踏進紐約川普大廈地下室的記者會，預示美國即將一頭栽進一種混亂的新形態政治惡鬥。

照片看起來當時有幾百人參加了這場記者會，但之後的造勢活動卻飆升至幾千人。當時許多人認為他的參選是餘興節目，認為他絕對無法入主白宮。結果他的競選不僅成為現代社會最具爭議性且最引人注目的選戰之一，還成為嚇人又陰險的網路宣傳試煉場，讓前幾年網路攻擊所磨練的策略性洩密與媒體操弄伎倆走向巔峰。

在川普宣布參選前，科技安全就已經掀起美國政治的爆炸性議題。希拉蕊‧柯林頓被迫承認 2009 年在歐巴馬執政時，擔任國務卿的她把所有的工作郵件存在個人電腦的伺服器上，據報伺服器位於希拉蕊紐約查帕闊的住家地下室。[1]

　　這個決定後來演變成一場公關災難，撼動這位資深民主黨黨員的選戰，尤其在一小部分機密訊息是由她個人設置的非政府系統收發這個事實遭到披露後更加雪上加霜。[2] 隨著越來越多細節浮上檯面，越多人相信希拉蕊粉飾太平的說法，她的極力否認很快遭到對手窮追猛打。川普打鐵趁熱，指控希拉蕊言行不符，也是國會山莊（Capitol Hill）沼澤 * 的一員。這起爭議直到投票日都是柯林頓陣營的肉中刺。FBI 在大選前兩天才終於對起訴與否做出最終決定。[3] 對民主黨來說，這場選戰本來易如反掌，但是最後一刻才出現的頭條簡直是災難。

　　就算沒有川普的攻擊和電郵門事件，民主黨也因為內部分歧焦頭爛額。有多年華府經歷的希拉蕊，與她的對手——反傳統、左翼的伯尼‧桑德斯，兩方的支持者陣營之間出現了激烈的競爭。

　　民主黨全國代表大會將決定誰能代表民主黨參選，對民主黨來說簡直波濤洶湧。他們不知道的是自己正在航向一場精采絕倫的風暴。駭客的挑釁和網路散布的資訊結合起來即將重創民主黨，而薄弱的電腦安全讓他們輕易地遭受嚴重攻擊。

雖然直到 2016 年夏天才公開，民主黨遭駭可能在川普宣布參

---

* 國會山莊的沼澤：國會山莊是美國國會所在地，位於美國的政治中心華盛頓特區。政治上常用「華盛頓沼澤」暗指根深蒂固的利益集團。川普的競選口號之一即為「抽乾沼澤」，意指整頓華盛頓腐敗的政治生態。

選前一年就已經展開了。根據發現駭客蹤跡的資安公司表示，至少從 2015 年的夏天開始，駭客就已經進入民主黨的網絡。[4]

就如我們所看到的，網路調查人員通常會從駭客使用的軟體辨別駭客的身份，就像是數位指紋一樣。駭客用來入侵民主黨系統的工具歷史悠久，第一次出現於 2008 年。在俄羅斯與車臣叛變奮戰時，研究人員發現一組全新的病毒鎖定支持車臣的人士。研究人員稱這些駭客為 Cozy Duke，因為駭客所用的工具之一為 Cozer，使用以「dq」開頭的檔案夾帶病毒。[5]

2013 年為止，Cozy Duke 攻擊的目標遍布烏克蘭、匈牙利、波蘭（美國正在協調設立飛彈基地）。由於鎖定反俄羅斯的對象讓許多人懷疑 Cozy Duke 是俄羅斯發起的駭客行動。除此之外，Cozer 似乎不是一般的工具，既難追蹤、又很有用，還不斷由某個有高超技巧和充裕資源的團隊更新。

這個駭客工具可能很精巧，但是傳播的機制卻沒有什麼新意。病毒夾帶在釣魚郵件的附件中，如「烏克蘭尋求區域外交政策」的附件。[6] 一旦受害者打開附件，病毒就會啟動，駭客就會偷偷進入受害者的電腦。

到 2014 年的夏天，Cozy Duke 的駭客準備好攻擊最大的目標——美國政府，但是駭客不知道他們正受到嚴密監控。根據荷蘭媒體的說法，荷蘭的情報機關駭進了 Cozy Duke 的行動。[7] 據報他們追蹤這個駭客團體到莫斯科紅場附近的一個大學建築物。

如果 Cozy Duke 選擇的目標沒辦法充分說服安全監察人員這是一場俄羅斯主導的行動,荷蘭的間諜似乎扮演了證實的角色。根據荷蘭記者的報導,他們甚至駭進 Cozy Duke 所在的建築物監視器,蒐集駭客進入建築物工作的影像片段。經西方國家的情報機構評估,Cozy Duke 是由俄羅斯的對外情報局(Foreign Intelligence Service,簡稱 SVR)所主導。俄羅斯總統普丁的發言人否認這些報導,稱其助長了「在美國的反俄聲浪」。

荷蘭情報機構監視時,發現了一個令人擔憂的面向:Cozy Duke 努力把病毒植入白宮內部、國務院、參謀長聯席會議辦公室的電腦。駭客準備好要攻擊美國政府的核心。[8]

Duke 做好準備要在 2014 年 11 月展開攻擊,荷蘭通知美國情報機構這起即將發生的攻擊。隨後就是彼此快速攻擊伺服器的網路戰。駭客試著啟動病毒,發出指令以竊取資訊。美國採取防禦措施阻絕發出指令的伺服器,但是指令卻從另一個遭到感染的伺服器發出。這場戰爭持續了 24 小時,國務院的電子郵件系統也因此關閉數天。[9]

最終,美國獲勝,卻也付出了代價。據報荷蘭間諜被擋在 Cozy Duke 網路的門外,無法進入 Cozy Duke 的電腦和辦公室的監視器。駭客沒有因為這次受挫而放棄。到 2015 年的夏天,他們又重啟行動,這次的目標為民主黨。要不是因為有其他駭客害他們被發現,他們可能會繼續藏身其中。

隨著選戰倒數,究竟是希拉蕊還是桑德斯會代表民主黨角逐總統大選仍舊懸而未決。但是兩人間的戰鬥即將因為駭客引爆,架空民主黨的核心並且改寫美國歷史。令人難過的是,這次受害人早在幾個月前就已經收到警告,卻沒有積極作為。

自 2015 年 9 月,FBI 就看到 Cozy Duke 進入民主黨的網路,並告知負責的民主黨全國委員會(Democratic National Committee,簡稱 DNC)有關駭客的行動。據當時因駭客攻擊而上任的代理主席唐娜·布拉澤爾所說,FBI 被轉介給技術部門:

> FBI 幹員被轉接到 DNC 的服務台——如你所知,就是負責處理無法登入網絡或滑鼠不聽使喚的部門。
>
> 技術人員認為這通電話可能只是惡作劇,不覺得是什麼異常事件。
>
> 沒有向上呈報,IT 外包人員決定找看看系統裡是否有電腦遭到入侵。這名技術人員檢查了整個系統結果什麼都沒發現,所以就當沒這回事。[10]

黨內其他技術人員清楚知道 IT 深陷危機,但聲稱他們的擔憂沒有發揮任何作用。一位不願具名的 DNC 前資深員工,表示技術團隊曾申請過數十萬美元的經費以增進系統安全。由於民主黨把前線的競選活動作為優先考量,核撥下來的款項只

有幾萬元。「網路安全對我們來說很重要，但總是有競選活動的經費需求，」這名相關人員說。DNC 沒有應本書要求進行任何評論。

據布拉澤爾表示，2015 年 12 月和 2016 年 1 月 FBI 發出了更多警告，不過 DNC 的技術人員說他們還是無法驗證 FBI 看見的問題。接著是 2016 年的 4 月，DNC 終於發現入侵，於是找來一間科技安全公司。DNC 突然發現自己被不只一個，而是兩個駭客技術高超的團體襲擊，而且還竊取了大量的機密內部資訊。

第一個團體為 Cozy Duke，自 2015 年夏天就潛伏在內部，就如同 FBI 所警告的。[11] 第二個團體則有一大段不太光彩的歷史，它的名字成為現代高階、攻擊性駭客行動的代名詞——Fancy Bear。這個駭客團體的名稱來自於他們使用的一個病毒 Sofacy。據報導，一名研究這個駭客組織的安全研究人員說，這讓他想起了伊姬‧阿潔莉亞一首名為〈Fancy〉的歌曲，而「Bear」是他的公司給疑似俄羅斯駭客團體的詞尾，於是 Fancy Bear 的名字就此誕生。[12]

Sofacy 病毒的使用可以追溯至 2004 年。2014 年 12 月為止，Sofacy 已用於駭進德國國會，感染其中 2 萬台電腦。[13]2015 年 4 月，又用於攻擊法國電視網 TV5 Monde，使十幾個頻道有好幾個小時都沒有訊號。過了幾個月又攻擊英國電視台的伊斯蘭頻道。[14]

　　或許最嚇人的事件是駭進世界反運動禁藥機構（World Anti-Doping Agency，簡稱 WADA）。2016 年 7 月，WADA 的官員要求禁止俄羅斯運動員參加同年稍晚的里約奧運。兩個月後，WADA 公告自己遭到駭進德國國會、電視台等機構的駭客入侵。[15]WADA 遭竊的檔案後來在聲稱由「Fancy Bear 駭客團隊」營運的網站上公開，網站上還有熊的卡通圖案。Fancy Bear 這個名字或許不是駭客自己想出來的，但是他們馬上接收了這個名字。

　　不過，Fancy Bear 的封號是在駭進 DNC 後才變得更加鞏固。這大概是 Fancy Bear 至今最大膽（記錄最詳盡）的攻擊了，除此之外，該組織還利用從艾許莉‧麥迪遜到索尼影視娛樂駭客事件中所使用的策略性洩密以及操弄媒體的伎倆。

　　再重申一次，他們是靠簡單的電子郵件取得進入的權限。2016 年 3 月 19 日，希拉蕊‧柯林頓的競選團隊主任約翰‧波德斯塔收到一封令人擔憂的警示。有人嘗試用他的密碼登入 Gmail 帳戶。這則訊息看似由 Google 發出，上面附了一個連結，用來重設密碼以維護帳戶安全。[16]

　　波德斯塔覺得很可疑。他把這封信轉給他的幕僚長，幕僚長又轉給 IT 團隊，他們告訴波德斯塔這封信是真的，他必須更改密碼。他們寄給他真的連結重設密碼，但不知為何波德斯塔沒有用這個連結，而是用電子郵件中的連結輸入密碼，[17]也就是 Fancy Bear 寄的電子郵件。據 FBI 表示，駭客取得了密碼，

準備竊取 5 萬則訊息。[18]

　　波德斯塔成為駭客的手下敗將，但是駭客沒有止步於此。他們要的不只是個人私密的收件夾，他們還想要獲得進入整個組織的權限——不僅限於柯林頓的團隊，而是整個民主黨。

　　4 月 6 日，駭客鎖定負責爭取民主黨進入國會席次的民主黨國會競選委員會（Democratic Congressional Campaign Committee，簡稱 DCCC），目標是其中一名員工。她點開了釣魚郵件，洩漏了自己的密碼。六天後，駭客用她的密碼登入 DCCC 的網絡，把病毒安裝在至少 10 台電腦上。這個軟體讓他們能夠記錄鍵盤鍵入以及在螢幕上顯示的所有內容。根據 FBI 的檔案，駭客花了八小時觀察這名員工的活動，記下每一組登入 DCCC 系統的密碼（以及她個人的銀行資訊）。[19]

　　4 月 18 日，一名 DCCC 員工登入民主黨國會競選委員會的系統。駭客當然記錄下他們在鍵盤上鍵入的一切，所以現在他們可以登入民主黨的核心。就如後來披露的電子郵件所顯示的，這裡是充滿分歧與不合的巢穴。根據 FBI，駭客入侵約 30 台電腦，安裝間諜軟體並取得大量螢幕截圖以及鍵盤鍵入的資訊。[20] 他們複製了好幾 GB 民主黨對共和黨的研究，還有數千封電子郵件。Fancy Bear 把這些資訊都全都偷走了。

　　老實說，駭客觀察數十台電腦好幾週，靜靜看著美國最敏感的政治數據在電腦間傳遞。他們看得見螢幕顯示的所有資訊，記錄下鍵盤輸入的每一個字，也看到鍵入的每一組密碼。

大多數的時間裡，民主黨的領袖完全不知道自己遭到監視。

2016 年 4 月末，DNC 發現自己遭到駭客攻擊。他們找來美國科技安全公司 CrowdStrike，該公司於 2011 年由俄羅斯出生的編碼專家迪米特里·阿帕洛維奇共同創立。這間公司以找出駭客事件的始作俑者聞名。根據 CrowdStrike 的說法，一旦安裝了他們的軟體，只要十秒鐘左右就能知道誰在發動攻擊。這個惡意軟體指向 Fancy Bear，其中有些數據傳送到之前被認為是 Cozy Duke 的伺服器上，也就是荷蘭情報單位努力駭入的駭客團體（後經 CrowdStrike 更名為 Cozy Bear）。如 FBI 所警示的，Cozy Bear 已經進入民主黨系統約一年；相比之下，Fancy Bear 才進入這個系統幾個星期。但是在這段期間，他們已經獲得大量的敏感資訊，接下來幾個月重創民主黨的將是 Fancy Bear。

經過幾週的分析，CrowdStrike 準備堵住駭客的通道。6 月 10 日，所有 DNC 的員工被要求把筆電留在辦公室（引發大家擔心自己要被開除的恐懼）。[21]CrowdStrike 變更員工的密碼、刪除駭客的軟體。駭客也反擊，最終民主黨的防禦似乎見效，Fancy Bear 和 Cozy Bear 被擋在系統之外。

民主黨的安全漏洞可能已經關上，但要是就此鬆懈，未免也太輕敵。遭竊的資料已經脫離民主黨的掌控，而遭駭的影響離結束還遠得很。下一個階段將成為駭客行動史上最了不起的時刻。

2016 年 6 月 15 日，CrowdStrike 公開了它的發現，在公司網站上仔細分析駭客從何而來。CrowdStrike 表示，Fancy Bear 和 Cozy Bear 都是「為了俄羅斯聯邦政府的利益」採取行動，而且和情報機構「有密切關聯」。[22] 然而，《華盛頓郵報》與 DNC 的員工訪談過之後，在標題直言不諱地寫道：「俄羅斯政府駭客滲透了 DNC」。[23]

　　或許公開的這項決定對民主黨來說是一種策略。川普與俄羅斯有關的說法甚囂塵上。把駭進政敵的過錯全推到某個國家身上似乎有利於牽扯上川普跟俄羅斯之間的掛鉤。如果這是民主黨打的算盤，那麼他們就大錯特錯了。等新聞播出後，一連串令人難以置信的事件隨之發生，可以說，這將讓民主黨輸掉選舉。

　　在《華盛頓郵報》的報導和 CrowdStrike 的文章公開後不到一天，某個部落格突然出現，宣稱「DNC 的伺服器遭駭是單一駭客所為」。部落格的版主宣稱這不是俄羅斯的政府行動，而是某個駭客所為，而且已經準備好要公布這些資訊並作說明。[24]

　　這個部落客的文章是由化名為「Guccifer2.0」的人所發表，這個名字瞬間激起了陰謀論的討論，因為它讓大家想起了某駭客行動的幽靈。Guccifer 是馬塞爾・拉扎爾・萊赫在網路上的身分，他是羅馬尼亞的計程車司機，從 2012 年末到 2014 年初四處駭人，奪走他人的電子信箱和社交媒體帳號，

公開有趣的資訊，包括美國前總統小布希的裸體自畫像。更精確地說，萊赫就是洩漏希拉蕊擔任國務卿時使用個人電子信箱的人，掀起爭議阻礙她的總統競選之路。[25]

萊赫於 2014 年在羅馬尼亞遭到判刑，引渡至美國又再判刑一次，爾後又被送回羅馬尼亞服完剩下的刑期。[26] 很顯然他不是新出現的駭客 Guccifer2.0，因為他人在監獄裡。但不論是誰用了這個名字，都影射出和原本駭客一樣針對美國政治人物的策略。

Guccifer2.0 同時也在部落格公開嘲笑 CrowdStrike：

> 世界知名的網路安全公司 CrowdStrike 宣布 DNC 的伺服器遭到「高超的」駭客集團入侵。
>
> 我很開心這間公司對我的技能如此讚許，但是這其實非常、非常、非常容易。
>
> 我認為 CrowdStrike 的客戶應該要再次評估這間公司的能力。
>
> 光明會（Illuminati）跟陰謀論根本是狗屁！！！！！CrowdStrike 也是狗屁！！！！！[27]

這則貼文還附上了從 DNC 偷來的檔案，之後幾則貼文又附上了更多檔案。他的言論似乎對俄羅斯駭客（尤其是俄羅斯政府）在背後操縱的論點澆了一盆冷水。Guccifer 2.0 不只宣

稱是單獨犯案，他還明確表示自己和俄羅斯無關，而且自稱為羅馬尼亞人（和 Guccifer 的身分完美吻合）。

有些媒體人開始懷疑 CrowdStrike 的研究，以及俄羅斯政府參與其中的說法。Guccifer2.0 為了搏關注繼續寄信給記者，包括高客網的記者，敦促記者發布新聞——和駭進索尼影視娛樂的駭客有異曲同工之妙。[28] 漸漸地，新聞報導獲得關注，有些新聞媒體開始深究這些檔案與試算表，刊登報導公開自己的發現。或許對駭客來說這也很重要，Guccifer2.0 驕傲地嚷嚷自己的才能，反而激起大眾對這名數位闖入者真實身份的疑問。

一個名為華府解密（DCleaks）的網站又增添了更多疑惑，宣稱由「美國激進駭客」營運，公開從希拉蕊團隊內部竊取而來的資訊，包括電子郵件（還有一些共和黨的電子郵件）。[29]

儘管 Guccifer2.0 和華府解密如此努力，還是無法吸引主流媒體的目光。就算是 DNC 內部的資深員工都說他們沒有注意到駭客公布的資訊。僅有少部分媒體關注這起行動及其幕後主使，而非資訊的內容。如果駭客的目標在於重創民主黨，他們就不應該再著重於歸因，而是把重點轉向外洩資訊的內容。即將舉辦的民主黨全國代表大會（民主黨決定最終人選的場合）就是絕佳的機會，某個組織抓住了這個機會，而創立這個組織的人可以說是二十一世紀初最有影響力的其中一位人物——朱利安·阿桑奇。

阿桑奇於 2006 年創立了維基解密，提供告密者一個安全的匿名平台。危機解密上的大量資料和拒絕審查的準則曝光了一連串讓美國政府難堪的新聞，包括在伊拉克的不法行為和外交電報中的敏感資訊。

DNC 遭駭時，阿桑奇人還在厄瓜多的駐倫敦大使館，他在瑞典因一起性侵案遭到調查獲得政治庇護（瑞典的檢察官剛撤銷對他的控訴）。阿桑奇也擔心他在網站上公開的資訊，會讓自己被引渡到美國。儘管人身自由受到限制，阿桑奇在政治與新聞界掀起的資訊大戰仍佔有重要的一席之地。他還是繼續做資訊揭露，好幾 GB 的 DNC 資料即為證明，他心底深處毫不信任希拉蕊。

2016 年 6 月 15 日，聲稱是羅馬尼亞駭客的 Guccifer2.0 首次在部落格公開 DNC 的檔案，他表示已把「數千份檔案和電子郵件」交給維基解密。「他們會盡快公開，」他寫道。[30]FBI 後來釋出的起訴書中，據稱 Guccifer2.0 和 FBI 稱之為「組織 1」（Organization 1）的團體有直接關係，這個團體普遍被報導為維基解密。[31]FBI 聲稱組織 1 發訊息給 Guccifer2.0 說：「把你從 DNC 偷來的新資訊寄給我們審查，這會比你正在做的事更有影響力」，後續又寫道：

> 如果是和希拉蕊有關的話，希望這兩天就能收
> 到，因為民主黨全國代表大會即將召開，她會藉這個

場合讓伯尼的支持者團結起來支持她。

我們認為川普只有 25% 的機會贏過希拉蕊，要是能在伯尼跟希拉蕊之間製造衝突會很有趣。[32]

民主黨全國代表大會是民主黨提名總統候選人的亮點，柯林頓和桑德斯之間的唇槍舌戰會在這裡畫下句點，脫穎而出的總統大選提名人將為入主白宮做準備。

維基解密對此看法不同。

7 月 22 日，在民主黨的盛事前三天，維基解密公開了檔案。但是與 Guccifer2.0 不同，他們公開的不只是有關選舉經費和策略的檔案。他們還公開了從 DNC 偷來的將近 2 萬封電子郵件。[33] 如果此舉目的在於增加洩密的影響，那真的奏效了。首先，維基解密的宣傳與傳播平台比 Guccifer2.0 的部落格強大得多。更重要的是，維基解密有相關的經驗和技術可以設置資料庫提供大眾檢索。民主黨的醜事全都赤裸裸地攤在陽光下了。

隨著媒體的抽絲剝繭，結果發現，儘管委員會表面上對競選人保持中立的態度，DNC 的大老卻公然策畫防止伯尼·桑德斯獲得提名。[34] 民主黨內部如此不和遭到曝光後，簡直雪上加霜，前 DNC 資深員工解釋道：

希拉蕊和伯尼之間的黨內初選很有爭議，兩人

想藉著全國代表大會的場合把雙方的支持者集結成
一股力量，創造出團結一致的氛圍迎接秋天的選戰。
維基解密卻拋出如此有爭議的信件，只會讓伯尼的支
持者怒火中燒。

　　結果為民主黨帶來了立即的負面效果，大幅破壞了整個局
面的穩定性。在維基解密公開後兩天，也就是全國代表大會召
開的前一天，DNC 的主席黛比‧沃瑟曼‧舒爾茨下台。[35] 全
國代表大會本來應該是推舉候選人的盛事，卻因為越來越多民
主黨的電子郵件曝光，使大會備受爭議而蒙上一層陰影。希拉
蕊獲得總統參選提名，然而政治的殺戮還在繼續：DNC 的執
行長艾咪‧黛西、財務長布拉德‧馬歇爾、公關主任路易斯‧
米蘭達辭職。[36]「我們就像被斷手斷腳。」一名前 DNC 員工說。
　　資料外洩對民主黨造成的負面影響無庸置疑。在高壓的環
境中人際關係扮演很重要的角色，但也很容易因為不信任感而
瓦解。「這造成極大的壓力，很多緊密的關係……就瓦解了，」
DNC 財務部的幕僚長史考特‧科莫說，「不只是專業層面關
係，連朋友之間的關係也是。這真的很痛苦。」
　　仔細檢視外洩的電子郵件後，有些 DNC 的員工很驚訝連
5 月的訊息都遭到外洩，那是在 DNC 知道自己遭駭的幾週後，
但當時並非所有員工都知情。實際上，他們中有些人一直在寄
送不太明智又有爭議的訊息，儘管 DNC 的其他人知道他們肯

定遭到監控。

「4 月就已經知情，但直到 6 月才採取行動，」前 DNC 資深員工說，「我認為他們想維持這個狀態探駭客的底。如果不是這樣的話，為什麼不馬上修復安全漏洞？」跟其他人一樣，他也很懷疑媒體從 2 萬封外洩的電子郵件中挖出最具摧毀性的資訊能有多快，而且也覺得背後有極度了解美國政治體系的人在操作：

> 從第一次丟出的資訊後，不到幾個小時……媒體又丟出極為煽動的電子郵件。我認為這些郵件是經過篩選的。有人讀過全部的郵件，選出特別糟糕的那些。這個人或這些人一定很了解美國的政治和文化。

這次的資料外洩也重創民主黨的募款。內部消息指出，由於伯尼和希拉蕊之間的紛爭，小型捐款已不復見。現在，因為 DNC 募款團隊的電子郵件遭竊，大筆款項的捐款人看到自己的資訊遭洩。資深員工花好幾個小時致電捐款人想要緩和事態，這些時間本來可以用在競選活動而非道歉的。[37]

總統大選來到最後的對抗階段，希拉蕊獲得黨提名，依然屹立不搖，民主黨卻深陷困境。

10 月 10 日，川普在競選活動中的演講聽起來興高采烈：「維基解密，我愛維基解密」，他在賓州的造勢活動中這麼說。[38]

　同時，大家終於了解這起事件的真正規模：這個駭客團體
不只滲入了美國政治的關鍵部分，還明目張膽地在網路上四處
張貼竊取的資訊，似乎盤算著要影響整個選舉。就算有經驗的
科技安全人士都無法相信他們的所見所聞；在傳統世代成長的
政治人物對自己所經歷的也感到不可置信。DNC 的代理主席
唐娜・布拉澤爾宣稱：

> 　　沒有人認為他們敢在美國做這樣的事。也沒有人
> 懷疑他們居然對政治如此了解，能夠把從伺服器蒐集
> 來的資訊化為武器，完全清楚要在什麼時刻公布偷來
> 的那些電子郵件⋯⋯這次的駭客事件是專業人士前
> 所未見的。[39]

　這些專家，似乎對前幾章談過的駭客行動不夠關注。有策
略地洩漏資料和利用媒體很快就被駭客奉為圭臬。現在這股浪
潮席捲到了美國政治圈。在前幾波駭客行動中，似乎有越來多
媒體願意報導這些資訊，而且毫不質疑是誰洩漏這些資訊，以
及目的為何。

　事實上，科技與媒體之間的關係即為貫穿整場選戰的不穩
定來源。用科技來影響結果不只是靠 Fancy Bear 的網路犯罪
策略。那些想動搖選戰的人也利用了我們常用的網路平台，善
用臉書和推特的力量作為新的宣傳手法。

2016 年美國總統大選和其他現代的選舉一樣，有一部分是靠社交媒體隔空交火。舉例來說，三分之二的美國人使用臉書，這當中有四分之三的人是每天使用。[40] 對川普來說簡直是一場量身訂做的戰役，他本來就是電視名人，他加入總統大選時，推特上關注他的人數也幾乎達到 300 萬──這樣直接、注意力又短的平台對他來說簡直如魚得水。[41]

除此之外，他的競選活動在一個全球普遍對主流媒體不信任的年代進行。[42] 川普深知這個情況，大聲嚷嚷媒體是在散布「假新聞」，驅使他的追隨者遠離電視和報紙的共享空間，轉向壁壘分明的線上媒體同溫層，在這裡（有時矛盾的）訊息可以針對小眾團體。

洩漏 DNC 電子郵件的駭客也知道社交媒體的重要性。維基解密龐大的網路宣傳機器開始行動，公開這些外洩的資料。華府解密和 Guccifer2.0 的推特帳戶也設立了。這還不是全部，例如，當美國調查人員研究華府解密的推特帳號時，他們發現一些有趣的事情：同一台電腦也用來設立 @BaltimoreIsWhr 這個推特帳號，用來推「黑人反對希拉蕊」的文。[43] 這很明顯是用來攻擊希拉蕊的美國帳號，調查人員發現這只是一串類似社交媒體帳號的其中之一，不只是推特還有臉書，目標在於用有爭議的訊息攻擊近代最惡鬥的總統大選之一。

2017 年 9 月 6 日，川普贏得總統大選後十個月，一則貼文出現在臉書的官方網頁。雖然跟許多科技公司的語調一樣溫

和，看似親近卻很制式，這則貼文的內容跟標題暗示的一樣令人震驚：「臉書的資訊操作」。[44]

臉書的安全長艾利克斯·斯塔莫斯說公司發現 470 個彼此相關的假帳戶，而且「可能是俄羅斯操縱」，從 2015 年夏天到 2017 年 5 月，這些帳戶花了 10 萬美元在臉書上投放了 3000 則廣告。根據媒體報導和美國調查人員表示，這些帳號是由一間總部位於聖彼得堡的網路研究所（Internet Research Agency，簡稱 IRA）安排，IRA 扮演網軍的角色，在社交媒體網站上張貼支持俄羅斯的內容，並且攻擊反普丁的資訊。[45] 這些廣告不一定支持哪一個政黨。根據斯塔莫斯，廣告「顯然專注於放大社會和政治層面的紛歧……涉及的話題從 LGBT、種族、移民，到槍枝無所不包」。[46] 俄羅斯似乎覺得用這些潛在的爭議就能達到目的。

俄羅斯的網軍不是唯一一組利用臉書逐漸增長的影響力來操縱美國選民的團隊。美國的政黨也在興起的政治顧問公司協助下，利用社交媒體的力量，其中以劍橋分析公司（Cambridge Analytica）最為著名。

直到 2016 年的總統大選，這間公司才漸漸在政治圈嶄露頭角。2013 年由一名共和黨的主要金主創立，並且由史蒂芬·班農營運，後來他成為川普的策略師。[47] 這間公司據稱能利用心理學的洞察力來提高發布在社交媒體上的訊息效力（例如一個外向、喜歡槍枝、愛冒險的人，會和害羞、喜好自由的書呆

子看到不同的廣告）。問題在於，這間公司偷偷蒐集這些心理測驗的數據。劍橋分析付費讓數十萬人做了一個心理測驗，藉此取得這些人的臉書好友檔案，總計 8700 萬人，後來臉書因此遭到罰款（在美國遭開罰 50 億美元；在英國則是 50 萬英鎊）。[48] 劍橋分析的相關細節在《衛報》記者哈利‧大衛斯揭露後公諸於世，他表示共和黨候選人泰德‧克魯茲與劍橋分析合作，在選戰中使用非法取得的數據。[49] 劍橋分析總裁在記者進行臥底採訪時，於祕密拍攝的影片中提到公司怎樣用「花招」影響國外的選舉，於是情況越演越烈，[50] 這間公司後來不到兩個月就關門大吉。[51]

隨著越來越多醜事曝光，環繞劍橋分析的新聞標題越來越離譜：如果報導為真，這間公司堪稱數位版的斯文加利＊，藉科技之力幫川普入主白宮。

問題是根本無法驗證。首先，雖然我們知道川普付費請劍橋分析，但無從得知這間公司為競選活動做了些什麼。[52] 川普的數位主任承認在臉書上用了大量（完全合法）有針對性的廣告，但否認使用劍橋分析惡意取得的心理測驗數據，談到使用的策略，他表示：「我不覺得這有用」。[53] 即使事實證明川普的競選活動真的使用了劍橋分析的數據，也不太可能計算數據的影響有多大。英國的數據監察機構寫道：「我們無從得知是

＊斯文加利（Svengali）： 為 1984 年出版小說《特里比》中的一個角色，用以形容對他人極有影響力的人。

不是每個人都會在不知不覺中受到影響而按照特定方式……在美國的選舉中投票。」[54]

IRA 俄羅斯宣傳人員在臉書上置入的廣告也一樣。臉書估計美國有一千萬人看到這 3000 則廣告,其中不到一半的廣告在投票日前出現。[55] 在臉書上「看到」跟注意看一則廣告是不一樣的,更不用說受到廣告的影響。

那些認為社交媒體有影響力的人用選戰最後的膠著情況來證明。川普在全民普選中比希拉蕊少 280 萬票,但是因為獲得 74 張選舉人團的投票(因為背棄選舉人,最後獲得了 77 張)而勝選。[56] 所以在搖擺州靠臉書、推特和其他社交媒體動搖數千名選民,足以影響關鍵地區的選情。

不過這大大低估了川普所享有的廣泛媒體報導所造成的影響。他挑釁的政策、雷厲風行的說話風格、局外人的立場吸引了不分左派、右派的新聞媒體關注。到了 2016 年中,每一家主流新聞機構都出現在他迅速壯大的造勢大會現場,他越敢說,就越難讓人移開目光。約有 8300 萬人觀看川普和希拉蕊在 9 月由有線電視轉播的辯論大會。[57]

最終,發揮關鍵作用的是 3000 則的臉書廣告?還是川普陣營濃縮成四個字的口號——「築起高牆」(build the wall)、「抽乾沼澤」(drain the swamp)、「把她關住」(lock her up)?可以肯定的是,即使遠離社群媒體的操作,川普的反對陣營還是因為網路犯罪和武器化的數據相結合而遭

到重創，並且犧牲了民主黨的資深團隊。問題是：到底誰在背後操縱這場駭客行動？

在大家努力弄清楚投票前幾個月駭進民主黨並外洩電子郵件的幕後黑手時，一個誤導資訊的行動讓大家更為混亂。隨著選戰告終，真相開始浮現。

　　Guccifer2.0，也就是羅馬尼亞駭客，宣稱自己獨力駭進 DNC，和俄羅斯一點關係也沒有。然而美國科技安全公司 CrowdStrike 和 FBI 都在民主黨的系統上發現 Fancy Bear 的駭入工具。除此之外，駭客自稱為羅馬尼亞人的漏洞也開始顯現。在一場線上專訪中，據聞 Guccifer2.0 連羅馬尼亞語都說不好，讓人不禁懷疑這名受訪者是不是用線上翻譯機和記者對話。[58]

　　同時，也有人提出關於華府解密網站的問題。這個網站聲稱是「美國激進駭客」所營運以公開外洩的電子郵件，但不知道是什麼緣故，網站從 6 月 8 日開始外洩檔案，大約是駭客攻擊公開前六天。不管是誰設立了這個網站，一定從一開始就參與了行動。[59]

　　英國科技安全公司 Secureworks 的研究人員開始檢查寄給柯林頓陣營競選主任約翰‧波德斯塔的釣魚郵件連結。他們靠逆向工程追蹤這個連結，發現一份駭客鎖定的名單。他們說這份名單上列出誰反俄羅斯，包括烏克蘭的政治人物，甚至還

有龐克搖滾樂團「暴動小貓」的一位成員。除此之外,這些連結都是在週一到週五的莫斯科時間早上 9 點到下午 5 點之間建立,只有一天例外,這一天剛好是俄羅斯聯邦軍事技術人員的假日。[60] 科技安全研究人員和美國情報機構很快就得出俄國政府駭客就是 DNC 遭駭幕後黑手的共識。

危機解密公開這些外洩資訊的決定激起了疑問。前共同創辦人朱利安·阿桑奇的回覆如同以往的嗆辣。阿桑奇把質疑消息來源描述為「分散注意力的攻擊」,並否認俄羅斯政府的介入,他表示:「不,這和任何一國政府無關。不要用這種方式分散注意力,把重點放在公開的內容上。」[61]

俄羅斯總統也做出類似的回覆。普丁否認俄羅斯政府參與,說這太「歇斯底里」,宣稱「這是因為有人想要轉移美國人的注意力,讓他們忽略駭客揭發的事情本質」。[62]

兩方所傳遞的訊息很顯然是:不要太在意資訊的來源,多關注資訊的內容。如索尼遭駭事件所揭示,一些媒體非常樂意照這樣的指示行動。

以川普的角度來說,他對於俄羅斯是否應該負責不置可否。有一次他說俄羅斯外洩這些郵件是為了幫他勝選根本是「笑話」。[63] 但是兩天後他又說:「俄羅斯,如果你在聽的話,我希望你可以找到消失的那 3 萬封郵件。」再一次掀起了柯林頓使用私人電郵伺服器的爭議。[64]

情報人員說話就沒有這麼含糊了。2016 年 7 月末,據傳

情報人員對白宮（當時歐巴馬還在任）表示，他們「高度認為」俄羅斯是這起駭客事件的幕後黑手。但是直到 2018 年 7 月，全部指控才浮出水面，堪稱有史以來最詳盡的網路犯罪起訴書之一。

特別檢察官羅伯特・穆勒接下了調查川普陣營與俄羅斯政府掛鉤的案件。調查宣稱有好幾位支持川普的重要人物，以及一些曾經是川普忠實擁護者出面指證，並且同意協助調查。最後，沒有確切證據能證明川普的對手所預想的掛鉤。最後，做的反倒是在 2018 年 7 月 13 日起訴美國情報機關認為最活躍的俄羅斯駭客集團。[65] 起訴書羅列了十二位俄羅斯國民，提到這些人為滲透 DNC 系統、造成毀滅性影響的團隊成員。最後，Fancy Bear 的成員被點名出來——至少根據美國政府的說法是如此。

起訴書詳列出駭客行動的轉折，從寄釣魚郵件給柯林頓陣營的競選團隊主任約翰・波德斯塔，到設立華盛頓解密，再到宣稱與維基解密的往來，甚至連駭客的網路搜尋紀錄都有。起訴書羅列每一個人的工作細節和每一名成員的資歷，包括他們用在社交媒體帳號和用於購買駭客行動所需服務的假名。

美國人怎麼知道這麼多內幕？一名網路團體的成員似乎拆了自家人的台。

據 FBI 的說法，俄羅斯軍隊的軍官艾文・葉瑪柯夫被指

派到 26165 小隊，俄羅斯軍事情報局（Russia's Main Intelligence Directorate，簡稱 GRU）底下其中一隊。[66] 據調查人員表示，他有時是凱特・S・米爾頓，有時是詹姆士・麥可摩根斯，有時又是凱倫・W・米倫——這些全都是他在社交媒體上使用的假名。雖然 FBI 的文件清楚描述這些人所扮演的角色以及十二名駭客的工作內容，提到葉瑪柯夫時，感覺就好像美國間諜站在他身後看著他打字一樣鉅細靡遺。

起訴書斷定他在網路上搜尋有關 DNC 和柯林頓的資訊，分析 DNC 的網路連接、確認使用的是哪些電腦，研究要下什麼指令給微軟的軟體才偷得到電子郵件。當 CrowdStrike 介入後，美國人聲稱葉瑪柯夫開始在網路搜尋有關這間公司的資訊，包括 CrowdStrike 可能知道 Fancy Bear 的駭客工具相關資訊。

葉瑪柯夫不是唯一一位 FBI 聲稱密切監控的對象。在 Guccifer2.0 於部落格公開宣稱自己獨力進行駭客行動那天，FBI 表示 Fancy Bear 的駭客在網路上搜尋特殊的字串，包括「光明會」、「世界知名」、「三思」等。如果你覺得看起來很眼熟，那是因為這些用詞後來都出現在 Guccifer2.0 所寫的部落格上。這位「獨力犯案的羅馬尼亞駭客」聲稱和俄羅斯政府無關，但是 FBI 的起訴書似乎顯示這些用語是駭進 DNC 的俄羅斯軍隊所起草。如果是真的，這顯示出俄羅斯行動之快。DNC 公布自己遭駭一天之內，入侵者就準備好假的人設，而且還不

是隨便找,而是一個有所本的人設,和之前 Guccifer 的駭客行動相關。

FBI 推論 Guccifer2.0 和記者聯絡時,應該也提供了進入華府解密網站不公開部分的密碼。如此一來,就更難將 Guccifer2.0 與華府解密、Fancy Bear 分開來看。

當然這一切都是 FBI 所說。他們提供的起訴書相當冗長,充滿了數據,其中有一些可以用其他消息來源驗證,但大部分是無法核實的。俄羅斯政府從頭到尾都否認與駭進 DNC 有任何關聯,也宣稱這樣的推論是攻擊俄羅斯政府的陰謀論(本書透過俄羅斯辦事處和倫敦大使館提出的訪談申請沒有獲得任何回覆)。

然而,起訴書完全沒有提到 Cozy Bear,也就是 Crowd-Strike 聲稱另一個藏身在 DNC 內的俄羅斯駭客團體。似乎因為他們隱藏得太好,才能躲過查緝至今。

這兩個駭客團體似乎互看不順眼。CrowdStrike 聲稱兩個團體在找尋相同的資訊。若如安全研究人員所想他們都是俄羅斯政府的一員,那為什麼不合作呢?原因可能是俄羅斯情報機構的網絡太過複雜。歐洲外交關係協會的報告(或許不是最公正的報告,但是完整檢視俄羅斯的情報機構)顯示出內部角色的重疊——俄羅斯軍事情報局(GRU)可能即為 Fancy Bear;俄羅斯對外情報局(SVR)則可能為 Cozy Bear。[67]

報告指出,角色的重疊加上普丁的領導風格,刻意營造出

緊張、競爭、不信任的氛圍。報告也形容 GRU「有攻擊性且勇於冒險」。如果 Fancy Bear 的背後真的是 GRU，就能解釋為什麼能（相對）這麼迅速在 DNC 挖到料——不過才幾週而已，相較之下 Cozy Bear 花了至少一年的時間。

如果如這份報告所述，兩個情報機構如此對立，就只能揣測在 Fancy Bear 被逮、可能危及兩方進入的管道時，GRU 和 SVR 一定進行過對話。根據西方情報機構，這不是 GRU 最後一次在駭客行動中人贓俱獲。

2018 年 4 月 13 日，荷蘭執法機關在海牙拘留了四名俄羅斯男子。據荷蘭情報機關表示，四名男子租了一輛車，停在萬豪酒店外，但是他們感興趣的似乎不是這間四星級的休閒設施。

萬豪酒店就位於禁止化學武器組織（Organization for the Prohibition of Chemical Weapons，簡稱 OPCW）的辦公室旁，這個組織嘗試調查一起發生於 2018 年 3 月的謀殺未遂案——前俄羅斯雙面間諜謝爾蓋‧斯克里帕爾和女兒尤利婭在英國西南部的索爾茲伯里遭到下毒的事件。

荷蘭情報機構宣稱，在海牙遭到拘留的這四名男子是俄羅斯政府「接近」駭客目標的一部份，他們停在 OPCW 附近是為了攔截建築物發出的網路訊號。[68] 他們公開了車輛後車箱的照片，裡面全是攔截訊號設備。

荷蘭情報單位還宣稱他們扣押了四名男子的一台筆電，分

析後顯示，筆電也曾在馬來西亞、瑞士、巴西被使用過。關聯性是什麼？根據荷蘭表示，在馬來西亞，這台筆電用來瞄準馬來西亞航空 MH17 的調查，這台客機在 2014 年 7 月於俄羅斯支持的烏克蘭叛變地區遭擊落；[69] 在瑞士，則於洛桑使用，用於駭進世界運動禁藥管制組織（World Anti-Doping Agency，簡稱 WADA）的筆電，這個組織曾揭發俄羅斯運動員使用禁藥；巴西也是重要的反禁藥機構組織所在。這顯示俄羅斯接近目標的「世界之旅」瞄準的是危及俄羅斯利益的團體。

俄羅斯政府極力否認和這些駭客行動的指控有關，並稱在海牙的事件為「西方國家對間諜行動的執著」，認為自己是「即將上演的宣傳活動」受害者。俄羅斯政府的聲明寫道：「不知道誰會相信俄羅斯國民嘗試展開網路攻擊的指控⋯⋯任何俄羅斯國民只要攜帶行動裝置都會被當成間諜。」[70]

這四名在荷蘭遭到拘留的俄羅斯人用的是外交護照。一方面，這表示他們無法在荷蘭因為犯罪遭到起訴，而是只能驅逐出境。另一方面，荷蘭公布這些護照的照片後，記者找到了新線索。調查性新聞網站 Bellingcat 的記者在俄羅斯資料庫查閱這幾本護照持有人的姓名，聲稱發現其中一人登記的住址為 GRU，也就是 FBI 宣稱的 Fancy Bear 幕後黑手——俄羅斯軍事情報機構。記者還表示在搜尋汽車所有權的資料庫後發現，四名男性其中一人把他的拉達汽車登記在另一間 GRU 辦公室。反過來讓記者可以用登記在那裏的車子（以及護照、手機號

碼）來驗證另外 305 人：據推測全部都是 GRU 員工。[71]

如果荷蘭政府和 Bellingcat 的主張為真，GRU 的「攻擊性和勇於冒險」策略似乎就是他們失敗的原因。由於他們的長相已為人所知（更不用提他們數百名同事的身分也因此曝光），俄羅斯被指控的駭客團隊可能發現接近目標的行動如今變得更為困難。

這似乎就是 Fancy Bear 故事的結尾，但是科技安全對美國政治的影響遠不止於此。隨著勝選成為歷史，川普開啟了好戰的白宮統治，和中國的貿易戰日漸升溫。紛爭越來越激烈，科技再次成為重要的議題：這次，科技這個議題跨越大西洋，使英美之間的「特別關係」變得緊繃。

2013 年初，我和一位服務多年的議會情報與安全委員會議員一起午餐。飯後甜點之前，他小聲對我說委員會「很擔心華為這間公司」。身為以證據立論的記者，我詢問是否有什麼證據，但他什麼都沒有透露。或許就算有的話，大概也因為太過機密無法告訴我：委員會常關起門來聽取間諜報告。

委員會似乎真的很擔心這個中國的科技巨擘。2013 年 6 月，委員會公開了一份標題為《外國廠商涉入關鍵國家基礎建設》的報告，[72] 這裡提到的外國廠商就是華為，關鍵國家基礎建設則是英國通訊系統的中樞，由英國通信公司 BT 營運。英國公司和華為於 2005 年簽訂合約，由華為提供電信網絡翻修

的設備。情報與安全委員會赫然發現,政府的部長們根本不知道這項協議,更不用說曾經提供過任何意見了。委員會的報告仍舊沒有提供任何中國政府干預華為的特定證據,卻明示委員會成員有多擔心。

這是一連串打擊華為行動的第一槍,隨著該公司捲入地緣政治、科技安全和貿易戰的糾紛,儘管該公司極力否認它讓北京得以監視的指控也沒用。

想了解華為的新聞為什麼鬧得那麼大,你必須了解一下5G,也就是第五代行動通訊科技。過去幾年來,行動網路的速度、覆蓋率、容量快速擴展。5G 是下一個大躍進,但這代表的不只是下載貓咪影片會變快而已。有一個建設已久的尖端科技設備已經為這個階段的到來準備就緒。5G 的大躍進有一部分是因為可以讓訊號發送得更快,也就是更少「延遲」發生(收發訊息的延遲)。想想無人駕駛汽車:接收和發送停止的指令時,就算只有幾微秒的延遲,都有可能意味著生與死的極大差異。

遠端操控的手術、智慧交通管控、無人機——許許多多未來的創新只能在 5G 時代到來才能實行。因此,才會這麼急切地想要設置 5G。為此,要靠他人提供設備(如發射器和接收器),而現在這個產業只有三個競爭者:華為、諾基亞、愛立信。[73] 據估中國的華為領先其他兩家業者兩年,在高科技的市場中扮演了關鍵的角色。

問題是，多國認為無法信任在中國製造的設備，尤其這些設備會廣泛且深入國家的通訊網路，從傳遞臉書的更新到政治人物的信件。他們擔心中國政府可能會在設備裡安裝所謂的「後門」，攔截通訊內容。

澳洲拒絕華為提供 5G 設備的建設（但是遭到華為的抗議）；紐西蘭也跟進；[74] 美國政府網路禁用華為的產品，2019 年 5 月美國公司也短暫遭到禁止與華為的貿易往來。

對華為的疑慮，英國靠測試提供了答案，或是至少，我們應該會有答案。基於對 BT 合約的擔憂，英國政府委託英國政府通訊總部（GCHQ）設立一個小隊，共同測試華為的工具組。跟預想一樣，結果從未公開。但是英國政府網路圈的資深人員幾乎肯定看到了結果，他們之後的評論也透露了一些資訊。

2019 年 4 月，英國國家網絡安全中心的技術總監伊恩·李維告訴 BBC：「華為的安全工程跟一般不同。它的工程設計就像回到了 2000 年。非常非常的濫竽充數，會導致我們必須長期處理的網路安全問題。」接著他說到了關鍵：「我們不認為我們報告的是中國政府的行事不正當的證據。這就只是工程很差而已。」[75]

換句話說，英國不太擔心中國偷偷在華為的工具箱中留後門：如果設計得這麼差，他們擔心任何人都可以駭進去（華為沒有應本書要求做出回應）。

在寫這本書的當下，英國的解決方式是安裝華為的產品，

可是不會用在網路的「關鍵」部分。然而,這樣的解決方式似乎無法滿足美國,美國威脅說如果英國繼續在 5G 網路中安裝中國公司的產品,就會縮減與英國的資訊共享以及兩國的安全合作關係。

美國高度懷疑華為會讓中國政府在我們依賴的通訊上留個後門。這很諷刺,因為自從我們知道美國政府靠某個系統進入我們依賴的電子通訊,還不到幾年的時間。

2012 年 12 月,記者葛倫・葛林華德收到了一則特別的訊息。一名告密者準備取得一些機密資訊,但是要葛林華德用高度安全的通訊方式和他連絡才願意採取行動。對科技並不特別擅長的葛林華德相當努力,[76] 可是消息來源(當時化名為第四公民)漸漸失望,同時寄了加密的訊息給另一位記者蘿拉・柏翠絲。此舉改變了她的人生,還有許多其他人的人生:

> 我是情報體系裡的資深政府員工。希望你能理解我冒著相當大的風險與你聯絡,希望你能答應做一些預防措施,這樣我才能和你分享更多資訊。這絕對不是浪費時間。[77]

第四公民當然就是愛德華・史諾登,他是美國國安局(National Security Agency,簡稱 NSA)的前約聘人員,而

NSA 也就是美國版的 GCHQ。

史諾登是博思艾倫諮詢公司的員工，為 NSA 工作。他是網路系統分析師，負責「尋找進入世界各地網路和電信流量的新方法」。[78]透過工作，他發現越來越多美國政府的監控裝置，這讓他警戒起來。

2000 年代中期，美國情報單位開始意識到全球有 80% 的數位通訊流量都會經過美國，認為這是打造及利用情報的絕佳機會。[79]史諾登擔心無辜的人會因為這種撒網計畫受到牽連。最終他決定竊取有關政府攔截訊號計畫的絕對機密，並且外洩。他從夏威夷高度戒備的機構偷出上萬份檔案。

藏身於香港的旅館，史諾登把大部分資料都交給了葛林華德和《衛報》的記者。他後來嘗試脫逃，據傳逃往古巴，但由於美國註銷了他的護照，最終只逃到俄羅斯。[80]

外洩檔案公開後，大家太震驚以至於忘了這個現代國家的監控能力（足以監控每一個人）。許多外洩的資訊詳細描述美國政府怎麼透過祕密法庭命令從全球最大科技公司的手中取得資訊。在這個名為「稜鏡」（PRISM）的計畫，其檔案顯示 NSA 合法監控「臉書、Google、YouTube、Skype、AOL、蘋果、微軟、雅虎的伺服器」。[81]有些公司否認知悉這個計畫，有些公司聲稱並未同意監控，這讓許多人推論 NSA 是用臨時禁制令得到監控的許可。

歷來，除非有特定法律許可，否則 NSA 禁止大量蒐集美

國公民的數據。但根據記者佛瑞德・卡普蘭所寫、對 NSA 歷史有詳細描述的《黑暗領土》（*Dark Territory*）一書，NSA 靠改變「蒐集」的定義成功化解了這項禁令。「在新的定義之下，NSA 只是在儲存數據，除非分析師從檔案中抽出數據，不然就不構成蒐集的要素。」卡普蘭寫道。[82] 但即使是這樣，按法律來看還是很有問題，卡普蘭解釋：「只有在數據與調查外國情報或恐怖主義『相關』，數據才會儲存。」

再重申一次，NSA 改變了定義：「在新的定義之下，一切事物都可能有關連，在某事變得相關之前，根本無法得知什麼是相關的。因此，你得把所有東西都收在手裡才能做出最終的評判。」[83]

語言是很有力的工具，一旦做出更動時，就會重新分配力量。因此幫 NSA 大規模數據蒐集計畫鋪了一條合法的路。

不過這個部門不是只被動蒐集資料。前幾年，NSA（由於其高度隱密的特質，曾開玩笑地說自己是「No Such Agency」）把防禦性的網路安全工作和攻擊性的團隊結合：政府雇用的駭客擔負任務並且受到美國法律的保護，以駭進海外的公司和政府。「取得不可取得的」據說是他們的座右銘。

不只美國政府贊助的駭客在行動。2013 年《衛報》等媒體公開的檔案還透露出美國的 NSA 和英國的 GCHQ 之間的合作程度。英國有一部分是因為地利之便：是離美國最近的歐洲國家，所以英國和美國的關係緊密。前幾條跨大西洋連到美國

的電纜就是架設在康沃爾這個英國西南部的小海灘底下。從電報到電話，現在又到高速資訊串流，路徑仍舊不變。即使是現在，在退潮時還可以看見海灘旁的巨大電纜。最近這些電纜都是光纖電纜，以斷斷續續的光脈衝傳輸世界各地的數據。不出所料，除了英國西部的主要基地，GCHQ 還在康沃爾的布德有一個大型的前哨站。[84]

史諾登洩密顯示出英國的收聽站極盡癡迷地提升能力以攔截光纖所傳輸的資訊。這個行動有一個迷人的稱呼——「進入光」（access to light）。同樣富有詩意的（雖然對接收端來說不是如此）還有各種用來攔截訊號的工具代號，包括突變肉湯（Mutant Broth）、駝背的豬（Rickety Pig）、煩躁的雪人（Fretting Yeti）。

跟 NSA 一樣，GCHQ 不只是被動地蒐集資料，也會採取攻擊性的駭客行動。史諾登洩漏的檔案數量之多容易讓人不知所措，檔案中透漏的國家監控像迷宮一樣撲朔迷離。單看檔案中的一個 GCHQ 行動就可以發現某一個單位雖然聲稱只在國內行動，實際卻跨得多遠。根據 2015 年 2 月《截擊》雜誌基於史諾登檔案所發表的文章，英國的攔截信號情報機構取得荷蘭科技公司員工的個人電子郵件和臉書帳號，讓英國間諜可以攔截世界各國的電話和訊息。[85]

《截擊》寫道，GCHQ 的目標在於 SIM 卡，也就是手機裡讓話筒跟電話網路連接的方形塑膠片。SIM 卡收發的訊號是加

密的，不可能被監聽。根據《截擊》，GCHQ 想要取得這些
SIM 卡的金鑰，藉此取得從伊朗、阿富汗到印度、冰島的通訊。
為了達到這個目標，2010 年 GCHQ 據傳以總部位於荷蘭的公
司 Gemalto 為目標——Gemalto 為世界最大的 SIM 卡金鑰軟
體供應商之一。根據《截擊》公開的檔案來看，GCHQ 先建了
檔案看 Gemalto 哪些員工對這起行動有利，找出他們的工作
地點以及工作內容。接著，他們用美國 NSA 的工具進入員工
的個人郵件和臉書帳號找出更多有關他們的資訊。GCHQ 終於
得以數位的方式進入 Gemalto，獲得珍貴的金鑰以解讀數百萬
台裝置的行動通訊。Gemalto 展開調查後發現：駭客於 2010
年及 2011 年進入系統，據說看起來就像《截擊》所報導的
GCHQ 行動。但是 Gemalto 表示駭客並沒有入侵機密的內部
網絡。[86]

　　這次 GCHQ 回應了《截擊》的報導，表示其任務在「嚴
格的法律與政策框架」下進行，且所有的行動皆「獲得授權、
符合需求及比例原則」。[87] 如果這樣的回答看起來很老掉牙，
那是因為這個回答真的是如此。在史諾登洩密的年代（以及上
述 Gemalto 的例子只是從檔案中浮現的冰山一角），政府部
門對媒體提問的回答幾乎沒有什麼改變。這可能是因為任務大
多很敏感：如果針對每次洩密具體回答，可能會有一點一滴洩
漏機密資訊的風險，這就是洩密的兩面刃。

　　如果《截擊》的報導為真，GCHQ 的回應又正確的話，那

麼後果就很驚人：這代表這起行動是經過授權且符合需求及比例原則，因此英國政府的網路小隊可以鎖定一般老百姓、駭進他們的個人郵件及臉書帳戶，藉以入侵沒有任何威脅性又完全合法的公司，並試圖竊取公司的智慧財產，最終獲取人民的個人通訊。

這是網路犯罪嗎？

根據 GCHQ 的回答，當然不是。這是經過授權、合法、符合比例原則的行動。當然我們不知道有多少犯罪行動因為 GCHQ 駭進電話及訊息服務而受到阻撓。或許他們認為只要達到目的就好，但是為了達到目的，老百姓的個人資訊在不知情或未獲當事人允許的狀況下被竊取、仔細研讀與利用；一家西歐國家的私人公司系統被它視為盟友的國家入侵。

GCHQ 反駁道所有行動皆符合法律規範，而且行動成員要克服重重阻礙，才能進行攻擊。但是其他國家的駭客豈不是也能用同樣的理由正當化駭客行動？舉例來說，萬一 Fancy Bear 獲得許可，能合法攻擊他國的政治機構呢？這樣他們的行動就能被大眾接受嗎？要是拉撒路集團——據傳為釋出 WannaCry 病毒、駭進索尼影視娛樂和孟加拉銀行的北韓國家駭客軍隊，也獲得了國家領導人的首肯呢？

我們可能不喜歡這些國家的政府，但是最終他們的確是主權國家，如果一個駭客行動的合法性是依政府是否「授權、合法且符合比例原則」的準則決定，那麼其他國家濫用這種說法

的空間就很大了。我們可以辯稱自己的法律框架比他國完善，但由於民族國家的駭客行動大多是祕密進行，不論在本國或他國，很少有機會能審視合理化行為的決策過程。

在某種程度上，這種行動也沒什麼新奇的：各國都會監視他國，用合法或政治為由合理化監視行動。在過去，這樣的間諜行動更隱密：它與策略、資訊優勢有關，很少會在「真實世界」曝光。如同在本書中不斷看到的，情況已經改變。政府駭客不再躲在陰暗處，他們的手法越來越依靠 Fancy Bear 和拉薩路集團所使用的公開操作媒體策略。他們大張旗鼓、破壞力強，有時還嚴重破壞我們所依賴的重要服務。除此之外，他們用的工具和網路犯罪集團使用的幾乎無異。

本書一開頭談到的信用卡詐騙、駭進銀行帳戶，和結尾時談到的 NSA、GCHQ 等合法授權的駭客行為當然有很大的差異。但是兩者之間有一塊又厚又髒的灰色地帶，這一部分的人數越來越多。這是因為三種不同的駭客團體——有組織的網路犯罪集團、激進駭客、民族國家駭客異界交流導致。

騙子一開始可能只是想要獲利，但是隨著前幾章所示，情況開始有所不同。他們的工具變得越來越有摧毀力，製造出混亂、無差別的攻擊。

激進駭客看到自己的數位抗爭策略變成了網路犯罪，他們的媒體操縱技能還因為各方勢力的交融更加精進。

最令人擔心的是，騙子和激進駭客的技能漸漸被民族國家

的團隊納入麾下，在政府想運用的地方砸上大把時間、金錢、按策略方向全力使用。我們已經看到這對醫院、電力站、政治程序造成怎樣的損害。

本書開頭談的是駭客靠竊取銀行帳戶、脅迫人們支付贖金、竊取資訊並且詐騙，從中賺取幾百萬美元；接著看的是駭客毀壞他人名譽和操縱媒體的行動；最後談的是看似合法、需要且符合比例原則的高階民族國家行動。在這段歷程中，不同團體所使用的工具和策略變得原來越難以分辨。

隨著不同團體交融，政治、新聞、關鍵服務越來越容易受到駭客行動的影響，網路犯罪和國家權力的分界又如何界定？

也許，這些不同團體之間的界線曾經很明顯，但現在看起來已不是這樣。

後 記

在我寫這本書時，重拍的《哥吉拉》剛好上映。這是一個古老的傳說——哥吉拉是用核能充電的史前生物，牠從海中搖搖擺擺地走向陸地，造成了大浩劫，然後又走回大海從此消聲匿跡。

這似乎貼切地描述了大眾對網路犯罪的感覺。駭客攻擊有時看起來就像是從數位深淵竄出的怪獸所為。突然爆走，吞下個人數據、搶走信用卡資訊、毀壞電腦網路、散布假資訊，然後消失在黑暗中，讓大家錯愕又不確定下一次攻擊會在何處現蹤。這讓蓬勃的網路安全產業奠下發展的沃土，這個產業聲稱自己提供保護讓大眾免受駭客攻擊。

媒體（包括我）沒有在報導駭客行動時做好份內之事，常常只有危言聳聽的標題和駭人的預測，卻沒有後續的相關消息、建議或是調查。過去幾年來，我突然察覺，如果能了解怪獸為什麼出現、如何進化或許會更有幫助，可能會有助於我們預測牠們下次採取攻擊的地方。如同我們在本書所看到的，歷經數十年的現代網路犯罪，也出現了一些可供辨識的模式。最明顯的是，我們看到了各種駭客團體的匯流和工具、策略、技術的交流。

而且這會繼續下去。我們的社會只會變得更依賴科技，

部分是因為我們可以用科技創造的數據做些美妙且有利可圖的事情。把電網連上網路的趨勢就是一個例子——對想要管理設備、最佳化經營的電力公司來說是一種恩惠；對想切斷電力的駭客來說也相當方便。

有組織的網路犯罪集團也沒有出現一點消退的徵兆，他們賺了太多錢根本不可能放棄。資安研究人員觀察到，早期駭進銀行的集團轉而開始發動勒索軟體攻擊。他們現在可能正在思考下一個賺錢的計畫。

駭客利用媒體的策略也會繼續下去：有了像國際調查記者同盟和維基解密這樣的管道，可以讓大眾看到更大量、更有影響力的資料外洩，而且資料還事先經過處理與包裝。媒體和臉書這類社交媒體巨擘競相爭取營收和關注，記者隨時都在等待報導羶色腥，而且毫不在乎消息來源，或是背後動機為何。

政府也沒有放棄駭客行動。史諾登洩密可能對政府監視大眾的規模造成干擾。不過對某些政權來說，史諾登洩密讓他們驚覺，在逐漸數位化的世界中窺探和控制國內外人民的潛力。對民族國家來說，和傳統的武器相比，網路罪犯的工具 CP 值很高。看著三十歲的丹尼爾．凱只靠一支手機就能癱瘓賴比瑞亞全國的網路，你大概覺得很可怕。不過一個月 1 萬美元的薪水（據傳這即為贊助這場攻擊的金額），我相信一定會有軍隊立刻招攬他。

很容易就會有情況失控的感覺——因為巨獸太多，英雄卻

太少。然而，還是有我們能應付威脅的措施。好消息是這不見得需要很多昂貴的新工具。畢竟，就像我們從愛蟲案例學到的，一開始駭客靠的通常是坐在電腦前的人。要對付網路犯罪，我們需要加強的不一定是電腦，而是人。

第一步也是最重要的一步，或許對讀這本書的每一個人來說都很清楚，那就是——小心電子郵件。

令人沮喪的是，一次又一次，釣魚郵件成為罪犯的入口。不管是寄給希拉蕊陣營競選主任的密碼重設郵件，或是讓數十萬人自願打開的「情書」附件，垃圾郵件對駭客來說是首選的感染媒介。我們要拋棄網路公司、電子郵件供應商或 IT 支援部門會保護收件夾這種思想。不管怎麼過濾也無法阻止惡意附件，只要一點擊就會感染。24 小時全年無休的新世界雖然便利，但是代價是要靠自己保護自己。

或許我們可以借鏡公司對網路安全的政策。網路安全專家用「嚇阻力」與「恢復力」來應對攻擊，那一般人又該如何？更新軟體到最新版、用強度較強的密碼、定期備份（不連上網，放在安全的地方）。沒有什麼高深的學問，但是這些可以讓我們不再是網路罪犯覺得容易下手的目標。如果最糟的情況發生，這些措施也可以幫你盡快站穩腳步，回復正常。

對組織來說，令人不安的事實是，傳統的風險評估不再起作用。在過去，或許可以評估你對駭客來說有多容易攻擊，並且根據數據的價值評估哪些是駭客想要攻擊的。然而隨著駭客

策略逐漸交融，這樣的評估越來越難。正如我們所看到的，網路犯罪使用的無差別、大規模攻擊駭客工具，有時候沒有任何利益動機的民族國家也會使用這類工具。激進駭客有時只是為了好玩而駭，盡可能竊取所有資訊。這對計算遭駭的風險來說是一大阻礙（以英國國民健保署為例，在WannaCry攻擊之前，他們顯然覺得自己遭到網路駭客威脅的風險不高）。

不過，任何一個組織都能靠「如果」與「何時」兩個小組進行防護。前者以駭客是可預防的假定行動，並且嘗試保護機構的安全，找出哪些資料跟系統較為敏感、位在哪裡以及受到防護的程度。舉例來說，這個小組的職責為教導員工釣魚郵件、強度低的密碼等所帶來的危險。（以我來看，這其中有太多借助的是大棒而非胡蘿蔔的力量。我想大多員工會對提升密碼強度能獲得一瓶香檳的獎勵更有反應，而非因為釣魚郵件演練不合格，被迫參加線上訓練課程。）

相較之下，「何時」小組處理的是已經遭駭的情況。哪些種類的資訊是駭客可能已經得手的資訊中最糟的，駭客能用這些資料做的最嚴重事情是什麼？要怎麼通知顧客、監管機關和員工？（尤其在公司郵件也遭到攻擊時）從最壞的情況來看，要怎麼回歸正常運作？需要花多久的時間？

「如果」小組較倚重電腦人才，「何時」小組則是倚重公關與法務，但是兩者相結合才是關鍵。2015年10月Talk-Talk遭駭最大的問題在於，公司的公關決定讓總裁到各家媒

體講述駭客事件的發生，可是 IT 人員卻沒有提供詳盡的資訊。事實上，要是公司可以快一點評估出攻擊的規模，公司根本不會成為新聞報導的主題。

　　就算公司沒有投入大量的資源維護網路安全，只要好好地審視「如果」和「何時」的程序，並且記錄下結果，就可能在遭駭時因此獲益。例如，根據新的歐洲數據法規，在評估一起事件時，英國的數據監察機構會考慮機構對自己重要數據的存放處以及有什麼防護措施多了解。

　　媒體也應該要嚴肅看待自己的角色，不只要在報導時讓觀眾能獲取有用的資訊，還應該更細心核實來源不明、動機不明的外洩資訊。在大量資料外洩以及幕後黑手操縱的時代，媒體很容易就會成為駭客手中的魁儡。惡意的資料外洩乍看之下可能輕鬆容易，但是長期來看卻會造成負面影響，尤其如民主黨和索尼遭駭事件所顯示的，到後來才發現記者成為民族國家惡意操弄的工具。

　　對政府來說，情況不可避免地更為複雜。就我們看來立即「禁止政府的駭客行為」聽起來很美好，但是實際情況沒那麼簡單，很難有完善的法規能夠禁止政府駭客。事實上，一定會有政府在未獲得授權的情況下入侵人民的數位生活。我們只能期望政府能有智慧又合法地使用權力。但由於我們無從得知決定的過程，所以這也讓他國能以同樣的藉口合理化自己的駭客行動。

　　人們合理上會擔心政府正在開發工具來施行駭客行動以及這些工具保存的安全性。驅動 WannaCry 的惡意軟體所發動的駭客行動影響了最不該影響的英國國民健保署相關機構，據傳這個惡意軟體是由美國政府所開發的，結果卻不小心散布到網路上。惡意軟體利用微軟公司 Windows 作業系統中的「零日」漏洞，但是美國政府其實應該告知微軟進而修復安全漏洞並維護大眾安全，而不是暗暗掐在手裡為政府駭客所用。

　　據傳美國政府現在為了這種強大的駭客工具經營一種內部資訊交換中心，以控管哪些部門正在使用這些工具，以及何時才能對大眾公開。[1] 這聽起來很合理，其他政府也可以採納。

　　對付日益增加且毫不受控的零日漏洞交易，我們能做的還有更多。這些公司聲稱自己只把零日漏洞賣給「合法的」政府買家，但是這樣的機率極低。相反地，我們使用的 app 或程式所出現的漏洞通常賣給最高出價者，就算買家是政府機構，有時候也是毫無底線的濫用。

　　就像武器交易受到控管，零日漏洞的交易也應該好好管理。有些人可能會說零日漏洞的仲介跨越國界而且公司資訊也不清不楚的，因此很難監管。不過他們還是得把獲利存在銀行吧。除此之外，管理傳統武器的跨國交易雖然困難也沒有讓我們就此放棄。

　　這些當然無法阻止網路犯罪的發展。充滿資訊的現代世界有太多日漸複雜且彼此相關的科技，以及尚未修補的漏洞，因

此很難防止駭客入侵。在 1945 年的原版《哥吉拉》電影中，為了防止怪獸入侵而設立了通電柵欄，結果並未奏效，現在同樣也沒有高大的城牆能夠保護我們。如果我們能從過去數年來的經驗汲取教訓，我們的未來也許能比現在稍微安全一點。

參考資料

第一章 認識駭客

1 'Love Bug May Have Been Accident', www.news.bbc.co.uk, 11 May 2000.
2 Barry M. Leiner, Vinton G. Cerf, David D. Clark, Robert E. Kahn, Leonard Kleinrock, Daniel C. Lynch, Jon Postel, Larry G. Roberts and Stephen Wolff, 'Brief History of the Internet', *Internet Society* (1997), pp. 2–4, online at www.internetsociety.org.
3 'History of the Web', www.webfoundation.org, accessed 21 June 2019.
4 Jason Scott, 'The BBS Documentary', www.bbsdocumentary.com, accessed 21 June 2019.
5 'What Is the Well?', www.well.com, accessed 24 June 2019.
6 John Perry Barlow, 'Crime and Puzzlement', www.eff.org, 8 June 1990.
7 Ibid.
8 'A History of Protecting Freedom Where Law and Technology Collide', www.eff.org, accessed 26 June 2019.
9 John Perry Barlow, 'A Declaration of the Independence of Cyberspace', www.eff.org, 8 February 1996.
10 This practice was not confined to American academic universities, as evidenced by books such as *The Night Climbers of Cambridge*, first published in the 1930s under the pseudonym Whipplesnaith (Cambridge, 2007), and *LA Climbs: Alternative Uses for Architecture by Alex Hartley* (London and New York, 2003).
11 Dennis Fisher, '"We Got to Be Cool About This": An Oral History of the L0pht', www.duo.com, 6 March 2018.
12 'Weak Computer Security in Government: Is the Public at Risk? Hearing Before the Committee on Governmental Affairs, United States Senate', U.S. Government Printing Office, 19 May 1998.
13 International Criminal Tribunal for the Former Yugoslavia, www.icty.org, 14 March 2002.
14 Barlow, 'Crime and Puzzlement'.
15 Ibid.
16 Eric Chien, 'VBS.Loveletter.Var', www.symantec.com, accessed 26 June 2019.
17 James Meek, 'Love Bug Virus Creates Worldwide Chaos', *The Guardian* (5 May 2000).
18 'Love Bug May Have Been Accident'.

第二章 柏林防火牆的倒塌

1 Unemployment rate, OECD Data, www.data.oecd.org, accessed 22 July 2018.
2 Figures kindly provided by Anna Smolentseva, Senior Researcher, Institute of Education, National Research University Higher School of Economics, Moscow, Russia, 31 July 2018.
3 Dan Bloom, 'Putin's Great Russian Brain-drain', *Daily Mail* (2 December 2014).
4 'Russian Scam Artist Sentenced in "Forbes List" ID Theft', NBC New York, www.nbcnewyork.com, 16 July 2009.
5 Igor Klopov, 'DECADE/TRUESTORY/', undated,

shared directly with the author via online message.
6 See 'Case 1:07-cr-00707-ARR Document 102-1', https://ddosecrets.com, accessed 26 June 2019.
7 U.S. Department of Commerce News, via www.census.gov, 2 March 2009.
8 'Fraud, the Facts 2009', UK Cards Association (London, 2009).
9 Samuel Burke, 'In the Mind of a Hacker', CNN Business (29 October 2014).
10 Benjamin Peters, *How Not to Network a Nation: The Uneasy History of the Soviet Internet* (Boston, MA, 2017).
11 Ed Cabrera, Robert McArdle and the U.S. Secret Service Criminal Investigation Division (CID), 'The Evolution of Cybercrime and Cyberdefense', Trend Micro (29 October 2018).
12 'Albert Gonzalez', Berkman Klein Center for Internet and Society at Harvard University, https://cyber.harvard.edu, 8 August 2012.
13 Misha Glenny, *DarkMarket: How Hackers Became the New Mafia* (London, 2012), p. 93.
14 U.S. Department of Justice, 'Leader of Hacking Ring Sentenced for Massive Identity Thefts from Payment Processor and U.S. Retail Networks', www.justice.gov, 26 March 2010.
15 Kevin Poulsen, 'Feds Charge 11 in Breaches at TJ Maxx, OfficeMax, DSW, Others', *Wired* (5 August 2008).
16 'International Credit Card Trafficker Sentenced to 88 Months in Prison', www.justice.gov, 5 April 2013.
17 Jim Bruene, 'Online Banking: 2003 Results', www.finovate.com, 3 January 2004.
18 See www.thefinancialbrand.com, accessed 23 December 2018.
19 Glenny, *DarkMarket*, p. 77.
20 'What Is Zeus Malware?', https://enterprise.comodo.com, 31 July 2018.
21 Michael Schwirtz and Joseph Goldstein, 'Russian Espionage Piggybacks on a Cybercriminal's Hacking', *New York Times* (12 March 2017).
22 Don Jackson and Kevin Stevens, 'Zeus Banking Trojan Report', www.secureworks.com, 10 March 2010.
23 Aleksandr Panin, 'Solution of Cancer', 'Solution of Aging', www.ssrn.com, 26 February 2018.
24 U.S. Department of Justice, 'Two Major International Hackers Who Developed the "SpyEye" Malware get over 24 Years Combined in Federal Prison', www.justice.gov, 20 April 2016.
25 Pushpa Mishra, 'Creators of SpyEye Trojan Aleksandr Panin, Hamza Bendelladj Sentenced', Hack Read, 22 April 2016.
26 Garrett M. Graff, 'Inside the Hunt for Russia's Most Notorious Hacker', *Wired* (21 March 2017).
27 Ibid.
28 Ibid.
29 U.S. Department of Justice, 'Motion for Temporary Restraining Order', www.justice.gov, 30 May 2014.

30 Ibid.
31 Benny Evangelista, 'Napster Runs Out of Lives: Judge Rules Against Sale', *San Francisco Chronicle* (4 September 2002). The Napster name is now used by a different music service that states its operation is '100% legal'. Megan Guess, 'Napster Returns!', *Ars Technica* (15 June 2016).
32 Violet Blue, 'CryptoLocker's Crimewave: A Trail of Millions in Laundered Bitcoin', *ZDNet* (22 December 2013).
33 Fahmida Y. Rashid, 'Zeus Criminals Launch DDoS Attacks to Hide Fraudulent Wire Transfers', eWeek (1 December 2011).
34 Jim Edwards, 'This Is What It Looks Like When a Click-fraud Botnet Secretly Controls Your Web Browser', *Business Insider* (27 November 2013).
35 U.S. Department of Justice, United States of America v Evgeniy Mikhailovich Bogachev et al., 'Motion for Entry of Default', www.justice.gov, 11 July 2014.
36 See www.fox-it.com, 21 March 2017.
37 Graff, 'Inside the Hunt for Russia's Most Notorious Hacker'.
38 Will Stewart, '"Fantomas", the FBI's Most Wanted', *Daily Mail* (27 February 2015).
39 See www.fox-it.com, 21 March 2017.
40 'Actions in Response to Russian Malicious Cyber Activity and Harassment', www.obamawhitehouse.archives.gov, 29 December 2016.

第三章 駭客版的《瞞天過海》
1 See www.pust.co., accessed 1 July 2019.
2 'DPR Korea: UN Says $111 million Needed to Provide Life-saving Aid, Tackle Malnutrition', www.news.un.org, 12 April 2018.
3 Sophie Schmidt, 'It Might Not Get Weirder Than This', https://sites.google. com/site/sophieinnorthkorea, accessed 26 June 2019.
4 See www.northkoreatech.org, accessed 1 July 2019.
5 Ahn Yong-hyun, 'What Is North Korea's Electronic Warfare Capability?', www.chosun.com, 23 March 2011.
6 Joseph S. Bermudez Jr, 'A New Emphasis on Operations Against South Korea?', www.38north.org, 11 June 2010.
7 'North Korea Boosted "Cyber Forces" to 6,000 Troops, South Says', *Reuters* (6 January 2015).
8 'New Cyber Reserve Unit Created', Ministry of Defence, Joint Forces Command, and the Rt Hon. Philip Hammond MP, www.gov.uk, 29 September 2013.
9 'Security Council Strengthens Sanctions on Democratic People's Republic of Korea, in Response to 12 February Nuclear Test', www.un.org, 7 March 2013.
10 'Report of the Panel of Experts Established Pursuant to Resolution 1874 (2009)', United Nations Security Council, 5 March 2019, p. 48.
11 Ibid., p. 328.
12 United States of America V PARK JIN HYOK, Criminal Complaint, 8 June 2018, p. 133.
13 Ibid., p. 136.
14 'Letter dated 27 June 2014 from the Permanent Representative of the Democratic People's Republic of Korea to the United Nations addressed to the Secretary-General', United Nations General Assembly Security Council, 27 June 2014.
15 United States of America V PARK JIN HYOK, Criminal Complaint, 8 June 2018, p. 34.
16 Ibid., p. 25.
17 James Cook, 'Staff at Sony Pictures Are Being Forced to Use Pens and Paper After a Massive Hack', *Business Insider* (28 November 2014).
18 United States of America V PARK JIN HYOK, Criminal Complaint, 8 June 2018, p. 26.
19 Arik Hesseldahl, 'Sony Pictures Investigates North Korea Link in Hack Attack', recode.net, 28 November 2014.
20 'Consolidated Financial Results Forecast for the Third Quarter Ended December 31, 2014, and Revision of Consolidated Forecast for the Fiscal Year Ending March 31, 2015', Sony News and Information (4 February 2015), p. 6.
21 Steve Holland and Matt Spetalnick, 'Obama Vows U.S. Response to North Korea over Sony Cyber Attack', *Reuters* (19 December 2014).
22 David E. Sanger, David Barboza and Nicole Perlroth, 'Chinese Army Unit Is Seen as Tied to Hacking Against U.S.', *New York Times* (18 February 2013).
23 Ibid.
24 'Sony Hires Mandiant to Help Clean Up After Cyber Attack', *Reuters* (30 November 2014).
25 'Update on Sony Investigation', www.fbi.gov, 19 December 2014.
26 United States of America v PARK JIN HYOK, Criminal Complaint, 8 June 2018, p. 58.
27 World Bank data, www.data.worldbank.org, accessed 26 June 2019.
28 United States of America v PARK JIN HYOK, Criminal Complaint, 8 June 2018, p. 62.
29 Republic of the Philippines Senate, Committee on Accountability of Public Officers and Investigations (17 March 2016), pp. 17–22.
30 See www.shalikafoundation.org, accessed 1 July 2019.
31 Bangladesh Bank v Rizal Commercial Banking Corporation et al., Complaint, United States District Court, Southern District of New York, 31 January 2019, p. 9.
32 See www.swift.com, accessed 1 July 2019.
33 United States of America v PARK JIN HYOK, Criminal Complaint, 8 June 2018, p. 71.
34 Clare Baldwin and Joseph Menn, 'Hacker Documents Show NSA Tools for Breaching Global Money Transfer System', *Reuters* (16 April 2017).
35 Sergei Shevchenko, 'Two Bytes to $951m', baesystemsai.blogspot.com, 25 April 2016.
36 Ibid.
37 Bangladesh Bank v Rizal Commercial Banking Corporation et al., Complaint, 31 January 2019, p. 27.
38 Ibid., p.28.
39 www.jica.go.jp, accessed 1 July 2019.
40 Republic of the Philippines Senate, Committee on Accountability of Public Officers and Investigations (Blue Ribbon), 17 March 2016, p. 16.
41 Bangladesh Bank v Rizal Commercial Banking Corporation et al., Complaint, 31 January 2019, p. 35.
42 Romualdo Agarrado testimony to Republic of the Philippines Senate, Committee on Accountability of Public Officers and Investigations (Blue Ribbon), 17 March 2016, broadcast by ABS-CBN News, accessed via www.youtube.com, 2 July 2019.
43 Bangladesh Bank v Rizal Commercial Banking Corporation et al., Complaint, 31 January 2019, p. 39.
44 Republic of the Philippines Senate, Committee on Accountability of Public Officers and Investigations (Blue Ribbon), 6 June 2016, p. 28.
45 Bangladesh Bank v Rizal Commercial Banking

Corporation et al., Complaint, 31 January 2019, p. 55.

46 Republic of the Philippines Senate, Committee on Accountability of Public Officers and Investigations (Blue Ribbon), 6 June 2016.

47 Alan Katz and Wenxin Fan, 'A Baccarat Binge Helped Launder the World's Biggest Cyberheist', Bloomberg (3 August 2017).

48 Republic of the Philippines Senate, Committee on Accountability of Public Officers and Investigations (Blue Ribbon), 6 June 2016, p. 67.

49 Mark Meruenas, 'RCBC Sues Bank of Bangladesh for Defamation', MSN Money (12 March 2019).

50 Manolo Serapio Jr and Enrico Dela Cruz, 'Philippine Central Bank Fines Rizal Bank over Bangladesh Cyber Heist Failings', Reuters (5 August 2016).

51 Republic of the Philippines Senate, Committee on Accountability of Public Officers and Investigations (Blue Ribbon), 6 June 2016, p. 81.

52 'Roanu Damages Tk 250 Crore Crops, Properties', Daily Asian Age (24 May 2016).

53 United States of America v PARK JIN HYOK, Criminal Complaint, 8 June 2018, p. 2.

54 Banco del Austro v Wells Fargo Bank, Notice of Commencement of Action, 28 January 2016.

55 'Taiwan's Far Eastern International Fined T$8 million over SWIFT Hacking Incident', Reuters (12 December 2017).

56 'Report of the Panel of Experts Established Pursuant to Resolution 1874 (2009)', United Nations Security Council, 5 March 2019, p. 51.

57 Ibid., p. 51.

58 'Cosmos Bank Fraud: Cops Say Four of 7 Suspects Also Hacked Chennai Bank', Times of India (19 September 2018).

59 'Report of the Panel of Experts Established Pursuant to Resolution 1874 (2009)', United Nations Security Council, 5 March 2019, p. 197.

60 See www.mfa.gov.kp, accessed 1 March 2019.

61 'North Korea Says Sony, WannaCry Hack Charges Are a Smear Campaign', ABC News (14 September 2018).

第四章 數位勒索

1 'NHS Cyber Attack: "My Heart Surgery Was Cancelled"', BBC News, 12 May 2017.

2 'Telefonica, Other Spanish Firms Hit in "Ransomware" Attack', Reuters (12 May 2017).

3 'Information about the PC CYBORG (AIDS) Trojan Horse', Computer Incident Advisory Capability Information Bulletin, www.ciac.org, 19 December 1989, accessed 28 June 2019 via www.archive.org.

4 Merck, 'Merck Announces Fourth-quarter and Full-year 2017 Financial Results', www.investors.merck.com, 2 February 2018.

5 'Cyber Threat Alliance Cracks the Code on Cryptowall Crimeware Associated with $325 Million in Payments', www.cyberthreatalliance.org, 28 October 2015.

6 Brad Smith, 'The Need for Urgent Collective Action to Keep People Safe online: Lessons from Last Week's Cyberattack', blogs.microsoft.com, 14 May 2017.

7 Iain Thomson, 'Leaked NSA Point-and-pwn Hack Tools Menace Win2k to Windows 8', www.theregister.co.uk, 14 April 2017.

8 Michael Mimoso, 'ShadowBrokers Expose NSA Access to SWIFT Service Bureaus', threatpost.com, 14 April 2017.

9 Its name is a twist on the file name of a predecessor virus called WCRYPT.EXE, short for Windows Cryptor.

10 William Smart, 'Lessons Learned Review of the Wannacry Ransomware Cyber Attack', Department of Health and Social Care, nhs Improvement, NHS England, February 2018, p. 5.

11 Ibid., p. 40.

12 Ruth Alexander, 'Which Is the World's Biggest Employer?', BBC News, 20 March 2012.

13 'DoH Extends Bt N3 Deal', www.guardian.com, 20 December 2010.

14 Julian King, speaking at the Europol-Interpol Cybercrime Conference 2017 in The Hague, www.ec.europa.eu, 27 September 2017.

15 MalwareTech, 'Finding the Kill Switch to Stop the Spread of Ransomware', www.ncsc.gov.uk, 13 May 2017.

16 Ibid.

17 'Legal Case Update', www.malwaretech.com, accessed 20 April 2019.

18 United States of America v PARK JIN HYOK, Criminal Complaint, 8 June 2018, p. 123.

19 Ibid., p. 125.

20 Ibid., p. 112.

21 Ibid.

22 Encyclopaedia Britannica, 'Pound', www.britannica.com, accessed 28 June 2019.

23 House of Commons Library, 'Inflation: The Value of the Pound, 1750–2011', 29 May 2012, p. 2.

24 C. Wilson Peck, 'The Royal Farthing Tokens of James I', British Numismatic Journal, vol. XXVII, III/8 (1952–4), pp. 313–33.

25 Clive Emsley, Tim Hitchcock and Robert Shoemaker, 'Crime and Justice: Crimes Tried at the Old Bailey', Old Bailey Proceedings Online, www.oldbaileyonline. org, 28 June 2019.

26 Geoff White and Bernard P. Achampong, The Dark Web, www.audible.co.uk, Episode 3, 'Bitcoin's Days Are Numbered', 2016.

27 See www.article.gmane.org, accessed via www.archive.org, 20 April 2019.

28 'Confirmed Transactions Per Day', www.blockchain.com, accessed 28 June 2019.

29 'Frequently Asked Questions', www.bitcoin.org, accessed 28 June 2019.

30 Leah McGrath Goodman, 'The Face Behind Bitcoin', Newsweek (3 June 2014).

31 Data from www.xe.com, accessed 28 June 2019.

32 Although some claim it was a mistaken misspelling of the word 'hold'.

33 Geoff White, Nicola Dowling and Gail Champion, 'File on Four: The Missing Bitcoin Billions', BBC Radio 4, 11 March 2018.

34 What Bitcoin Did podcast, 'Mark Karpeles on the Collapse of Mt. Gox', www.hatbitcoindid.com, 19 February 2019.

35 Ibid.

36 White et al., 'The Missing Bitcoin Billions'.

37 What Bitcoin Did podcast, 'Mark Karpeles on the Collapse of Mt. Gox'.

38 Yuki Furukawa, 'Former Mt. Gox CEO Mark Karpeles Gets Suspended Jail Term', Bloomberg, 15 March 2019.

39 '"U.S. Wanted Him for His Intellect" – Wife of Russian Arrested for Alleged Bitcoin Fraud to RT', RT, 8 September 2017.

40 United States of America v BTC-E A/K/A Canton Business Corporation and Alexander Vinnik, 17 January 2017.

41 Ibid., p. 2.

42 Elie Bursztein, Kylie McRoberts and Luca Invernizzi, 'Tracking Desktop Ransomware Pay-

ments', *Research at Google*, www.g.co/research/protect, accessed 19 April 2019.
43　White et al.,'The Missing Bitcoin Billions'.
44　As this book was completed, France's extradition request was granted.
45　Taiga Uranaka and Thomas Wilson,'Japan Raps Coincheck, Orders Broader Checks after $530 Million Cryptocurrency Theft', *Reuters* (29 January 2018).
46　'How to Steal $500 Million in Cryptocurrency', Bloomberg (31 January 2018).
47　'NEM Protocol Tracks Funds Stolen from Coincheck Exchange', www.blog. nem.io, 1 February 2018.
48　Jonathan Foster,'Coincheck Hackers Have Laundered All of Their NEM', www.deepdotweb.com, 9 April 2018.
49　'Cryptocurrency Group Gives Up Search for Coincheck Loot', *Nikkei Asian Review* (21 March 2018).
50　'South Korean Intelligence Says N. Korean Hackers Possibly Behind Coincheck Heist – sources', *Reuters* (5 February 2018).
51　'North Korea "Hacked Crypto-currency Exchange in South"', *BBC News*, 16 December 2017.
52　'Hi-tech Crime Trends 2018', *Group-IB*, October 2018.
53　'2018 Q3 Cryptocurrency Anti-money Laundering Report', CipherTrace, 2018.
54　Sergio Pastrana and Guillermo Suarez-Tangil,'A First Look at the Crypto-mining Malware Ecosystem: A Decade of Unrestricted Wealth', www.arXiv.org, 3 January 2019.

第五章 被出售的個資
1　Adam Shepherd,'"It's the legacy that gets you", Warns Ex-TalkTalk Boss', *IT Pro* (5 June 2018).
2　'TalkTalk Hacker Daniel Kelley Sentenced to Four Years', *BBC News* (10 June 2019).
3　Arrestees, especially children, are not meant to be identified. *The Daily Mail*'s picture was manipulated to hide his identity, but it barely did, and the boy's family later sued the *Mail* and several other newspapers over their coverage. See Alan Erwin,'TalkTalk Hack: Co. Antrim Schoolboy Suing *Daily Telegraph*, *Daily Mail* and *The Sun* for Alleged Breach of Privacy', *Belfast Telegraph* (6 November 2015). However, as charges were brought and the cases chugged through the legal system, the mask of anonymity inevitably slipped. Alan Erwin,'Teenager Involved in Talk-Talk Hacking Can Be Named, Court Rules', *Belfast Telegraph* (14 March 2018). At the time of writing, Sterritt is still suing three British newspapers over their coverage of his arrest while he was still fifteen.
4　'TalkTalk Hacker Claimed He Would Be a "Millionaire"', *BBC News* (2 April 2019).
5　'TalkTalk Hack Attack: Friends Jailed for Cyber-crimes', *BBC News* (19 November 2018).
6　'TalkTalk Cyber Attack – How the ICO's Investigation Unfolded', Information Commissioner's Office, www.ico.org.uk, accessed 27 June 2019.
7　See www.ofcom.org.uk, accessed 21 May 2019.
8　David W. Maurer, *The Big Con: The Story of the Confidence Man and the Confidence Trick* (London, 2000).
9　'Over £1bn Lost by Businesses to Online Crime in a Year', Get Safe Online, www.getsafeonline.org, 13 June 2016.
10　Geoff White,'How Scammers Conned TalkTalk Customers out of Thousands of Pounds', *Chan-*nel 4 News, 7 December 2015.
11　'TalkTalk Outsources to Wipro', *Light Reading*, www.lightreading.com, 3 August 2011.
12　Information Commissioner's Office,'Personal Data Belonging to Up to 21,000 TalkTalk Customers Could Have Been Used for Scams and Fraud', www.ico.org.uk, 10 August 2017.
13　Rahul Sachitanand,'India's $150 Billion Outsourcing Industry Stares at an Uncertain Future', *Economic Times*, www.economictimes.indiatimes.com, 15 January 2017.
14　Joseph Blankenship,'Defend Your Data as Insiders Monetize Their Access: How the Dark Web Provides a Marketplace For Your Firm's Stolen Data', Forrester Research, www.forrester.com, 30 July 2018.

第六章 超越暗網
1　Seth G. Jones,'Going on the Offensive: A U.S. Strategy to Combat Russian Information Warfare', Center for Strategic and International Studies, www.csis.org, 1 October 2018.
2　'Onion Routing, Brief Selected History', www.onion-router.net, accessed 27 June 2019.
3　See www.nrl.navy.mil, accessed 27 June 2019.
4　See https://metrics.torproject.org, accessed 1 March 2019.
5　See www.securedrop.org, accessed 27 June 2019.
6　See www.forum.bitcoin.org, accessed 20 February 2019 via archive.org.
7　'Schumer Pushes to Shut Down Online Drug Marketplace', *NBC New York* (5 June 2011).
8　See www.doctorcaudevilla.com, accessed 27 June 2019.
9　United States of America v Ross William Ulbricht, documents unsealed 31 March 2015.
10　United States of America v Ross William Ulbricht, statement of FBI Special Agent Christopher Tarbell, 27 September 2013, p. 25.
11　Ibid., p. 15.
12　Joshua Bearman,'The Rise and Fall of Silk Road', *Wired*, www.wired.com (May 2015).
13　See www.freeross.org, accessed 28 June 2019.
14　'Former Silk Road Task Force Agent Pleads Guilty to Extortion, Money Laundering and Obstruction', www.justice.gov, 1 July 2015.
15　'Former Secret Service Agent Sentenced to 71 Months in Scheme Related to Silk Road Investigation', www.fbi.gov, 7 December 2015.
16　Dr Gareth Owenson and Dr Nick Savage,'The Tor Dark Net', GCIG Paper No. 20, Global Commission on Internet Governance, www.cigionline.org, 30 September 2015.
17　See www.iwf.org.uk, accessed 28 June 2019.
18　See https://metrics.torproject.org, accessed 1 March 2019.
19　Dr Adam R. Winstock, Dr Monica Barrett, Dr Jason Ferris and Dr Larissa Maier,'Global Drug Survey 2016', www.globaldrugsurvey.com, accessed 1 March 2019.
20　'Portsmouth Dark Net Drug Dealer Jailed for 16 Years', *BBC News*, 20 December 2017.
21　See www.dea.gov, accessed 28 June 2019.
22　'Deaths Related to Drug Poisoning in England and Wales: 2017 Registrations', Office for National Statistics, www.ons.gov.uk, 6 August 2018. Despite the decline of 4 per cent in deaths involving heroin and morphine, there were still 1,164 fatalities from those drugs in 2017.
23　'Fentanyl Sales in the Deep and Dark Web', www.flashpoint-intel.com, 28 July 2017.

24 'Dark Web Drug Supermarket Duo from Huddersfield Jailed', *BBC News*, 25 September 2017.

25 Mark Townsend,'Dark Web Dealers Voluntarily Ban Deadly Fentanyl', *The Guardian* (1 December 2018).

26 A. J. Dellinger,'AlphaBay Marketplace Shutdown: Former Public Relations Specialist Indicted by Feds', *International Business Times* (16 November 2017).

27 Andrea Bellamare,'The Secret Life of Alexandre Cazes, Alleged Dark Web Mastermind', *CBS News*, 23 July 2017.

28 'Massive Blow to Criminal Dark Web Activities after Globally Coordinated Operation', Europol press release, www.europol.europa.eu, 20 July 2017.

29 Geoff White, David Lewis and Gail Champion,'File on Four: Swipe Right for Crime', *BBC Radio 4*, 24 February 2019.

30 See www.philzimmermann.com, accessed 28 June 2019.

31 Glenn Greenwald and Ewen MacAskill,'NSA Prism Program Taps in to User Data of Apple, Google and Others', *The Guardian* (7 June 2013).

第七章 網路仇恨機器

1 '/b/', *Encyclopedia Dramatica*, www.encyclopediadramatica.rs, accessed 28 June 2019.

2 Whitney Phillips, *This Is Why We Can't Have Nice Things: Mapping the Relationship between Online Trolling and Mainstream Culture* (Boston, MA, 2016).

3 Jamie Bartlett,'A Life Ruin: Inside the Digital Underworld', *Medium*, www.medium.com, 30 November 2015.

4 Parmy Olson, *We Are Anonymous: Inside the Hacker World of LulzSec, Anonymous and the Global Cyber Insurgency* (New York, 2012), p. 28.

5 'Fox 11 Investigates: "Anonymous"', *Fox 11*, www.myfoxla.com, 28 July 2007, accessed via www.archive.org.

6 Nick Denton,'Church of Scientology Claims Copyright Infringement', Gawker, www.gawker.com, 16 January 2008.

7 Ibid.

8 Olson, *We Are Anonymous*, pp. 65–7.

9 'Masked Protest over Scientology', *BBC News*, 11 February 2008.

10 Ibid.

11 'Press Release: Secret u.s. Embassy Cables', WikiLeaks, www.wikileaks.org, 28 November 2010.

12 Maha Azzam,'Opinion: How WikiLeaks Helped Fuel Tunisian Revolution', *CNN*, www.edition.cnn.com, 18 January 2011.

13 'PayPal Suspends WikiLeaks Donations Account', *Reuters*, 4 December 2010.

14 Olson, *We Are Anonymous*, p. 74.

15 Carole Cadwalladr,'Anonymous: Behind the Masks of the Cyber Insurgents', *The Guardian* (8 September 2012).

16 'Update on PayPal Site Status', www.thepaypalblog.com, 9 December 2010, accessed via www.archive.org, 29 June 2019.

17 'Anonymous Hackers "Cost PayPal £3.5m"', *BBC News*, 22 November 2012.

18 Robert McMillan,'Group Used 30,000-node Botnet in MasterCard, PayPal Attacks', *Computerworld* (9 December 2010).

19 Olson, *We Are Anonymous*, p. 116.

20 Ibid., p. 127.

21 Nebraska Man Agrees to Plead Guilty in Attack of Scientology Websites Orchestrated by "Anonymous"', *FBI Los Angeles Division*, www.archives.fbi. gov, 25 January 2010.

22 Joseph Menn,'Cyberactivists Warned of Arrest', *Financial Times* (5 February 2011).

23 See www.secunit.org, accessed via www.webcache.googleusercontent.com, 11 March 2019.

24 Parmy Olson,'Is This the Girl that Hacked HB-Gary?', *Forbes* (16 March 2011).

25 United States of America v Jake Davis et al., criminal indictment, 6 March 2011, p. 5.

26 'In Conversation with Former Anonymous and LulzSec Hackers', Royal Court Theatre, 29 September 2014, transcript taken from'The Big Idea: In Conversation with LULZSEC', www.youtube.com, accessed 29 June 2019.

27 United States of America v Jake Davis et al., criminal indictment, 6 March 2011, p. 5. Ultimately, the group was never prosecuted in the U.S.

28 Peter Bright,'Anonymous Speaks: The Inside Story of the HBGary Hack', *Ars Technica* (16 February 2011).

29 Olson, *We Are Anonymous*, p. 19.

30 Andrew McInnes,'Hail Xenu: Anonymous Defends Due Process against FBI', Letters from a Broken Country Blog, timeoutcorner.wordpress.com, 8 February 2011.

31 See www.hackadaycom.files.wordpress.com, accessed 11 March 2019.

32 Joost Schellevis,'Anonymous hackt beveiligingsbedrijf HBGary' ('Anonymous hacks security company HBGary'), www.tweakers.net, 7 February 2011.

33 Olson, *We Are Anonymous*, p. 158.

34 'HBGary Federal CEO Aaron Barr Steps Down', www.threatpost.com, 28 February 2011, accessed via www.archive.org, 11 March 2019. The affiliated company, HBGary, was later taken over by another firm.

35 United States of America v Jake Davis et al., criminal indictment, 6 March 2011, p. 5.

36 Charles Arthur,'LulzSec: What They Did, Who They Were and How They Were Caught', *The Guardian* (16 May 2013).

37 Ibid.

38 'Sony Pictures Says LulzSec Hacked 37,500 User Accounts, Not 1 Million', *LA Times* (9 June 2011).

39 The Queen v Ryan Cleary, Jake Davis, Ryan Ackroyd, Mustafa Al-Bassam, indictment document, 11 May 2012.

40 Richard Godwin,'Hacked Off: Jake Davis Talks about His Life on the Dark Web', *Evening Standard* (17 September 2014).

41 Charles Arthur and Ryan Gallagher,'LulzSec irC Leak: The Full Record', *The Guardian* (24 June 2011). The motives for and executions of the hacks varied: in the case of the nhs, for example, LulzSec praised the organization's work and urged it to improve its security.

42 See www.backtracesecurity.com, accessed via www.archive.org, 11 March 2019.

43 United States of America v Hector Xavier Monsegur, aka'Sabu', 23 May 2014, p. 6.

44 Olson, *We Are Anonymous*, pp. 317–23.

45 See www.shetland.org, accessed 11 March 2019.

46 Peter Bright,'"The Cutting Edge of Cybercrime" – Lulzsec Hackers Get up to 32 Months in Jail', *Ars Technica* (16 May 2013).

47 'Criminal Justice System Statistics Quarterly: December 2017', Ministry of Justice, accessed 29 June 2019. It is worth noting that the Computer

Misuse Act doesn't cover all hacking offenders, some of whom are convicted under other crimes that are easier to prosecute and attract longer sentences, such as fraud.

48 Christina Dunbar-Hester, *Hacking Diversity: The Politics of Inclusion in Open Technology Cultures* (Princeton, NJ, 2019), p. 15.

49 'LulzSec Computer Hackers Jailed for a Total of 7 Years', Crown Prosecution Service, www.cps.gov.uk, 16 May 2013, accessed www.archive.org, 29 June 2019.

50 'LulzSec Hacker Given Community Order for Possessing Child Abuse Images', *Press Association* (12 June 2013).

51 'Profile: Gary McKinnon', *BBC News*, 14 December 2012.

52 Mark Brosnan, Katy-Louise Payne, Ailsa Russell, Richard Mills, Katie Maras and Dheeraj Rai, 'Is There a Relationship between Cyber-dependent Crime, Autistic-like Traits and Autism?', *Journal of Autism and Developmental Disorders* (2019).

53 United States of America v Hector Xavier Monsegur, aka 'Sabu', 23 May 2014, p. 6.

54 Stan Schroeder, 'Facebook Acquires Team Behind Blockchain Startup Chainspace', Mashable (5 February 2019).

55 'Teen Becomes World's First $1 Million Bug Bounty Hacker on HackerOne', www.hackerone.com, accessed 29 June 2019.

56 See www.mojang.com, accessed 13 March 2019.

57 Manos Antonakakis, Tim April, Michael Bailey, Matthew Bernhard, Elie Bursztein, Jaime Cochran, Zakir Durumeric, J. Alex Halderman, Luca Invernizz, Michalis Kallitsis, Deepak Kumar, Chaz Lever, Zane Ma, Joshua Mason, Damian Menscher, Chad Seaman, Nick Sullivan, Kurt Thomas and Yi Zhou, 'Understanding the Mirai Botnet', 26th USENIX Security Symposium, 16–18 August 2017.

58 Ibid., p. 1103.

59 Ibid., p. 1094.

60 Ibid., p. 1093.

61 Ibid., p. 1104.

62 United States of America v Josiah White, Paras Jha and Dalton Norman, 11 September 2018, p. 2.

63 Ibid., p. 15.

64 Ibid., pp. 23–4.

65 Manos Antonakakis et al., 'Understanding the Mirai Botnet', p. 1105.

66 Brian Krebs, 'Who Is Anna-Senpai, the Mirai Worm Author?', Krebs on Security, www.krebsonsecurity.com, 18 January 2017.

67 United States of America v Josiah White, Paras Jha and Dalton Norman, 11 September 2018, p. 7.

68 Ibid., p. 28.

69 Manos Antonakakis et al., 'Understanding the Mirai Botnet', p. 1101.

70 Dominic Casciani, 'Briton Who Knocked Liberia Offline with Cyber Attack Jailed', *BBC News*, 11 January 2019.

71 Manos Antonakakis et al., 'Understanding the Mirai Botnet', p. 1102.

72 'International Hacker-for-hire Jailed for Cyber Attacks on Liberian Telecommunications Provider', National Crime Agency, www.nationalcrimeagency.gov.uk, accessed 29 June 2019.

73 Brian Krebs, 'Did the Mirai Botnet Really Take Liberia Offline?', Krebs on Security, www.krebsonsecurity.com, 4 November 2016.

74 'International Hacker-for-hire Jailed for Cyber Attacks on Liberian Telecommunications Provider', National Crime Agency.

75 Ibid.

76 Mattijs Jonker, Alistair King, Johannes Krupp, Christian Rossow, Anna Sperotto and Alberto Dainotti, 'Millions of Targets under Attack: A Macroscopic Characterization of the dos Ecosystem', *Proceedings of IMC '17*, 1–3 November 2017.

第八章 被強制關燈的城市

1 Eugene Kaspersky, 'The Man Who Found Stuxnet – Sergey Ulasen in the Spotlight', Nota Bene, Notes, Comment and Buzz from Eugene Kaspersky – official blog, www.eugene.kaspersky.com, 2 November 2011.

2 The U.S. government, for example, has had a 'presumption of denial' for software exports to Iran since 1992 ('Iran Sanctions', rs20871, Congressional Research Service, updated 4 February 2019).

3 See www.zerodium.com, accessed 29 June 2019.

4 'Tor Browser Bounty', www.zerodium.com, 13 September 2017.

5 At www.twitter.com/Zerodium, accessed 25 May 2019.

6 Liam O'Murchu, 'Stuxnet Using Three Additional Zero-day Vulnerabilities', Symantec Official Blog, www.symantec.com, 14 September 2010.

7 Kaspersky, 'The Man Who Found Stuxnet'.

8 'Rootkit.TmpHider', *VirusBlokAda*, www.anti-virus.by, 17 June 2010.

9 Ibid.

10 User frank_boldewin, www.wildersecurity.com, 14 July 2010.

11 Nicolas Falliere, Liam O Murchu and Eric Chien, 'W32.Stuxnet Dossier Version 1.4', Symantec Security Response (February 2011), p. 2.

12 Ralph Langner, 'To Kill a Centrifuge: A Technical Analysis of What Stuxnet's Creators Tried to Achieve', Langner Group (November 2013).

13 'Country Analysis Briefs – Iran', U.S. Energy Information Administration (9 April 2018), p. 1.

14 'Country Analysis Briefs – Iran', U.S. Energy Information Administration (16 April 2010), p. 5.

15 'Implementation of the NPT Safeguards Agreement in the Islamic Republic of Iran – Report by the Director General', International Atomic Energy Agency (6 June 2003), p. 2.

16 'Implementation of the NPT Safeguards Agreement in the Islamic Republic of Iran – Report by the Director General', International Atomic Energy Agency (15 November 2004), p. 9. Inspectors acknowledged the highly enriched traces may have been due to contamination from imported equipment.

17 Dafna Linzer, 'Iran Was Offered Nuclear Parts', *Washington Post* (27 February 2005).

18 Falliere et al., 'W32.Stuxnet Dossier Version 1.4', p. 5.

19 Kim Zetter, *Countdown to Zero Day* (New York, 2014), p. 222.

20 'Stuxnet Patient Zero: First Victims of the Infamous Worm Revealed', Kaspersky Lab, www.kaspersky.com, 11 November 2014, p. 2.

21 William J. Broad, 'A Tantalizing Look at Iran's Nuclear Program', *New York Times* (29 April 2008).

22 Langner, 'To Kill a Centrifuge', p. 12.

23 Zetter, *Countdown to Zero Day*, p. 3.

24 Langner, 'To Kill a Centrifuge', p. 10.

25 Kim Zetter and Huib Modderkolk, 'Revealed: How a Secret Dutch Mole Aided the U.S.-Israeli Stuxnet Cyberattack on Iran', *Yahoo! News*, news.

358

yahoo.com, 2 September 2019.
26 'Stuxnet 0.5: How It Evolved', *Symantec Security Response* (26 February 2013).
27 Zetter, *Countdown to Zero Day*, p. 333.
28 Ibid., p. 238.
29 Ibid., pp. 359–62.
30 Langner, 'To Kill a Centrifuge', p. 15.
31 Norton Santos, 'BlackEnergy apt Malware', RSA NetWitness Platform, www.community.rsa.com, 23 March 2016.
32 John Hultquist, 'Sandworm Team and the Ukrainian Power Authority Attacks', *FireEye Threat Research*, www.fireeye.com, 7 January 2016.
33 'General Assembly Adopts Resolution Urging Russian Federation to Withdraw Its Armed Forces from Crimea, Expressing Grave Concern about Rising Military Presence', United Nations General Assembly Plenary Seventy-third Session, 56th Meeting (PM), 17 December 2018.
34 'Cybercrime BlackEnergy2 / 3: The History of Attacks on Critical IT Infrastructure of Ukraine', CyS Centrum, www.cys-centrum.com, 6 January 2016.
35 Jake Styczynski, Nate Beach-Westmoreland and Scott Stables, 'When the Lights Went Out: A Comprehensive Review of the 2015 Attacks on Ukrainian Critical Infrastructure', *Booz Allen Hamilton* (September 2016), p. 14.
36 Israel Barak and Ross Rustici, 'ICS Threat Broadens: Nation-State Hackers Are No Longer the Only Game in Town', *Cybereason*, www.cybereason.com, 7 August 2018.
37 'Analysis of the Cyber Attack on the Ukrainian Power Grid', *Electricity Information Sharing and Analysis Centre*, www.eisac.com, 18 March 2016, p. 4.
38 Kim Zetter, 'Inside the Cunning, Unprecedented Hack of Ukraine's Power Grid', *Wired* (3 March 2016).
39 Styczynski et al., 'When the Lights Went Out', pp. 20–21.
40 Ibid., p. 21.
41 Ibid., p. 22.
42 Andy Greenberg, 'How an Entire Nation Became Russia's Test Lab for Cyberwar', *Wired* (20 June 2017).
43 Ibid.
44 'Міністерство енергетики та вугільної промисловості України' ('Ministry of Energy and Coal Industry of Ukraine'), www.pe.kmu.gov.ua, 12 February 2016.
45 Norton Santos, 'BlackEnergy APT Malware'.
46 Greenberg, 'How an Entire Nation Became Russia's Test Lab for Cyberwar'.
47 Pavel Polityuk, 'Ukraine Sees Russian Hand in Cyber Attacks on Power Grid', *Reuters* (12 February 2016).
48 'Reckless Campaign of Cyber Attacks by Russian Military Intelligence Service Exposed', National Cyber Security Centre, www.ncsc.gov.uk, 3 October 2018.
49 Alert (TA18-074A) 'Russian Government Cyber Activity Targeting Energy and Other Critical Infrastructure Sectors', U.S. Department of Homeland Security, 15 March 2018.
50 'Resurgent Iron Liberty Targeting Energy Sector', Secureworks Counter Threat Unit Research Team, www.securworks.com, 24 July 2019.

第九章 化數據為武器
1 Parmy Olson, *We Are Anonymous: Inside the Hacker World of LulzSec, Anonymous and the Global Cyber Insurgency* (New York, 2012), p. 250.
2 Chris Taylor, 'Murdoch's Sun Newspaper Hacked by LulzSec', www.mashable.com, 18 July 2011.
3 David Mikkelson, 'Jenkem – Bulletin Warns of a Purported New Drug Called "Jenkem," Made by Fermenting Raw Sewage', www.snopes.com, 30 October 2007.
4 Whitney Phillips, *This Is Why We Can't Have Nice Things: Mapping the Relationship between Online Trolling and Mainstream Culture* (Boston, MA, 2016), p.6.
5 'Online Cheating Site AshleyMadison Hacked', www.krebsonsecurity.com, 19 July 2015.
6 See www.avidlifemedia.com, accessed via www.archive.org, 28 June 2019.
7 'Online Cheating Site AshleyMadison Hacked', www.krebsonsecurity.com, 19 July 2015.
8 'We Are the Impact Team: We Are Releasing the Ashley Madison Data', www.reddit.com, 16 August 2015.
9 'Radio Hosts Tell Woman Live on Air Her Husband Had Ashley Madison Account', Australian Associated Press via www.guardian.com, 20 August 2015.
10 See www.adultfriendfinder.com, accessed 28 June 2019.
11 Geoff White, 'Adult Dating Site Hack Exposes Millions of Users', *Channel 4 News* (21 May 2015).
12 Laurie Segall, 'Pastor Outed on Ashley Madison Commits Suicide', *CNN*, 8 September 2015.
13 Steve Spriester, 'Widow of sapd Captain Trying to Clear Husband's Name Following His Death', www.ksat.com, 16 November 2016.
14 Geoff White, 'Ashley Madison Fallout: Blackmail Risk', *Channel 4 News* (21 August 2015).
15 Alastair Sharp and Allison Martell, 'Infidelity Website Ashley Madison Facing ftC Probe, Ceo Apologizes', *Reuters* (5 July 2016).
16 Annalee Newitz, 'Ashley Madison Code Shows More Women, and More Bots', *Gizmodo*, 31 August 2015.
17 United States of America v PARK JIN HYOK, Criminal Complaint, 8 June 2018.
18 Mark Seal, 'An Exclusive Look at Sony's Hacking Saga', *Vanity Fair* (4 February 2015).
19 Kevin Roose, 'Sony Pictures Hack Exposes Hollywood Celebrities' Secret Aliases', *Splinter* (8 December 2014).
20 Seal, 'An Exclusive Look at Sony's Hacking Saga'.
21 Kevin Roose, 'Hacked Documents Reveal a Hollywood Studio's Stunning Gender and Race Gap', *Splinter* (1 December 2014).
22 Dominic Rushe, 'Amy Pascal Steps Down from Sony Pictures in Wake of Damaging Email Hack', *The Guardian* (5 February 2015).
23 Aaron Sorkin, 'The Sony Hack and the Yellow Press', *New York Times* (14 December 2014).
24 See www.wikileaks.org, accessed 28 June 2019.
25 Sam Biddle, 'More Embarrassing Emails: The Sony Hack B-sides', *Gawker* (17 April 2015).
26 Anousha Sakoui, 'Sony Says News Outlets Should Stop Using Hacked Documents', Bloomberg (14 December 2014).
27 Hope King, 'Ashley Madison Tries to Stop the Spread of its Leaked Data', *CNN Business* (21 August 2015).
28 Jen Yamato, 'Sony Hack: "Christmas Gift" Reveals Michael Lynton Emails Stolen Days Before Attack', Deadline (16 December 2014).
29 'Consolidated Financial Results Forecast for the

Third Quarter Ended December 31, 2014, and Revision of Consolidated Forecast for the Fiscal Year Ending March 31, 2015', Sony News and Information (4 February 2015), p. 6.

30 Luke Harding,'Revealed: The $2bn Offshore Trail that Leads to Vladimir Putin', *The Guardian* (3 April 2016).

31 'Panama Papers: A Special Investigation', www.guardian.com, accessed 28 June 2019.

32 John Henley,'Iceland pm Steps Aside After Protests over Panama Papers Revelations', *The Guardian* (5 April 2016).

33 Vishakha Sonawane,'Panama Papers: Spain's Industry Minister Jose Manuel Soria Resigns Over Links to Offshore Account', *International Business Times* (15 April 2016).

34 Juliette Garside, Holly Watt and David Pegg,'The Panama Papers: How the World's Rich and Famous Hide their Money Offshore', *The Guardian* (3 April 2016).

35 'Panama Papers Law Firm Mossack Fonseca to Shut Down after Tax Scandal', *Reuters* (14 March 2018).

36 Frederik Obermaier, Bastian Obermayer, Vanessa Wormer and Wolfgang Jaschensky,'About the Panama Papers', www.panamapapers.sueddeutsche. de, accessed 28 June 2019.

37 'About the Investigation', www.icij.org, accessed 28 June 2019.

38 'Paradise Papers', *BBC News*, accessed 28 June 2019.

39 'Paradise Papers: Everything You Need to Know About the Leak', *BBC News*, 10 November 2017.

40 'Appleby Reaction to Media Coverage', www.applebyglobal.com, 5 November 2017, accessed via www.archive.org, 28 June 2019.

41 Charlotte Tobitt,'Guardian and BBC Settle Paradise Papers Dispute with Offshore Law Firm Appleby', *Press Gazette* (22 May 2018).

42 United States of America v PARK JIN HYOK, Criminal Complaint, 8 June 2018, p. 123.

43 Adam Hulcoop, John Scott-Railton, Peter Tanchak, Matt Brooks and Ron Deibert,'Tainted Leaks Disinformation and Phishing with a Russian Nexus', www.citizenlab.ca, 25 May 2017.

44 See pressroom.rferl.org, accessed 28 June 2019.

45 Hulcoop et al.,'Tainted Leaks Disinformation and Phishing with a Russian Nexus'.

46 Ibid.

47 Ibid.

48 'Политолог о цветной? революции?вРФ:порабы СШАподключить фантазию' ('Political Scientist on the 'Color Revolution' in the Russian Federation: It's Time for the United States to Promote a Fantasy'), www.radiosputnik.ria.ru, 24 October 2016.

第十章 操弄選舉

1 Michael S. Schmidt,'Hillary Clinton Used Personal Email Account at State Dept., Possibly Breaking Rules', *New York Times* (2 March 2015).

2 Anthony Zurcher,'Hillary Clinton Emails: What's It All About?', *BBC News*, 6 November 2016.

3 Ibid.

4 Dmitri Alperovitch,'Bears in the Midst: Intrusion into the Democratic National Committee', CrowdStrike, www.crowdstrike.com, 15 June 2016.

5 Artturi Lehtio,'THE DUKES – 7 Years of Russian Cyberespionage', F-Secure Labs Threat Intelligence, www.f-secure.com, 17 September 2015.

At one point the group was briefly referred to as Office Monkeys, a reference to an email attachment into which they had embedded their virus – a video of a group of monkeys trashing an office.

6 Ibid., p. 9.

7 Huib Modderkolk,'Dutch Agencies Provide Crucial Intel about Russia's Interference in U.S.-Elections', *de Volksrant*, 25 January 2018.

8 Ibid.

9 Evan Perez and Shimon Prokupecz,'Sources: State Dept. Hack the "Worst Ever"', *CNN*, 10 March 2015.

10 Donna Brazile, *Hacks: The Inside Story of the Break-ins and Breakdowns That Put Donald Trump in the White House* (New York, 2017), pp. 118–19.

11 Alperovitch,'Bears in the Midst'.

12 Vicky Ward,'The Russian Expat Leading the Fight to Protect America', *Esquire* (24 October 2016). The success of the Fancy Bear moniker is controversial within the cybersecurity community, with some experts arguing that it detracts from the seriousness of the group's activities.

13 'German Parliament Cyber-attack Still "Live"', *BBC News*, 11 June 2015.

14 'GRU Took "Complete Control" of UK-based tv Station in 2015', *Financial Times* (5 October 2018).

15 'WADA Confirms Attack by Russian Cyber Espionage Group', World Anti-Doping Agency, www.wada-ama.org, 13 September 2016.

16 United States of America v Viktor Borisovich Netyksho et al., Criminal Indictment, 13 July 2018, p. 6.

17 Eric Lipton, David E. Sanger and Scott Shane,'The Perfect Weapon: How Russian Cyberpower Invaded the U.S.', *New York Times* (13 December 2016).

18 United States of America v Viktor Borisovich Netyksho et al., Criminal Indictment, 13 July 2018, p. 19.

19 Ibid., p. 9.

20 Ibid., p. 10.

21 Ward,'The Russian Expat Leading the Fight to Protect America'.

22 Alperovitch,'Bears in the Midst'.

23 Ellen Nakashima,'Russian Government Hackers Penetrated DNC', *Washington Post* (14 June 2016).

24 Guccifer2,'Guccifer 2.0 DNC's Servers Hacked by a Lone Hacker', www.guccifer2.wordpress.com, 15 June 2016.

25 John Cook,'Hacked Emails Show Hillary Clinton Was Receiving Advice at a Private Email Account from Banned, Obama-hating Former Staffer', Gawker, 20 March 2013, accessed via www.archive.org, 30 June 2019.

26 'Romanian Hacker "Guccifer" Sentenced to 52 Months in Prison for Computer Hacking Crimes', U.S. Department of Justice, www.justice.gov.uk, 1 September 2016.

27 Guccifer2,'Guccifer 2.0 DNC's Servers Hacked by a Lone Hacker'.

28 Sam Biddle,'Contrary to DNC Claim, Hacked Data Contains a Ton of Personal Donor Information', Gawker, 17 June 2016.

29 See www.dcleaks.com, accessed via www.archive.org, 30 June 2019.

30 Guccifer2,'Guccifer 2.0 DNC's Servers Hacked by a Lone Hacker'.

31 'Mueller Says Searches Yielded Evidence of Stone-WikiLeaks Communications', *Reuters*, 16 February 2019. WikiLeaks did not respond to repeated email requests for comment for this book.

32 United States of America v Viktor Borisovich Netyksho et al., Criminal Indictment, 13 July 2018, pp. 17–18. Square brackets as per original document, added by U.S. Department of Justice.

33 See www.wikileaks.org, accessed 30 June 2019.

34 Alana Abramson and Shushannah Walshe, 'The 4 Most Damaging Emails from the DNC WikiLeaks Dump', *ABC News*, 25 July 2016.

35 Jonathan Martin and Alan Rappeport, 'Debbie Wasserman Schultz to Resign DNC Post', *New York Times* (24 July 2016).

36 David Sherfinski and Dave Boyer, 'DNC Shakes Up Leadership as Brazile Takes Charge in Wake of WikiLeaks Email Scandal', *Washington Times* (2 August 2016).

37 Brazile, *Hacks*, pp. 70–71.

38 Jason Lemon, 'Julian Assange and Donald Trump: All the Times President Has Praised WikiLeaks Founder as u.s. Files Extradition Request', *Newsweek* (11 April 2019).

39 Brazile, *Hacks*, p. 135.

40 Aaron Smith and Monica Anderson, 'Social Media Use in 2018', Pew Research Center, www.assets.pewresearch.org, 1 March 2018.

41 '@realDonaldTrump', *Twitter*, www.twitter.com, accessed via www.archive. org, 30 June 2019.

42 '2015 Edelman Trust Barometer', www.edelman.com, 19 January 2016.

43 United States of America v Viktor Borisovich Netyksho et al., Criminal Indictment, 13 July 2018, p. 14.

44 Alex Stamos, 'An Update on Information Operations on Facebook', www.newsroom.fb.com, 6 September 2017.

45 United States of America v. Internet Research Agency LLC et al., 16 February 2018.

46 Stamos, 'An Update on Information Operations on Facebook'.

47 Harry Davies, 'Ted Cruz Campaign Using Firm That Harvested Data on Millions of Unwitting Facebook Users', *The Guardian* (11 December 2015).

48 'Investigation into the Use of Data Analytics in Political Campaigns', Information Commissioner's Office, p. 38.

49 Davies, 'Ted Cruz Campaign Using Firm That Harvested Data on Millions of Unwitting Facebook Users'.

50 'Revealed: Trump's Election Consultants Filmed Saying They Use Bribes and Sex Workers to Entrap Politicians', *Channel 4 News*, 19 March 2018.

51 'Cambridge Analytica and Scl Elections Commence Insolvency Proceedings and Release Results of Independent Investigation into Recent Allegations', www.ca-commercial.com, 2 May 2018, accessed via www.archive.org, 3 July 2019.

52 Kate Kaye, 'Trump Spending with Cambridge Analytica Looks Like Peanuts Compared to Cruz', *AdAge* (24 August 2016).

53 Lesley Stahl, 'Facebook "Embeds", Russia and the Trump Campaign's Secret Weapon', *CBS*, 8 October 2017.

54 'Investigation into the Use of Data Analytics in Political Campaigns', The Information Commissioner's Office, p. 4.

55 Elliot Shrage, 'Hard Questions: Russian Ads Delivered to Congress', www.facebook.com, 2 October 2017. (On 30 October 2017, Facebook reportedly told Congress that material had potentially been seen by 126 million Americans – see David Ingram, 'Facebook Says 126 Million Americans May Have Seen Russia-linked Political Posts', *Reuters* (30 October 2017). However, this was referring to 'posts' by 'Russians', as distinct from 'ads' by the 'Internet Research Agency'.)

56 'U.S. Election 2016', *BBC News*, accessed 30 June 2019.

57 Sam Thielman, 'Presidential Debate Breaks u.s. Ratings Record in Clinton– Trump Face-off', *The Guardian* (27 September 2016).

58 Lorenzo Franceschi-Bicchierai, 'Why Does DNC Hacker "Guccifer 2.0" Talk Like This?', *Vice News*, 23 June 2016.

59 'Does a Bear Leak in the Woods?', Threatconnect Research Team, www.threatconnect.com, 12 August 2016.

60 Raphael Satter, 'Russia Hackers Pursued Putin Foes, Not Just u.s. Democrats', *Associated Press* (2 November 2017).

61 'WikiLeaks Founder Assange on Hacked Podesta, dnC Emails: "Our source is not the Russian government"', *Fox News*, 16 December 2016.

62 Patrick Healy, David E. Sanger and Maggie Haberman, 'Donald Trump Finds Improbable Ally in WikiLeaks', *New York Times* (12 October 2016).

63 'Trump Slams "Desperate" Claims that Russia Hacked DNC Emails for Him', *Associated Press* (25 July 2016).

64 Ivan Levingston, 'Trump: I Hope Russia Finds "the 30,000 emails that are missing"', *CNBC*, 27 July 2016.

65 United States of America v Viktor Borisovich Netyksho et al., Criminal Indictment, 13 July 2018, p. 14.

66 Ibid., p. 4.

67 Mark Galeotti, 'Putin's Hydra: Inside Russia's Intelligence Services', European Council on Foreign Relations, www.ecfr.eu, May 2016.

68 'Netherlands Defence Intelligence and Security Service Disrupts Russian Cyber Operation Targeting OPCW', *Netherlands Ministry of Defence*, www.english.defensie.nl, 4 October 2018.

69 'MH17 Ukraine Plane Crash: What We Know', *BBC News*, www.bbc.co.uk, 19 June 2019.

70 'Russia Cyber-plots: U.S, UK and Netherlands Allege Hacking', *BBC News*, www.bbc.co.uk, 4 October 2018.

71 '305 Car Registrations May Point to Massive Gru Security Breach', *Bellingcat*, www.bellingcat.com, 4 October 2018.

72 'Foreign Involvement in the Critical National Infrastructure: The Implications for National Security', Intelligence and Security Committee, TSO, June 2013.

73 'We Compete Favourably with Huawei in 5G – Nokia CEO', Bloomberg (11 June 2019).

74 John McDuling, 'New Zealand Joins Australia in Banning Huawei', *Sydney Morning Herald* (28 November 2018).

75 'Can We Trust Huawei?', *BBC Panorama*, 8 April 2019.

76 Roy Greenslade, 'How Edward Snowden Led Journalist and Film-maker to Reveal NSA Secrets', *The Guardian* (19 August 2013).

77 Andy Greenberg, 'These Are the Emails Snowden

Sent to First Introduce His Epic NSA Leaks', *Wired* (13 October 2014).

78 Scott Shane and David E. Sanger,'Job Title Key to Inner Access Held by Leaker', *New York Times* (1 July 2013).

79 Fred Kaplan, *Dark Territory: The Secret History of Cyber War* (New York, 2016), p. 191.

80 'Fidel Castro Labels Libellous Report Cuba Blocked Snowden Travel', *Reuters* (28 August 2013).

81 Glenn Greenwald and Ewen MacAskill,'NSA Prism Program Taps in to User Data of Apple, Google and Others', *The Guardian* (7 June 2013).

82 Kaplan, *Dark Territory*, p. 196, emphasis as per original.

83 Ibid., p. 197, emphasis as per original.

84 GCHQ Bude, www.gchq.gov.uk, accessed via www.archive.org, 4 July 2019.

85 Jeremy Scahill and Josh Begley,'How Spies Stole the Keys to the Encryption Castle', The Intercept, www.theintercept.com, 19 February 2015.

86 'Gemalto Presents the Findings of its Investigations into the Alleged Hacking of SIM Card Encryption Keys by Britain's Government Communications Headquarters (GCHQ) and the U.S. National Security Agency (NSA)', Gemalto, www.gemalto.com, 25 February 2015.

87 'Scahill and Begley,'How Spies Stole the Keys to the Encryption Castle'.

後記

1 Kim Zetter, *Countdown to Zero Day* (New York, 2014), pp. 224-5.

延伸閱讀

瑪麗·艾肯《網路連鎖效應：數位科技與現實生活間的網路心理學》（晨星）
Mary Aiken, *The Cyber Effect: A Pioneering Cyberpsychologist Explains How Human Behaviour Changes Online* (London, 2017)
——心理學家瑪麗·艾肯博士對線上行為的研究，剖析我們如何應對數位空間這個新的領域。

Jamie Bartlett, *The Dark Net* (London, 2015)
巴勒的書不受「暗網」的侷限，探討網路的小眾運動，從政治極端主義到情色產業無所不包。

Misha Glenny , *DarkMarket: How Hackers Became the New Mafia* (London, 2012)
——這本引人注目的書探討了千禧年之交後的十年左右，俄羅斯信用卡詐騙和駭客行動的交融，以及其與國際組織化犯罪的關聯。

凱文·米特尼克、威廉·賽門《駭客人生：全球頂尖駭客的真實告白》（悅知文化）
Kevin Mitnick, *Ghost in the Wires: My Adventures as the World's Most Wanted Hacker* (New York, 2012)
——一名佔據 FBI 網路通緝要犯名單多年的男子所寫，米特尼克描述了他在早年電腦駭客現場的驚人見聞，也顯示出駭客結合對科技的敏銳度和自身的能力以利用人性有多危險。

Parmy Olson, *We Are Anonymous* (New York, 2013)
——《富比世》雜誌記者歐森獨家取得進入聊天室的權限，並與匿名行動幕後推手聯繫，她的書讀起來就像親眼見證這個社群崛起的過程，充滿驚險。

Charles Petzold, *Code: The Hidden Language of Computer Hardware and Software*
(Redmond, WA, 2000)
──從原理、基礎知識完美解釋電腦如何運作。有時有點偏技術層面,但是讀完就能(幾乎)完全了解從鍵盤輸入後,到出現在螢幕上之間的運作原理。

Nathaniel Popper, *Digital Gold: The Untold Story of Bitcoin* (London, 2016)
──完整描述了比特幣的發跡過程(包括不尋常的特性),從加密貨幣世界的極初始時期,一路談到最近的極盛時期。

Whitney Phillips, *This Is Why We Can't Have Nice Things: Mapping the Relationship between Online Trolling and Mainstream Culture*
(Boston, MA,2016)
──既嚴謹又迷人地講述各個層面的網路酸民文化。菲利浦斯追查這個多元族群的發源與演進,包括他們和媒體之間常一言不合又互相利用的關係。

克里夫‧斯多《捍衛網路》(天下文化)
Clifford Stoll, *The Cuckoo's Egg: Tracking a Spy through the Maze of Computer Espionage* (New York, 2007)
──史托爾調查帳目時發現了一個微小誤差,結果發現一場以美國政府和軍隊最高層級為目標的間諜行動,讓人一看上癮。雖然這本書有點久遠,但是仍(不失)為科技安全的鉅作。

Kim Zetter, *Countdown to Zero Day: Stuxnet and the Launch of the World's First Digital Weapon* (New York, 2015)
──《Wired》記者澤特既全面又簡明的著作,詳述了攻擊伊朗納塔茲核濃縮設施的震網病毒。非常詳盡、有很好的消息來源,還概述了攻擊發生所在的地緣政治。

致 謝

促使我寫出這本書的電子郵件既有先見之明，又溫和有禮。Reaktion出版社責任編輯大衛・沃特金斯為冒昧聯絡我而致歉，他接著建議我寫一本關於網路犯罪的書，他認為這是一個「有趣、變幻莫測且令人恐懼的主題」。如前幾章所示，他的評估完全正確。

大衛讀了我在網站上寫的TalkTalk遭駭事件長篇報導後，寄了電子郵件給我。經過多年的調查，我最終取得關於這起事件的一大堆資訊。我覺得這則報導很有趣，可惜的是，似乎大多數的責任編輯都不這麼認為。沒有人願意出版或是報導整起事件，出自於憤怒，我決定自己想辦法。我學到的教訓很明確：不要以為位高權重或擔負重責的人就會比你的判斷正確。相信自己，好事自然會發生。

除了延伸閱讀書單中所有作者傳授的智慧，還有我在書中不斷引用的資料來源，我也很感謝許許多多協助我完成這本書的人。

以下名單或許有些疏漏，因為第一、我對名字的記憶力很不可靠；第二、本書部分消息來源因為顯而易見的原因不願具名；第三、我的校對團隊中有家人、朋友，最好不要讓他們和我扯上任何關係比較好；最後、很多時候是在忙碌的會議中、

計程車後座、嘈雜的酒吧裡和許多出色人物漫無邊際地聊天，指引我找到方向，這些非正式的訪談讓我獲得許多資訊，也幫我思考更加敏銳。

如果你覺得曾幫助我完成這本書卻不在名單上，請接受我的道歉，等下次見面時提醒我請你喝一杯。

穆斯塔法·阿爾—巴薩姆、克里斯·巴克及皇家鑄幣廠的員工、潔西卡·巴克、Vocal PR的大衛·貝爾以及Digital Shadows的全體員工；馬克·布洛斯南、保羅·齊切斯特及英國國家網路安全中心全體員工、賽門鐵克的艾瑞克·錢、羅伯·科爾賀、米克·柯金塔、塔姆辛·柯利森、TalkTalk所有受害者以及印度的消息來源、史考特·科莫、傑克·戴維斯、Deth Veggie、羅素·迪歐娜、巴斯·多倫、珍妮佛·艾米克、PAGCOR的戴夫·弗名·塞維亞、史都華、蓋瑞克、GrammerSoft所有成員、柯蒂斯·格林、歐奈·德·古茲曼、麥可·赫萊特、唐·傑克遜、布雷特·約翰遜、米奇·卡普爾、馬克·卡佩勒斯、喬納森·坎普、伊戈爾·克洛波夫、凱文·曼迪亞、約翰·赫爾特奎斯特、娜拉尼·佛瑞賽及火眼的員工、查理·麥克莫迪、赫克托·澤維爾·蒙斯格爾、Darktrace的戴夫·帕爾默與安德魯·特松契夫、亞歷山大·帕寧、莎莉卡·佩雷拉、奧利佛·普萊斯、羅道夫·諾爾·S·奎波、梅爾·喬治·B·拉塞拉、麥可·藍道爾、克里斯汀·里奧克斯、文森·薩里多、麥可·桑迪、威爾·史考特、

安德魯・史密斯、唐・史密斯、拉菲・皮寧與Secureworks的員工、安娜・斯摩連塞娃、杉浦孝之、保羅・西弗森、林恩・烏布利希、馬克・梵・史塔杜寧、派翠克・沃德、大衛・沃特金斯與Reaktion出版社的同事、NCC的奧利・懷特豪斯及約翰・卡特萊特、葛倫・葛林華德、馬丁・威廉斯。

資訊科技犯罪

資安戰爭開打！ 從心理測驗、交友軟體、廣告信&假新聞到選舉操控，駭客如何入侵你的真實生活

作者傑夫‧懷特 Geoff White
譯者詹蕎語
主編趙思語
責任編輯秦怡如(特約)
封面設計羅婕云
內頁美術設計李英娟

發行人何飛鵬
PCH集團生活旅遊事業總經理暨社長李淑霞
總編輯汪雨菁
主編丁奕岑
行銷企畫經理呂妙君
行銷企劃專員許立心

出版公司
墨刻出版股份有限公司
地址：台北市104民生東路二段141號9樓
電話：886-2-2500-7008／傳真：886-2-2500-7796
E-mail：mook_service@hmg.com.tw
發行公司
英屬蓋曼群島商家庭傳媒股份有限公司城邦分公司
城邦讀書花園：www.cite.com.tw
劃撥：19863813／戶名：書虫股份有限公司
香港發行城邦(香港)出版集團有限公司
地址：香港灣仔駱克道193號東超商業中心1樓
電話：852-2508-6231／傳真：852-2578-9337
製版‧印刷漾格科技股份有限公司
ISBN978-986-289-614-3‧978-986-289-615-0(EPUB)
城邦書號KJ2029 **初版**2021年08月
定價520元
MOOK官網www.mook.com.tw
Facebook粉絲團
MOOK墨刻出版 www.facebook.com/travelmook
版權所有‧翻印必究

國家圖書館出版品預行編目資料
資訊科技犯罪：資安戰爭開打!從心理測驗、交友軟體、廣告信&假新聞到選
舉操控,駭客如何入侵你的真實生活/傑夫.懷特(Geoff White)作；詹蕎語譯.
-- 初版. -- 臺北市：墨刻出版股份有限公司出版：英屬蓋曼群島商家庭傳媒
股份有限公司城邦分公司發行, 2021.08
368面；14.8×21公分. -- (SASUGAS；29)
譯自：Crime dot com：from viruses to vote rigging, how hacking
went global
ISBN 978-986-289-614-3(平裝)
1.電腦犯罪 2.資訊安全
548.546   110012166